"十四五"职业教育国家规划教材

ERP沙盘实训教程
（第三版）

ERP SHAPAN SHIXUN JIAOCHENG

主　编　李爱红　吕永霞
副主编　朱琤琤　孙　洁　姬戎斐

新形态教材

本书另配：教学资源

中国教育出版传媒集团
高等教育出版社·北京

内容提要

本书是"十四五"职业教育国家规划教材。

本书通过沙盘模拟实训，推演企业经营和管理的全过程，帮助学习者全面感知企业运作流程，感悟决策的重要性，理解企业经营思路和管理理念，从而在市场竞争和市场需求预测的前提下，合理规划和使用企业资源，力争实现利润最大化。本书包括 8 个项目，分别是：课程导读、模拟企业运营前的准备、熟悉手工沙盘推演规则、读懂手工沙盘市场预测、企业行为模拟手工沙盘推演、企业行为模拟手工沙盘推演工具、企业行为模拟电子沙盘推演和解密企业经营之道。这 8 个项目涵盖了从刚接触沙盘到企业经营结束的整个环节的相关知识。

本书可作为高等职业院校财经商贸大类相关专业的课程教材，也可作为沙盘竞赛参赛队员的培训用书。

图书在版编目（CIP）数据

ERP 沙盘实训教程／李爱红，吕永霞主编．—3 版．—北京：高等教育出版社，2023.8（2023.12重印）
ISBN 978-7-04-061046-8

Ⅰ.①E… Ⅱ.①李…②吕… Ⅲ.①企业管理—计算机管理系统—教材 Ⅳ.①F272.7

中国国家版本馆 CIP 数据核字（2023）第 149737 号

| 策划编辑 | 毕颖娟 蒋 芬 | 责任编辑 | 蒋 芬 | 封面设计 | 张文豪 | 责任印制 | 高忠富 |

出版发行	高等教育出版社	网 址	http://www.hep.edu.cn
社 址	北京市西城区德外大街 4 号		http://www.hep.com.cn
邮政编码	100120	网上订购	http://www.hepmall.com.cn
印 刷	浙江天地海印刷有限公司		http://www.hepmall.com
开 本	787mm×1092mm 1/16		http://www.hepmall.cn
印 张	20.5	版 次	2015 年 8 月第 1 版
字 数	394 千字		2023 年 8 月第 3 版
购书热线	010-58581118	印 次	2023 年 12 月第 2 次印刷
咨询电话	400-810-0598	定 价	46.50 元

本书如有缺页、倒页、脱页等质量问题，请到所购图书销售部门联系调换
版权所有 侵权必究
物 料 号 61046-00

第三版前言

本书是"十四五"职业教育国家规划教材。

ERP沙盘实训是将企业运营所处的内外部环境抽象为市场和运营规则,将企业经营所需要的基本资源和要素都集中于一个盘面,由学生通过组建团队形成虚拟企业并运营虚拟企业的实训课程。

本书以用友新创业者沙盘(手工沙盘+新创业者电子沙盘)为工具,讲解了企业行为模拟的基本规则、初始状态和市场分析,以清晰的步骤引导学生进行企业模拟经营,让学生体验企业运营过程和决策的重要性,从而感悟到正确的经营思路和管理理念。

全书包括8个项目:课程导读、模拟企业运营前的准备、熟悉手工沙盘推演规则、读懂手工沙盘市场预测、企业行为模拟手工沙盘推演、企业行为模拟手工沙盘推演工具、企业行为模拟电子沙盘推演和解密企业经营之道。本书配有企业经营每一年的实录表格和推演工具,不但可以作为实训指导书,也可以作为实训记录册,学生在实训时可以直观记录企业经营状态,方便期末实训总结。

本书特色如下:

1. 课程思政,立德树人

本书强化课程思政建设,落实素质目标培养要求,书中内容结合社会主义核心价值观以及岗位职业操守等,挖掘提炼思政元素,加强该课程的思政教育作用。

2. 与时俱进,内容最新

本书根据最新的行业发展和教学改革精神进行编写,反映我国沙盘研究领域的最新成果。

3. 校企合作,双元开发

在编写过程中,作者深入企业进行调研,并聘请了企业专家担任顾问,他们为本书提供了沙盘大量素材和业务资料,保证了教材内容具有很强的职业性。

4. 体例新颖,形式活泼

每个项目都设有【沙盘论道】【项目综述】【学习目标】【重点难点】【项目小结】【问题与思考】【素养提升】栏目,双色设计,重点突出,体例新颖,形式活泼,有利于吸引学生学习兴趣,更好地学习相关知识。

5. 活页装订,操作方便

本书"附录 ERP沙盘实训推演过程记录表"实训部分采用单面印刷、活页(裂线)装订方式,利于学生撕裁演练。该实训让学生模拟6年的商业实战,掌握企业的经营理念。

6. 资源丰富,利教便学

为了利教便学，部分学习资源（如微课）以二维码形式提供在相关内容旁，可扫描获取。本书配有最新沙盘课程总论、教学讲义、沙盘推演过程、沙盘实训报告模板、沙盘实训所需要的实录表格及推演工具等实训辅助工具，供学生使用。本书另配有教学课件，供教师教学使用。

本书由河南财政金融学院李爱红和郑州财税金融职业学院吕永霞任主编，郑州财税金融职业学院朱琤琤、孙洁和姬戎斐任副主编，李爱红负责拟定全书大纲，并负责全书初稿的修改、最终的统稿和定稿。本书具体的编写分工：项目一由李爱红编写，项目二、项目三和项目五由朱琤琤编写，项目四和项目六由孙洁编写，项目七由姬戎斐编写，项目八由吕永霞编写。

本书适合从事财务相关工作的入门者，以及想要了解企业运作流程的入门者使用。在本书编写过程中，我们得到了用友新道科技有限公司的帮助和支持，在此，向他们致以最真诚的谢意！

由于编者水平有限，书中不足之处在所难免，敬请读者批评指正。

编　者
2023 年 7 月

目 录

001　项目一　课程导读
002　　任务一　了解课程
005　　任务二　了解教学组织
009　　项目小结
010　　问题与思考
010　　素养提升

011　项目二　模拟企业运营前的准备
011　　任务一　组建团队
014　　任务二　认识所经营的企业
017　　任务三　认识沙盘教具
019　　任务四　设定手工ERP沙盘推演的初始状态
023　　任务五　设定电子ERP沙盘推演的初始状态
024　　项目小结
024　　问题与思考
024　　素养提升

025　项目三　熟悉手工沙盘推演规则
026　　任务一　熟悉市场业务规则
030　　任务二　熟悉生产运营规则
032　　任务三　熟悉财务业务规则
035　　任务四　熟悉其他业务规则
035　　项目小结
035　　问题与思考
036　　素养提升

项目四　读懂手工沙盘市场预测

- 037　项目四　读懂手工沙盘市场预测
- 038　任务一　分析本地市场预测
- 039　任务二　分析区域市场预测
- 039　任务三　分析国内市场预测
- 040　任务四　分析亚洲市场预测
- 041　任务五　分析国际市场预测
- 041　项目小结
- 042　问题与思考
- 042　素养提升

项目五　企业行为模拟手工沙盘推演

- 043　项目五　企业行为模拟手工沙盘推演
- 044　任务一　掌握企业行为模拟训练的基本流程
- 046　任务二　实录企业行为模拟教学年的运营
- 064　任务三　开启企业行为模拟手工沙盘推演实验年与实训年
- 066　项目小结
- 066　问题与思考
- 066　素养提升

项目六　企业行为模拟手工沙盘推演工具

- 067　项目六　企业行为模拟手工沙盘推演工具
- 068　任务一　了解教师用工具
- 094　任务二　了解学生用工具
- 102　项目小结
- 102　问题与思考
- 102　素养提升

项目七　企业行为模拟电子沙盘推演

- 103　项目七　企业行为模拟电子沙盘推演
- 104　任务一　了解用友"新创业者"电子沙盘
- 105　任务二　企业行为模拟电子沙盘推演的准备工作
- 106　任务三　掌握企业行为模拟电子沙盘推演的重要经营规则
- 112　任务四　读懂电子沙盘的市场预测
- 115　任务五　学习用友"新创业者"企业模拟经营系统学生端的操作
- 133　任务六　学会使用现金预算表
- 135　任务七　掌握"新创业者"电子沙盘模拟企业运营流程

140	项目小结
140	问题与思考
140	素养提升

141	**项目八　解密企业经营之道**
142	任务一　解密企业经营的本质
145	任务二　解读企业经营基本业务流程
155	任务三　分析企业经营成果
163	项目小结
163	问题与思考
163	素养提升

164	**附　　录　ERP 沙盘实训推演过程记录表**
166	附录一　手工沙盘实训推演过程记录表
257	附录二　电子沙盘实训推演过程记录表

315	**主要参考文献**

资源导航

002	微课:诠释 ERP
005	微课:课程的流程设计
006	微课:课程的学习方法
007	微课:课程考核体系介绍
012	微课:组织架构和角色介绍
015	微课:制造企业经营的基本业务流程图解读
018	微课:沙盘工具介绍
019	微课:企业经营初始状态设定
026	微课:市场开拓
026	微课:ISO 资格认证
027	微课:产品研发
027	微课:市场选单规则
028	微课:销售订单介绍
030	微课:厂房的取得与出售
031	微课:生产线的构建与维护
031	微课:生产线转产
031	微课:生产线出售
031	微课:生产线产能计算
032	微课:生产线折旧计算
032	微课:原材料采购
033	微课:产品成本计算
034	微课:不同融资方式
034	微课:短期贷款
034	微课:长期贷款
034	微课:高利贷

034	微课:资金贴现
034	微课:所得税计算
034	微课:特殊费用及取整规则
038	微课:如何读懂市场
046	微课:手工沙盘教学之年初经营操作
050	微课:手工沙盘教学之日常经营操作
058	微课:手工沙盘教学之年末经营操作
073	微课:综合管理费用明细表
074	微课:简易利润表的编制
075	微课:简易资产负债表的编制
097	微课:任务清单和现金收支明细表介绍
109	微课:厂房贴现和厂房处理
111	微课:电子沙盘经营规则之紧急采购
112	微课:电子沙盘和手工沙盘规则区别——取整规则
116	微课:新创业者沙盘系统主界面介绍
117	微课:电子沙盘系统操作之年初经营
129	微课:电子沙盘系统操作之年末经营
132	微课:电子沙盘经营规则之出售库存
132	微课:电子沙盘和手工沙盘区别——贴现
134	微课:如何编制现金预算表
135	微课:日常经营
154	微课:净利润增加的途径

项目一　课程导读

沙盘论道

赵括自少时学兵法,言兵事,以天下莫能当。尝与其父奢言兵事,奢不能难,不谓善。括母问奢其故,奢曰:兵,死地也,而括易言之。使赵不将括,即已;若必将之,破赵军者必括也!

赵括既代廉颇,悉更约束,易置军吏。秦将白起闻之,纵奇兵,佯败走,而绝其粮道,分断其军为二,士卒离心。四十余日,军饿,赵括出锐卒自搏战,秦军射杀赵括。

括军败,数十万之众遂降秦,秦悉坑之。

1. 结合上面的古文,请谈一谈对于纸上谈兵的看法。
2. 结合你对于"纸上谈兵"的看法,谈一谈你对于理论学习的认识。
3. 请思考:在学习了企业管理的相关理论后,沙盘实训课程的意义是什么?

◇ **项目综述**

"ERP沙盘实训"是一门让受训者高度参与和体验的课程,其教学方式和课堂组织与传统课程有明显的不同。本项目主要介绍课程目标、课程体系、课程内容、实训过程、师生角色定位、课程学习方式和课程考核方式,是学习该课程的指南性项目。

◇ **学习目标**

1. 了解课程目标;
2. 了解课程体系;
3. 了解课程学习方式和考核方式;
4. 初步认识ERP沙盘;
5. 结合ERP的含义,了解企业经营管理最新动向。

◇ **重点难点**

课程组织、角色认知。

任务一 了解课程

"ERP沙盘实训"是结合沙盘、软件、数据、规则,让参与者在仿真的实训环境中,以企业管理者的身份,模拟真实企业的经营管理活动,运营虚拟企业,达到学习、理解、运用和掌握专业知识的目的的一门课程。该课程融理论与实践于一体,集角色扮演与岗位体验于一身的设计思路新颖独到,使学生在参与和体验中完成从理论知识到实践技能的转化。

微课:诠释ERP

一、课程目标

大众创业,万众创新。你是否打算自己创业?如果得到2 000万元启动资金,再给你六年的企业经营管理时间,你能为公司带来多少盈利呢?"ERP沙盘实训"课程将会为你提供这样一个虚拟环境,实现你的创业梦想。

ERP沙盘实训包括三方面内容:模拟企业运行的虚拟环境、设定企业运行的规则和受训者扮演企业管理者参与经营管理。其中,虚拟环境是简单化、抽象化的企业经营环境,能够形象地呈现企业的各种资源;规则是模拟企业开展业务的约束条件,是市场活动和企业经营活动主要规律的具体体现;受训者通过角色扮演,组建若干个相互竞争的虚拟企业,模拟完成企业经营活动。

"ERP沙盘实训"课程是一门让受训者高度参与的课程,课程主体是受训者,是模拟经营的具体实施者、体验者,在参与企业行为模拟的过程中,训练受训者的管理技能,全面提升综合素质。课程目标表现为以下三个方面。

(一)运用、巩固专业知识

"ERP沙盘实训"课程涉及生产制造企业经营管理的主要事项,通过对虚拟企业的经营,将学过的会计、营销管理、生产管理、人力资源管理和信息化管理等方面的理论知识与企业实际业务相结合,使受训者在模拟体验中领悟企业管理思想和科学管理规律,反思和检验专业知识的理解深度、掌握程度以及对知识的综合运用能力。

(二)提升综合素质和能力

在仿真的环境中模拟企业经营,让受训者像经营一家真正的公司那样运作虚拟企业,在此过程中,受训者应当知己知彼、把握市场、各司其职,开展团队合作。通过感受经营环境的复杂和多变,体会科学决策的重要性和管理工作的整体性,认识企业经营管理活动和主要业务流程,感受经营的成功与失败,学会换位思考,从而培养竞争意识、全局观念和团队精神。

(三)实现认知的飞跃,感悟人生际遇

在"ERP沙盘"实训过程中,受训者经历了一个从理论到实践再回到理论的螺旋上升过程,把自己亲身经历的宝贵实践经验转化为理论模型。受训者借助ERP沙盘推演自己的企业经营管理思路,每一次基于现场的案例分析及基于数据分析的企业诊断,都会使受训者恍然大悟,从而达到磨炼其商业决策敏感度、提升决策能力及长期规划能力的目的。在市场竞

争与企业经营风险面前,是"轻言放弃"还是"坚持到底",这不仅是一个企业可能面临的问题,更是我们在人生的道路上需要不断抉择的问题,经营自己的人生与经营一个企业在某种程度上是相通的。

二、课程体系

"ERP 沙盘实训"课程把企业所处的内外部环境定义为"规则",由受训者组成 6～10 个相互竞争的模拟企业,通过模拟企业六年的经营过程,体验企业经营管理工作。本课程体系主要包括两个阶段。

(一) ERP 手工沙盘推演

ERP,是企业资源计划(Enterprise Resource Planning)的缩写,是一个集和企业内部所有资源,进行有效计划和控制的系统。

ERP 手工沙盘,是通过实物沙盘直观、形象地展示企业的内部资源和外部资源(包括厂房、生产线、仓库、库存原材料、资金、订单等),同时展示与企业合作的供应商、客户、信息中心等外部资源。

ERP 手工沙盘推演将企业运作的关键环节——市场开发、资金筹集、市场营销、产品研发、组织生产、材料采购、设备投资、会计核算、财务管理等设计成可视的实体模型,参与者在经营规则的指导下模拟企业的关键业务。

(二) ERP 电子沙盘推演

ERP 电子沙盘是模拟企业运营的软件系统,本教材所涉及的电子沙盘是用友新道科技有限公司的"新创业者"沙盘系统。该系统的选单操作、经营过程、报表生成、结果分析等业务模块均可自动完成,使指导教师得以从数据录入、现场监控等事务中解脱出来,将重点放在企业经营的本质环节。同时,新创业者沙盘可对各模拟企业的经营过程和结果进行自动监控、自动记录,将学生模拟经营的重点放在制定与实施各项经营决策之上。

三、课程内容

"ERP 沙盘实训"课程是讲授模拟企业经营管理活动的实训课程,采用一种全新的授课方法。课程针对一个模拟企业展开,使受训者在分析市场、制订战略、营销策划、组织生产、财务管理等一系列活动中,参悟科学管理规律,全面提升管理能力。

(一) 整体战略管理

企业首先要有明确的总体战略,然后才能制定相应的经营战略。受训者经过模拟实训,将学会用战略的眼光看待企业的业务和经营,保证业务与战略的协调,为企业总体战略目标的实现而努力。具体内容包括:

(1) 评估内部资源与外部环境,制订长、中、短期策略。

(2) 预测市场趋势,调整既定战略。

(二) 生产管理

在模拟经营过程中,受训者把企业的采购管理、生产管理、质量管理统一纳入到生产管理领域,制订采购计划,进行生产设备更新和生产线改良等决策。受训者将充分运用所学知识,积极思考。具体业务包括：

(1) 产品研发决策：必要时做出修改研发计划,甚至中断项目的决定。
(2) 制定原材料采购计划。
(3) 选择获取生产能力的方式。
(4) 更新设备、改良生产线。
(5) 全盘生产流程调度决策,匹配市场需求、交货期和数量及设备产能。
(6) 库存管理及产销配合。

(三) 市场营销管理

营销的目的归根结底就是满足客户的需求。受训者在模拟企业经营,开展市场竞争对抗的过程中,将学会如何分析市场变化、关注竞争对手情况、把握消费者需求、制订营销策略、定位目标市场,在此基础上,制订并实施有效销售计划,最终达成企业战略目标。具体业务包括：

(1) 市场开发决策。
(2) 新产品开发、产品组合与市场定位决策。
(3) 模拟在市场中短兵相接的竞标过程。
(4) 对同行进行打探活动,抢占市场。
(5) 建立并维护市场地位。

(四) 财务管理

在沙盘模拟过程中,学生将清晰掌握资产负债表、利润表的结构；解读企业经营的全局；进行筹资管理和投资管理,提高资金使用效率；做好财务决策,组织好企业的财务活动。具体业务包括：

(1) 制订投资计划,评估应收账款金额与回收期。
(2) 预估长、短期资金需求,寻求资金来源。
(3) 掌握资金来源与用途,妥善控制成本。
(4) 洞悉资金短缺前兆,以最佳方式筹措资金。
(5) 分析财务报表,掌握报表重点,了解数据含义。
(6) 运用财务指标进行内部诊断,协助管理决策。
(7) 力图以有限资金转亏为盈,创造高利润。
(8) 编制财务报表,结算投资报酬,评估决策效益。

(五) 团队协作与沟通管理

每个团队经过初期组建、短暂磨合,逐渐形成团队默契,完全进入协作状态。这个过程可以使受训者学习如何在立场不同的部门间进行沟通协调,学会换位思考,为整体利益共同努力。具体业务包括：

(1) 实地学习如何在立场不同的各部门间沟通协调。
(2) 培养不同部门的共同价值观与经营理念。
(3) 建立以整体利益为导向的组织。

任务二 了解教学组织

手工沙盘推演和电子沙盘推演都涉及企业经营管理工作的多个方面,需要受训者分工协作完成。同时,为提高模拟效果,指导教师应承担多重角色,保证虚拟企业既相互竞争,又寻求合作。课程考核标准也不同于其他课程,我们既要从经营者的角度考核,又要从受训者的角度考核。

一、教学过程

本课程适用于为期两周至四周的综合沙盘实训安排。在本书中,我们以两周(72课时)为例进行实训安排,如有需要,组织者可根据实际情况适度调整。

(一) 构建模拟环境

企业行为模拟的基础是模拟市场和模拟企业。沙盘推演中的模拟市场是由6~10家相互竞争的虚拟制造企业组成的,每个虚拟企业中有5~6名受训者,分别担任制造企业核心管理角色。模拟市场中的供应商、客户、银行则由指导教师扮演。

(二) 团队组建与岗位分工

受训者分组组建模拟企业后,要根据制造企业的管理要求,确定本公司的组织架构及岗位职责。在开展沙盘推演时,建议设置首席运营官(下文简称CEO)、营销总监(或市场总监)、财务总监、生产总监、采购总监、会计主管等岗位。当受训者人数较多时,我们可设置助理职位,如财务助理等。

(三) 认识企业,学习经营规则

经营管理者在接手一个企业时,需要了解企业基本情况和市场环境。企业行为模拟中的内外部环境,组成了企业运行的规则。规则是模拟企业运营的约束条件,在开始模拟运行之前,受训者要学习规则、熟知规则,并遵守规则。在实际工作中,努力争取利润的同时,同学们也应遵纪守法,培养合规意识,共同努力打造健康有序的市场环境。

(四) 设定初始状态

ERP手工沙盘推演阶段不是从创建企业开始的,受训者接手一个已经运营了三年的虚拟企业,该企业在过去三年的运营结果体现在财务报表中。这是受训者模拟经营的起点,也是企业模拟经营的初始状态。通过对模拟企业经营初始状态的设定,受训者应能感受数据与企业经营的关系,认识虚拟企业的经营基础,为正式模拟企业经营做好准备。

(五) 模拟企业经营

模拟企业经营是"ERP沙盘实训"课程的主体部分,按经营年度展开。年度模拟经营所需完成的工作主要依次是:市场预测与分析—战略规划—经营决策—执行经营决策—业务核算—财务核算—年度经营总结。

(六) 点评与总结

年度经营结束后,指导教师要结合专业知识和模拟企业的经营情况,针对普遍性问题和典型案例进行分析,帮助受训者反思,力求及时改正错误,调整战略策略。全部经营结束后,

微课:
课程的流程设计

各虚拟公司应当进行全面总结,拟写总结报告,每位受训者应撰写岗位履行情况总结。在此基础上,指导教师召开全部虚拟公司总结会,各公司制作演示文稿(下文简称 PPT),在总结会上报告,分享成功经验,吸取失败教训。

二、师生角色定位

"ERP 沙盘实训"课程打破了传统教学中教师和学生的角色定位,教师与学生所扮演的角色随着不同的实训阶段发生变化,不同阶段教师和学生所扮演的角色如表 1-1 所示。

表 1-1　　　　　　不同阶段教师和学生所扮演的角色

课程流程	具体任务	教师角色	学生角色
组织准备工作	构建模拟环境	组织者	
成立模拟公司	组建团队、岗位分工	组织者、引导者	角色认领、新任管理层
基本情况概述	了解企业基本情况	引导者、企业原管理层	新任管理层
学习经营规则	学习经营规则	引导者、企业原管理层	新任管理层
设定原始状态	企业运营起点	引导者	新任管理层
模拟企业运行	战略制订	商务信息发布者	各岗位角色扮演
	融资	股东、银行、高利贷者	各岗位角色扮演
	订单争取、交货	客户	各岗位角色扮演
	购买原料、下订单	供应商	各岗位角色扮演
	流程监督	审计	各岗位角色扮演
	规则确认	顾问	各岗位角色扮演
点评和总结	年度总结、实训总结	组织者、引导者	各岗位角色扮演

三、课程学习方式

为了达到预期的效果,受训者在受训过程中一定要遵循"二十字"方针:知错能改、亲力亲为、落实行动、换位思考、团队协作。

(一)知错能改

学习的目的就是发现问题,进而努力寻求解决问题的方法。在本实训过程中,谁犯的错误越多,谁的收获也就越大,因此,我们不要怕犯错误,心态一定要保持开放,知错能改,善莫大焉。

(二)亲力亲为

"ERP 沙盘实训"课程开体验学习之先河,每一位受训者都要担任一定的职能岗位,必须全程参与企业的经营过程,获得经营企业的切身体验,体验企业经营的艰辛。旁观者是不受欢迎的。

(三) 落实行动

理论学习带给受训者的是启迪,是逻辑,是法则,而企业经营是真实而具体的。只有落实于行动,我们才能检验自己学习到了什么,空谈高见是远远不够的。纸上得来终觉浅,绝知此事要躬行。我们在学习与工作中都应如此。

(四) 换位思考

在实训过程中,受训者需要明确企业组织内每个角色的岗位责任,这些角色一般包括CEO、营销总监、生产总监、采购总监、财务总监等。当班级人数较多时,我们还可以适当增加财务助理等辅助角色。在六年的企业经营过程中,受训者可以进行角色互换,从而体验角色转换后考虑问题的出发点的相应变化,学会换位思考,学会设身处地为别人着想,正所谓"责人之心责己,恕己之心恕人"。

(五) 团队协作

通过实训,受训者可以深刻体会团队协作精神的重要性。在企业这艘大船上,CEO是舵手、财务总监保驾护航、营销总监冲锋陷阵……在这里,每一个角色都要以企业整体最优为出发点,各司其职、相互协作,才能赢得竞争、实现目标。众人拾柴火焰高,无论是沙盘还是人生,团结永远使我们无往不利。

四、课程考核方式

本实训的课程考核可采用"受训者自主评价与指导教师评价相结合、个体评价与团队评价相结合、定性评价与定量评价相结合、过程评价与结果评价相结合"的方法,可参考的课程考核与评价指标如表 1-2 所示。

表 1-2　　　　　　　　　课程考核与评价指标

项　目	得　分	考核对象	评分人
企业经营结果综合评分	20	团队	教师
团队精神与合作效果	10	团队	CEO、教师
履行岗位情况	10	个人	CEO、人事主管
工作态度和工作绩效	20	个人	个人、CEO、教师
提交实训资料	30	个人	教师
实训总结汇报	10	团队、个人	个人、CEO、教师
合　计	100	—	—

微课:课程考核体系介绍

其中,企业经营结果综合评分根据各企业的所有者权益水平,综合发展系数等指标对各个企业进行综合排名,排名就是模拟企业经营的成果。企业经营结果综合评分的计算公式为:

$$企业经营结果综合评分 = 所有者权益 \times \left(1 + \frac{企业综合发展系数}{100}\% \right) - 罚分$$

手工沙盘推演阶段模拟企业综合发展系数计算方法,详见表 1-3 所示。

表 1-3　　　手工沙盘推演阶段模拟企业综合发展系数计算方法

项　　目	赋分/分
大厂房	+15
小厂房	+10
手工生产线	+5/条
半自动生产线	+10/条
全自动生产线/柔性生产线	+15/条
区域市场开发	+10
国内市场开发	+15
亚洲市场开发	+20
国际市场开发	+25
ISO9000	+10
ISO14000	+10
P2 产品研发	+10
P3 产品研发	+10
P4 产品研发	+15
本地市场老大	+15
区域市场老大	+15
国内市场老大	+15
亚洲市场老大	+15
国际市场老大	+15
高利贷扣分	自定义
其他扣分	自定义

电子沙盘推演阶段企业综合发展系数计算方法,如表 1-4 所示。

表 1-4　　　电子沙盘推演阶段模拟企业综合发展系数计算方法

项　　目	赋分/分
手工生产线	+5/条
半自动生产线	+7/条
全自动生产线/柔性生产线	+10/条
区域市场开发	+10
国内市场开发	+10

续表

项　　目	赋分/分
亚洲市场开发	+10
国际市场开发	+10
ISO9000	+10
ISO14000	+10
P2产品研发	+10
P3产品研发	+10
P4产品研发	+10
本地市场老大	+10
区域市场老大	+10
国内市场老大	+10
亚洲市场老大	+10
国际市场老大	+10
高利贷扣分	自定义
其他扣分	自定义

罚分可以由管理员自行定夺。主要影响因素包括但不限于：

(1) 报表准确性。

(2) 关账是否及时。

(3) 广告投放是否及时。

实训总结汇报包括个人总结报告和团体总结汇报。

个人总结报告是课程结束后每个同学上交的实训报告，是自己对实训课程的深刻体会、经验以及在实践中应用的理论知识进行的总结与归纳，比如：本次培训过程中你印象最深的内容是什么？你做对或做错了哪些事？带来什么结果？如果有机会继续经营或重来，你会如何做？你有什么感受和想法能带到明天的工作中？

团体总结汇报就是以团队的形式上交一份PPT，在全班实训结束总结时，各个企业要站在团队全局的角度上向全班同学加以讲解，内容包括本企业的企业文化、成员构成、整体战略、广告策略、市场定位、企业运营得失等。团队总结汇报是不可或缺的事项，是经验共享的过程。

项 目 小 结

本项目作为指南性的项目，主要回答什么是"企业行为模拟，模拟什么，如何模拟"的问题。同时，我们对该课程的教学组织、实训工具、师生角色和课程考核方式进行了介绍，让受训者对该课程有个整体认识。

问题与思考

1. 什么是企业行为模拟？我们应从哪些方面构建模拟环境？
2. 企业行为模拟包括哪些必要阶段？请描述各阶段之间的内在联系。
3. 为更好地开展企业行为模拟活动，师生角色应该如何转换？
4. 企业行为模拟的工具是什么？
5. 你该如何学好这门课？谈谈你对本课程考核方式的认识。

素养提升

《孙子·谋攻篇》中提到："知彼知己，百战不殆；不知彼而知己，一胜一负；不知彼，不知己，每战必殆。"意思是说，在军事纷争中，既了解敌人，又了解自己，百战都不会有危险；不了解敌人而只了解自己，胜败的可能性各半；既不了解敌人，又不了解自己，那必定每战都有危险。

商场如战场，在企业经营过程中也是一样的道理，要想在"沙盘"这场商战中脱颖而出，我们必须做好充足的准备。通过本项目了解课程涉及的内容及教学组织形式，为后续的经营做好各项准备。机会都是留给有准备的人的，加油！

项目二　模拟企业运营前的准备

> **沙盘论道**
> 子贡问为仁。子曰:"工欲善其事,必先利其器。居是邦也,事其大夫之贤者,友其士之仁者。"
>
> 1. 请结合自己的学习、生活经历,回顾自己在开始一件事情之前经常做的准备工作是什么,说明原因。
> 2. 请结合自己的学习、生活经历,谈一谈自己关于在开始沙盘模拟企业运营前应当进行的准备工作,解释原因。
> 3. 设想自己是一个团队领导,在物质性的准备工作已经完成的基础上,你认为还有什么重要的事情需要尤其加以注意?

◇ **项目综述**

在模拟企业实战之前,我们一定要了解模拟企业的基本情况、产品结构、生产设施、企业财务状况及其他初始状态。初始信息是模拟企业运营的前提,也是持续经营的要求。

◇ **学习目标**

1. 培养团队精神,可以组建团队,合理分工;
2. 认识所经营的企业;
3. 了解沙盘实训工具;
4. 掌握在沙盘上设定企业运营初始状态的方法。

◇ **重点难点**

能够在盘面上读懂企业的运营初始状态。

任务一　组建团队

在 ERP 沙盘实训课程中,班级成员会被分成若干个团队,团队成员技能互补、团结协作、各司其职。每个小组的成员将分别担任公司中的重要职位,如总经理、财务部经理、销售部经理、采购部经理、生产部经理等。他们从先前的管理团队中接手企业,在面对来自其他企业(其他受训者小组)的激烈竞争的过程中,将模拟企业的经营管理向前推进,推动企业的发展。

一、团队组建步骤

ERP沙盘实训课程简化了企业的组织结构,共设置了5~6个重要角色,即CEO、财务总监、营销总监、生产总监、采购总监。如果小组不足5人,1个参与者可以身兼多职,如果小组成员多于5人,我们还可以设置财务主管、营销助理、生产助理等岗位,分别与财务总监、营销总监和生产总监共同完成相应岗位的工作。团队组建步骤如下。

(一)分组

随机或有目的地将学生进行分组,我们可将一个班的学生分为6~10组,每组5~6人。如此,教学现场就组成了6~10个相互竞争的模拟企业。

(二)角色分工

在每个虚拟企业内部,参与者可通过竞聘、游戏等方式,推选出该企业的CEO,然后在CEO的带领下,确定其他角色。

(三)挂牌上岗

模拟企业内部各角色按照相应的位置就座,挂牌上岗,每位受训者要明确自己的身份、明晰自己的岗位职责。沙盘推演各角色座位图如图2-1所示。

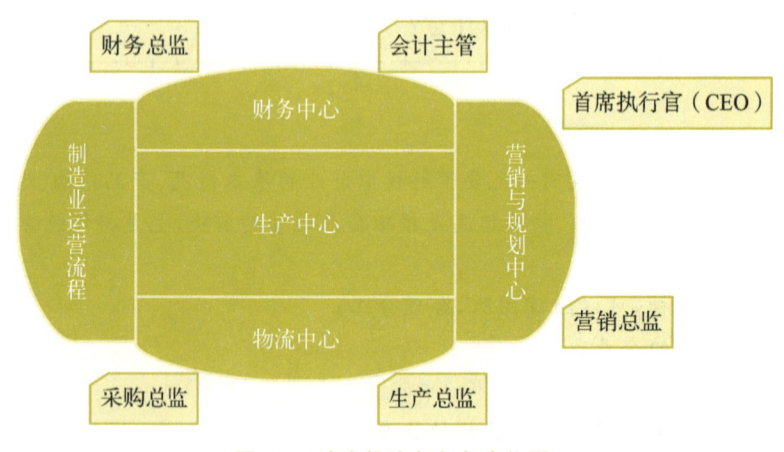

图2-1 沙盘推演各角色座位图

(四)共建企业文化

在CEO的带领下,各模拟企业应为自己命名,CEO应代表本企业发表就职宣言,确定本企业的宗旨和经营理念。

二、岗位认知

模拟企业设有5个基本职能部门(可根据受训者人数适当调整),各职位职责明细表如表2-1所示。

表 2-1　　　　　　　　　　　各职位职责明细表

首席执行官	财务总监	营销总监	生产总监	采购总监
制定发展战略	日常财务记账和登账	市场调查分析	产品研发管理	编制采购计划
竞争格局分析	向税务部门报税	市场进入策略	管理体系认证	供应商谈判
经营指标确定	提供财务报表	品种发展策略	固定资产投资	签订采购合同
业务策略制定	日常现金管理	广告宣传策略	编制生产计划	监控采购过程
全面预算管理	企业融资策略制定	制订销售计划	平衡生产能力	仓储管理
管理团队协同	成本费用控制	争取订单与谈判	生产车间管理	采购支付抉择
企业绩效分析	资金调度与风险管理	按时交货	成品库存管理	与财务部协调
管理授权与总结	财务分析与协助决策	销售绩效分析	产品外协管理	与生产部协同

各组受训者可以根据自己的专长选择不同的职能部门，当人数较多时，各组可设置助理职位，如财务助理等。确定好职能后，职能人员应按图 2-1 的安排重新找准位置就座。

各小组受训者要转变角色，按照自己的角色所应承担的职责进行企业运营行动，做好自己的本职工作，各司其职，记住一个小环节的疏漏，可能会导致全盘皆输，谨慎是一种美德。

一个高效的团队，必定是一个完善的能力组合：

（一）首席执行官

首席执行官在企业经营中要做出各种决策，应具备比较强的协调能力、组织能力和大局观念，能迅速果断地针对企业所处环境做出正确的决策。

（二）财务总监

如果说资金是企业的血液，那么财务部门就是企业的心脏。资金断流预示企业破产，故财务总监要参与讨论企业重大决策方案，比如投资设备、产品研发等，财务总监不仅要记录好经济业务，更要做好资金的预算。担任财务总监的成员要比较细心，扎实掌握相关的财务知识，确保企业拥有维系运营所必需的现金流。

（三）营销总监

企业营销部门站在企业的最前沿，最终目的是赢得市场，赢得竞争。担任营销总监的成员必须有纵观全局的能力，有较强的市场分析能力和敏锐的洞察力，性格活泼开朗，有很强的公关能力，掌握一定的营销管理知识。

（四）生产总监

生产中心是生产型企业的利润之源，所有产品都在这里生产出来。生产部门要能正确地估计产能，确保按时完工，为营销部门支付广告费、争取销售订单、提供信息支持。因此，生产总监应当思路清晰，与销售总监、财务总监、采购总监保持良好的沟通。

（五）采购总监

采购中心保证企业生产所需的物料的供应，及时准确地提供给生产部门，同时应当保证零库存状态，如果出现差错，直接影响以后的生产，进而又影响交单情况。因此，担任采购总监的成员必须细心、精打细算，切记不要造成"停工待料"的局面。

团队成员首先要尊重别人，其次要能够接受批评，从批评中寻找积极成分；最后要善于交流，同在一个团队，我们与其他团队成员之间会存在某些差异，知识、能力、经历使得我们在对待和处理问题时会产生不同的想法。交流是协调的开始，把自己的想法说出来，倾听对方的想法是很重要的，我们要经常说这样一句话："你看这事该怎么办，我想听听你的看法。"

任务二　认识所经营的企业

ERP沙盘推演所模拟的企业是一家已经创建三年的制造型企业，作为新一届经营管理团队，我们要了解企业的概况，了解企业的背景和发展前景，这是我们持续经营企业的基础和前提。

一、企业基本情况

本课程模拟的企业，是一家民营有限责任公司，已创建三年，一直专注于某行业P产品的生产与经营；企业生产设施齐全，状态良好；企业生产的产品几乎全在本地市场销售，客户满意度高。

最近，一家权威机构对该行业的发展前景进行了预测，认为P产品将会从目前的低技术产品发展为一个高技术产品。董事会和股东认为本地市场以外的机会有待发展，希望新的管理者去开发这些市场，实现良好的经营业绩。

二、产品的"BOM"结构

ERP沙盘推演的所模拟的企业主要生产P产品，P产品为系列产品，包括P1产品、P2产品、P3产品和P4产品。P1产品本地知名度很高，客户很满意，然而若想保持市场地位，特别是进一步地提升市场地位，该企业还需要投资新产品、开拓新市场。

了解产品的BOM结构是生产的前提，BOM(Bill of Material)结构是产品的物料清单，表明产品组件、子件、原材料之间的结构关系。模拟企业P系列产品BOM结构如图2-2所示。

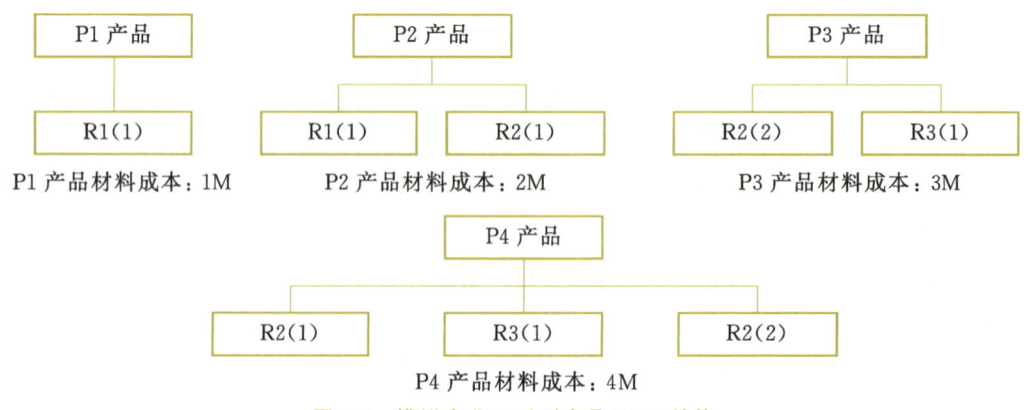

```
   P1产品              P2产品                      P3产品
     │                 ┌──┴──┐                   ┌──┴──┐
   R1(1)             R1(1)  R2(1)              R2(2)  R3(1)

P1产品材料成本：1M   P2产品材料成本：2M         P3产品材料成本：3M

                         P4产品
                    ┌──────┼──────┐
                  R2(1)  R3(1)  R2(2)
                    P4产品材料成本：4M
```

图2-2　模拟企业P系列产品BOM结构

三、企业生产设备

企业目前拥有一座大厂房和3条手工生产线、1条半自动生产线，生产设备良好，但在发展目标的驱使下,企业预计需要投资并建设新的生产设施。

四、模拟经营企业基本流程

组建并确定岗位负责人后,我们首先要熟悉并深刻理解模拟企业经营的基本流程,然后按流程进行模拟经营。企业基本业务流程图如图 2-3 所示。

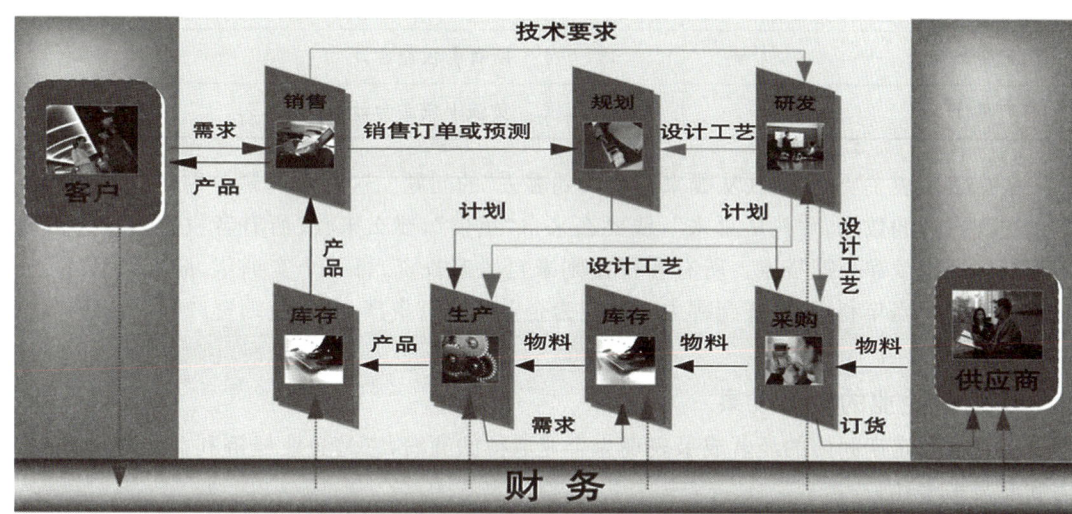

图 2-3　企业基本业务流程图

微课：制造企业经营的基本业务流程图解读

五、实训前企业的财务状况

财务状况是指企业资产、负债、所有者权益的构成情况及其关系。企业的财务状况由企业对外提供的主要财务报告——资产负债表来表述。

ERP 沙盘实训简化了企业的资产负债表项目,形成简易结构,模拟企业简易资产负债表如表 2-2 所示。

表 2-2　　　　　　　　　模拟企业简易资产负债表　　　　　　　　单位：百万元

资产		金额	负债+权益		金额
流动资产：			负债：		
库存现金	+	20	长期负债	+	40
应收账款	+	15	短期负债	+	0
在制品	+	8	应付账款	+	0
成品	+	6	应交税费	+	1
原材料	+	3	一年到期的长期负债	+	0
流动资产合计	=	52	负债合计	=	41
固定资产			所有者权益		

续表

资　产		金　额	负债＋权益		金　额
土地和建筑	＋	40	股东资本	＋	50
机器和设备	＋	13	利润留存	＋	11
在建工程	＋	0	年度净利	＋	3
固定资产合计	＝	53	所有者权益合计	＝	64
资产总计	＝	105	负债＋权益合计	＝	105

资产负债表主要回答"钱从哪来"和"钱到哪去"的问题。这两个问题分别对应资产负债表左边和右边的数据。"钱从哪来",钱要么来自"负债",要么来自"所有者权益",来自负债的包括短期贷款和长期贷款。所有者权益则来自股东投资,每一个实训年,股东投资不变,且企业不分配当年利润。"钱到哪去",体现为企业的现有资产,分为流动资产和固定资产。

六、实训前企业的经营成果

企业在一定期间内的经营成果表现为企业取得的利润,它是企业经济利益的综合体现,由利润表来表述。

沙盘推演实训规则对利润表项目进行了适当的简化,形成简易结构,模拟企业简易利润表如表 2-3 所示。

表 2-3　　　　　模拟企业简易利润表　　　　　单位:百万元

项　目	影　响	金　额
销售收入	＋	35
直接成本	－	12
毛利	＝	23
综合费用	－	11
折旧前利润	＝	12
折旧	－	4
支付利息前利润	＝	8
财务收入/支出	＋/－	4
额外收入/支出	＋/－	
税前利润	＝	4
所得税	－	1
净利润	＝	3

七、模拟企业股东期望

为了适应技术发展的需要,公司董事会及全体股东决定将企业交给一批优秀的新人去运营发展(模拟经营者),他们希望新的管理层能完成以下工作:

(1) 投资新产品的开发,使公司的市场地位进一步提升。
(2) 开发本地市场以外的其他新市场,进一步拓展市场领域。
(3) 扩大生产规模,采用现代化生产手段,努力提高生产效率。
(4) 提高企业管理水平,增强企业凝聚力,形成鲜明的企业文化。

八、新管理团队接手企业

新的管理团队将引领公司的未来发展,在变化的市场中开拓进取。企业的顺利经营,取决于管理团队的决策能力。因此,每个团队成员都要尽可能地利用自己的知识和经验,圆满地完成具体岗位的工作,创造企业辉煌的明天!

任务三　认识沙盘教具

ERP沙盘实训课程的教学以一套沙盘教具为载体。沙盘教具主要包括:沙盘盘面6~10张,代表6~10个相互竞争的模拟企业。沙盘盘面按照制造企业的职能部门划分为职能中心,包括营销与规划中心、生产中心、物流中心和财务中心。各职能中心覆盖了企业运营工作的所有关键环节,包括战略规划、市场营销、生产组织、采购管理、库存管理、财务管理等,是一个制造企业的缩影。实训用沙盘模型如图2-4所示。

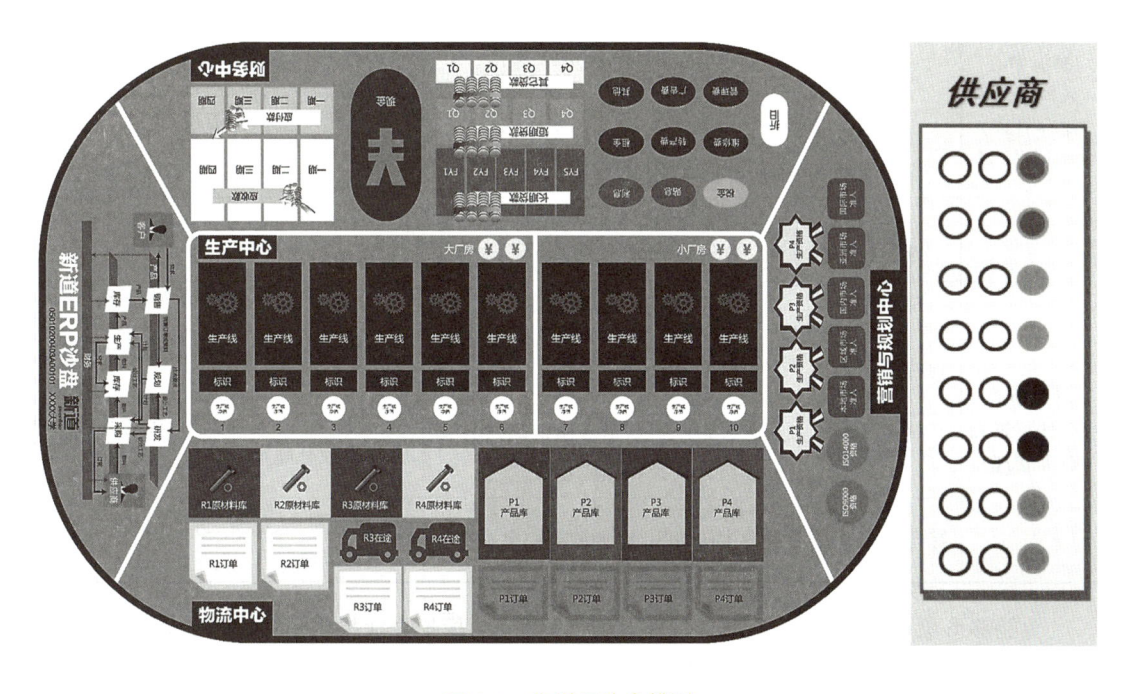

图 2-4　实训用沙盘模型

沙盘教具说明表如表 2-4 所示。

表 2-4　　　　　　　　　　　沙盘教具说明表

职能中心	主要职能	所需道具	简要说明
营销与规划中心（战略规划和营销规划）	市场开拓规划	五类市场标识牌：本地市场、区域市场、国内市场、亚洲市场和国际市场	可供企业选择需要开发哪些市场，市场开拓完成后换取相应的市场准入证
	产品研发规划	四种产品生产资格证标识牌：P1、P2、P3、P4	可供企业选择需要研发哪些产品，产品研发完成后换取相应的生产资格证
	ISO 认证规划	两种国际认证标识牌：ISO9000 质量认证和 ISO14000 环境认证	可供企业选择需要争取获得哪些国际认证，认证完成后换取相应的 ISO 资格证
生产中心（生产组织）	厂房规划	两类厂房：大厂房和小厂房；大厂房内可建 6 条生产线，小厂房内可建 4 条生产线	可租、可购买、可变卖；已购买的厂房由厂房右上角摆放的价值表示
	生产线规划（购买、变卖、折旧）	四种生产线标识牌：手工、半自动、全自动和柔性生产线	不同生产线的生产效率及灵活性不同；已购买的设备，其净值在"生产线净值"处显示
	产品生产规划	四种产品标识牌：P1、P2、P3、P4	表示企业正在生产的产品
物流中心（采购管理和库存管理）	原材料采购规划	四种原材料彩币：R1、R2、R3、R4	一个彩币价值 1 百万（1M）；购买的材料，入库一个材料，需要财务支付一个灰币
	原材料订单规划	原材料有提前期，R1、R2 提前 1 个季度；R3、R4 提前 2 个季度	购买材料需要提前下订单；不允许反悔
	原材料库存规划	盘面设有 4 个原材料库，分别放置 R1、R2、R3、R4 原料	
	产成品库存规划	盘面设有 4 个产成品库，分别放置 P1、P2、P3、P4 产品	
财务中心（会计核算和财务管理）	现金管理	设有现金库，用来存放现金	
	银行贷款管理	把装有相应数量现金的桶或放有纸条的空桶，置在相应位置	长期贷款按年计：1~5 年；短期贷款按季度计：1~4 季
	应收款管理	把装有相应数量现金的桶或放有纸条的空桶放置在相应位置	应收账款分账期：1~4 季度
	综合费用管理	将发生的费用放到相应区域	广告费、利息、税费、折旧、管理费用、维护费等

为能够形象、直观地模拟企业的运作，实训为每一个模拟企业提供了一套道具，具体包括：1 套沙盘模型盘面；4 条生产线标牌；4 个 P1 产品标签；100 个代表价值的硬币；一些实训用表单，用于记录实训进展。

盘面具体内容将在项目二的任务四中进行详细的介绍。

任务四 设定手工 ERP 沙盘推演的初始状态

我们获得了企业运营的基本信息，还需要把这些枯燥的数字活生生地再现到沙盘盘面上，为下一步的企业运营做好铺垫。通过设定初始状态，受训者可以深刻地感受到财务数据与企业业务的直接相关性，理解财务数据是对企业运营情况的总结提炼，为今后"透过财务看经营"做好观念上的准备。

在 ERP 沙盘实训中，以季度（Q）为经营时间单位，一年被分成四个季度；一个灰币代表 1 百万下文简称 1M，红黄蓝绿四种彩色币表示原材料，分别代表 R1、R2、R3 和 R4，灰币和彩币的组合代表产成品或在制品，空桶代表原材料订单或贷款。

下面我们按照步骤来设置手工 ERP 沙盘推演的初始状态。

一、流动资产

流动资产是企业在 1 年或 1 个营业周期内变现或者耗用的资产，它主要包括货币资金、短期投资、应收款项和存货等。在我们模拟的这个企业中，流动资产分布如下：

（1）库存现金。沙盘上有现金一桶，共计 20M，库存现金示意图如图 2-5 所示。

（2）应收账款。沙盘上有应收账款共计 15M，账期为 3 账期，应收账款示意图如图 2-6 所示。应收账款以季度为单位，图 2-6 表示相关人员持有应收账款，再经过 3 个季度可以收到 15M 现金。

图 2-5　库存现金示意图　　　　图 2-6　应收账款示意图

（3）在制品。在沙盘大厂房的生产中心 1～4 号线上的位置上，按顺序放置着 3 条手工线，1 条半自动线，这 4 条生产线上分别有在不同生产周期的 P1 在制品 1 个，每个 P1 在制品的成本由价值 1M 的 R1 原材料和价值 1M 的加工费组成，所以每个产品价值 2M，共计 8M，在制品示意图如图 2-7 所示。

（4）产成品。在沙盘上，企业成品库中有 3 个 P1 产品，已完工，每个价值 2M，共计 6M，产成品示意图如图 2-8 所示。

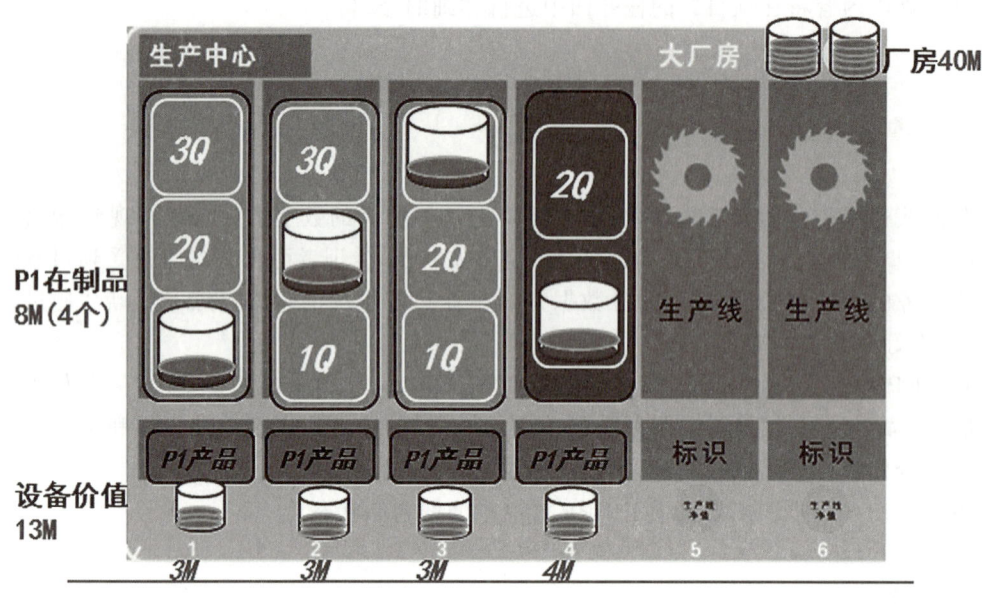

图 2-7　在制品示意图

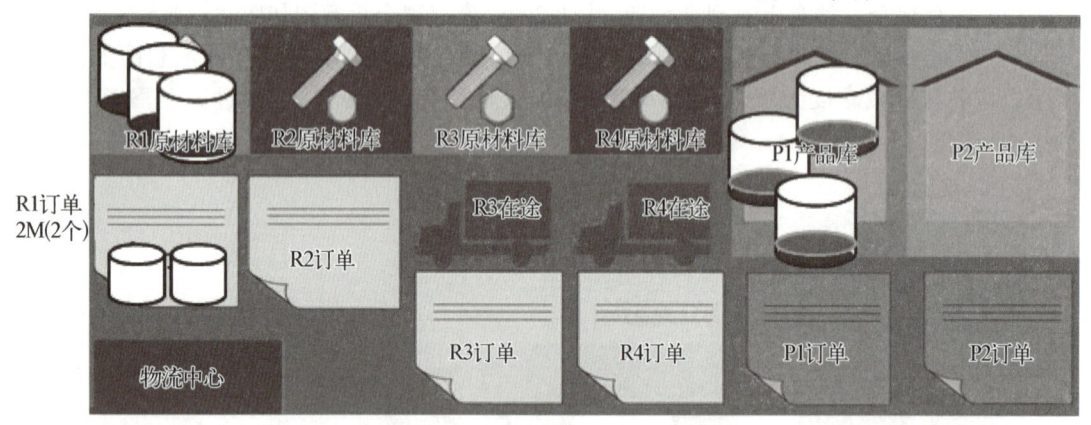

图 2-8　产成品示意图

（5）原材料。在沙盘上，企业原材料库中有 3 个 R1 原料，每个价值 1M，共计 3M，原材料示意图如图 2-9 所示。

图 2-9　原材料示意图

综合以上 5 项,模拟企业所持有的流动资产价值共计 52M。

二、固定资产

固定资产是指使用期限较长,单位价值较高,且在使用过程中保持原有实物形态的资产,包括房屋、建筑物、机器设备和运输设备等。在我们模拟的企业中,固定资产分布如下:

(1) 土地和建筑。在沙盘中,企业拥有一个大厂房,价值计 40M,厂房示意图如图 2-10 所示。

图 2-10 厂房示意图

(2) 机器与设备。在沙盘中,企业拥有手工生产线三条,每条原值为 5M,净值为 3M;半自动生产线一条,原值为 8M,净值为 4M。因此,机器与设备的价值共计 13M,机器和设备示意图如图 2-11 所示。

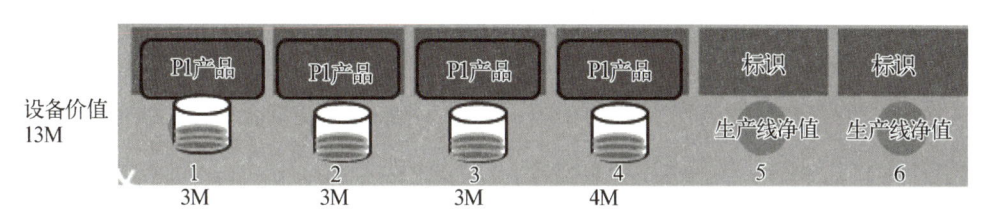

图 2-11 机器和设备示意图

(3) 在建工程。目前,企业没有在建工程事项,故没有新生产线的投入或改建事项发生。综合以上 3 项,企业固定资产价值共计 53M。

三、负债

企业负债可分为短期负债和长期负债。所谓短期负债是指企业在 1 年内或超过 1 年的一个营业周期内需用流动资产或其他流动负债进行清偿的债务,而长期负债是指偿还期限在 1 年或者超过 1 年的一个营业周期以上的债务。在企业行为模拟 ERP 沙盘推演过程中,企业负债情况分布如下:

(1) 长期负债。目前,企业经营盘面上,有 4 年到期的长期负债 20M,3 年到期的长期负债 20M,用 2 个空桶来表示,因此,企业长期负债共计 40M。注意:长期贷款以年为单位,最长期限可为 5 年,越靠近现金,还款日期越早,长期负债示意图如图 2-12 所示。

(2) 流动负债。目前,企业没有短期负债。

(3) 应付账款。目前,企业没有应付账款。

(4) 应交税金。根据纳税规则,目前企业有应交税金 1M。

综合以上 4 项,企业负债共计 41M。

四、所有者权益

所有者权益是指企业投资者对企业资产的所有权,在数量上表现为企业资产减去负

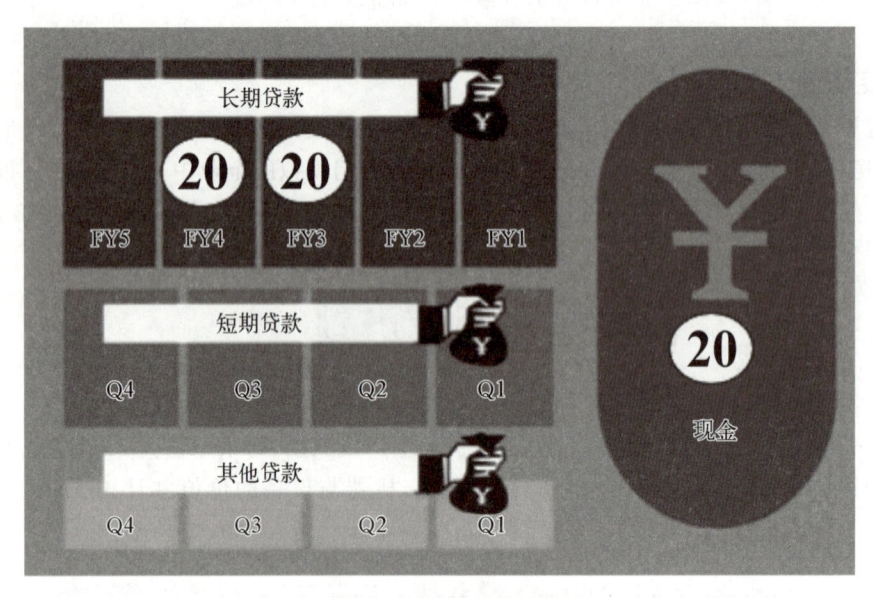

图 2-12 长期负债示意图

债后的余额。所有者权益表明企业的所有权关系。在这个模拟企业中,所有者权益分布如下:

(1)股东资本。目前,企业的股东资本为 50M。
(2)利润留存。目前,企业的留存利润为 11M。
(3)年度净利润。本年度,企业的净利润为 3M。

综合以上 3 项,企业的所有者权益共计 64M。

五、营销中心期初状态

企业已取得 P1 产品生产资格,拥有本地市场。市场和产品资格示意图如图 2-13 所示。

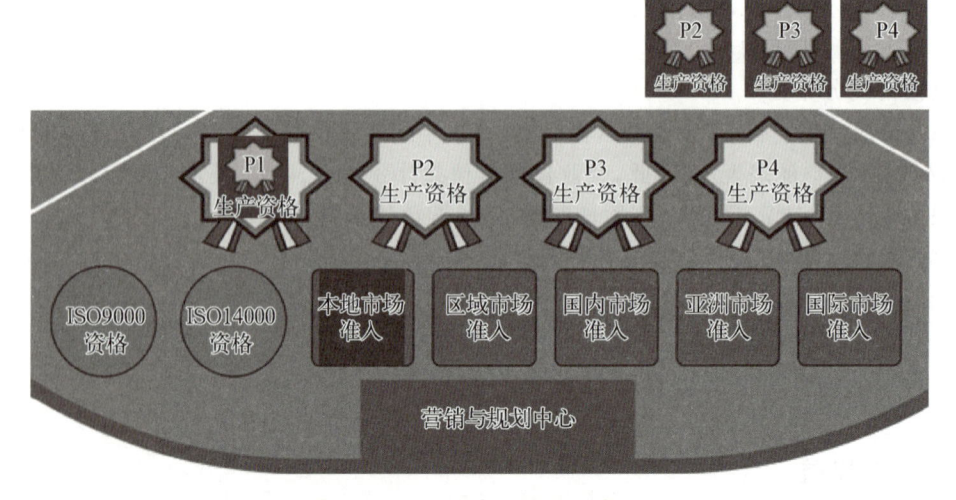

图 2-13 市场和产品资格示意图

完成所有初始状态的设置后,模拟企业初始状态如图 2-14 所示。盘面包括内容：大厂房,价值 40M;生产线 4 条,价值 13M;成品库 3P1,价值 6M;生产线 4P1,价值 8M;原料库 3R1,价值 3M;现金,价值 20M;应收款 3Q,价值 15M;长期负债 4Q,价值 20M,长期负债 3Q,价值 20M。

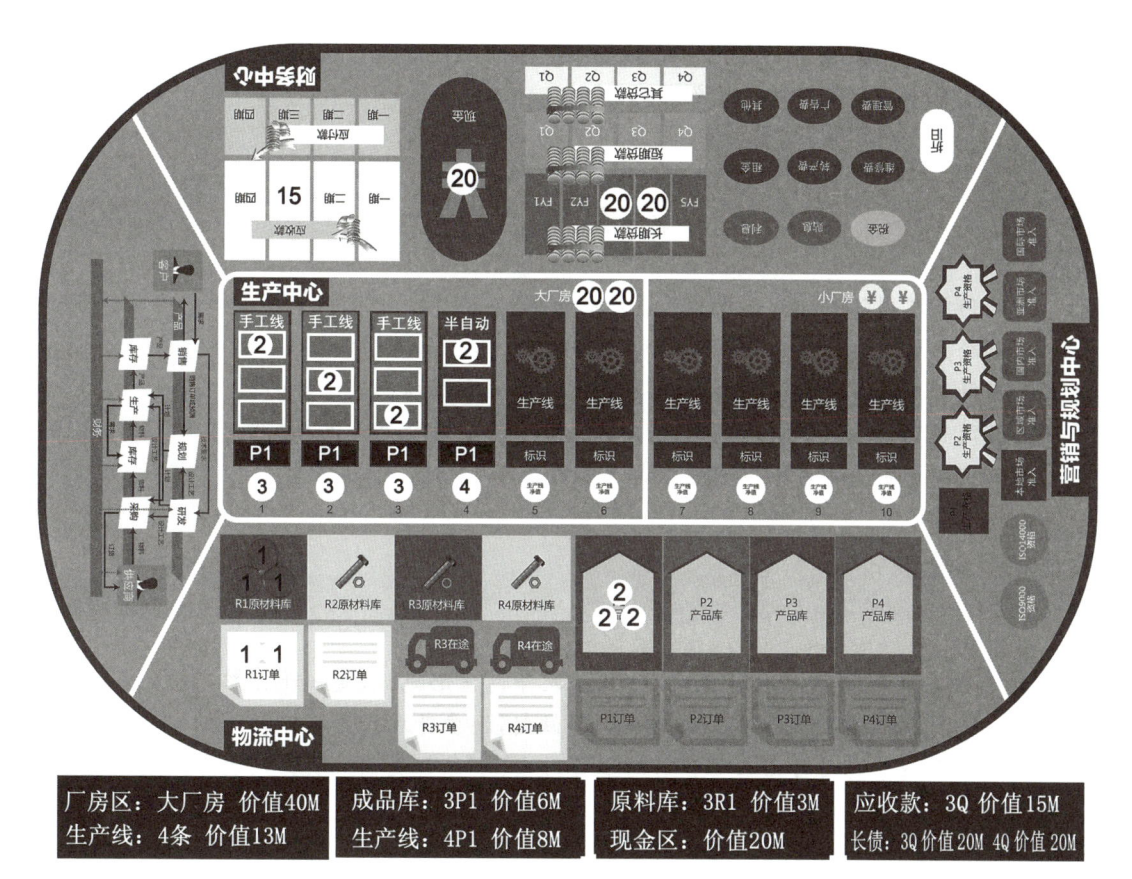

图 2-14 模拟企业初始状态

任务五 设定电子 ERP 沙盘推演的初始状态

企业行为模拟经营电子沙盘的推演阶段不同于 ERP 手工沙盘。ERP 手工沙盘的推演阶段模拟运营的企业已经经营了 3 年,此企业已经具备了一定的生产能力和生产资格。在企业行为模拟电子沙盘的推演阶段,每个模拟企业都没有任何厂房、机器设备、产品生产资格、库存等,只有一笔创业资金,由自己创建一个企业,从第一年开始经营,经营路线由自己来定,符合大学生创业的基本流程与思路。

在企业行为模拟经营电子沙盘推演阶段中,只有初始创业资金,其数额可以是 60W,也可以是 100W,具体由实训指导老师根据学生的情况来酌量调整。初次经营,数额可放宽为 80W 或 100W,若学生已经熟悉比赛规程或在比赛中,数额可设为 60W。

项目小结

本项目主要介绍开展企业模拟经营实训之前的准备工作，包括组建团队、设置岗位、认识实训用沙盘工具，实训者还要把以前的企业运营状况还原到沙盘上。以上内容是模拟企业运营的基础，也是所有新手开启经营的起点。

问题与思考

1. 如何组建团队？如何选择自己喜欢的角色？
2. 每个角色应具备什么样的素质和修养？
3. 在进行手工沙盘推演时，每个模拟企业的初始经营状态是怎样的？
4. 在进行电子沙盘推演时，每个模拟企业的初始经营状态是怎样的？
5. 如何编制企业行为模拟的简易资产负债表？

素养提升

《老子·道德经》中提到："千里之行，始于足下。"意思是说，走一千里路，是从迈第一步开始的。比喻事情要从头做起，从点滴的小事做起，逐步开展。再艰难的事情，只要坚持不懈去做，必有所成。在进行企业运营前的准备时，要求每位受训者要立足企业的实际情况，按要求完成企业经营前的各项准备工作，在团队组建过程中，充分发挥团队的力量，明确自身岗位的具体工作任务，遇到问题集思广益，各抒己见，培养团队意识。在设定企业初始状态时，要求每个小组将企业目前的经营状况展现在实际的物理沙盘盘面上，提升理论转化为实践的能力，领会财务与业务的深度融合。

项目三　熟悉手工沙盘推演规则

> **沙盘论道**
>
> 　　国无常强，无常弱。奉法者强则国强，奉法者弱则国弱。……故有荆庄、齐桓则荆、齐可以霸，有燕襄、魏安釐则燕、魏可以强。今皆亡国者，其群臣官吏皆务所以乱，而不务所以治也。其国乱弱矣，又皆释国法而私其外，则是负薪而救火也，乱弱甚矣！
>
> 　　1. 请结合个人生活经验，谈一谈对于规则的看法。
> 　　2. 请结合之前项目所学，谈一谈自己对于沙盘推演规则的看法。
> 　　3. 走出沙盘，走出学校，同学们以后可能会自主创业，在全面"依法治国"的背景下，请谈一谈自己对于"成为一个好的企业家"的看法。

◇ **项目综述**

　　企业是社会经济的基本单位，企业的发展受自身条件和外部环境的制约。企业的生存与企业间的竞争不仅要遵守国家的各项法规及行政管理规定，还要遵守行业内的各种约定。在开始企业模拟竞争之前，管理层必须了解并熟悉这些规则，这样才能做到合法经营，才能在竞争中求生存、求发展。

　　应当注意的是：我们是在经营模拟企业，为运行方便，我们将内外部环境简化为一系列规则，故与实际情况存在一定的差别，不可在规则上"较真"。

◇ **学习目标**

1. 熟悉市场业务的规则；
2. 熟悉生产运营的规则；
3. 熟悉财务业务的规则；
4. 熟悉其他业务的规则。

◇ **重点难点**

　　树立合规意识，但在合规的前提下，我们应能够实现规则的灵活应用。

任务一　熟悉市场业务规则

企业的正常运营涉及筹资、投资、生产、营销、研发、物流等各环节,受到来自各种条件的制约,企业只有不断提升自我,才能赢得竞争,因此必须熟练地掌握市场规则,培养熟练运用的能力。

一、市场划分及市场准入

企业目前在本地市场经营,新市场包括区域市场、国内市场、亚洲市场和国际市场。在不同市场中,企业所需投入的费用及时间是不同的,只有在市场投入工作全部完成后,企业方可接单,市场准入规则如表3-1所示。

表 3-1　市场准入规则

市　场	开拓费用/M	持续时间/年
区　域	1	1
国　内	2	2
亚　洲	3	3
国　际	4	4

(一) 市场开发费用的支付

市场开发投资按年度支付,可以同时开发多个市场,但每一年企业在每个市场的最大投资为1M,不允许加速投资,但允许投资中断,市场开发完成后,受训者持开发费用到指导教师处领取市场准入证,方可进入该市场选单。

(二) 市场销售产品的规则

若想在已进入的市场销售产品,企业每年最少需投入1M广告费维持,否则视为当年放弃该市场,当年不能在该市场销售任何产品。

二、"市场老大"

市场地位与具体的市场紧密相关。企业的市场地位根据上一年度各企业的销售额排列,销售额最高的企业称为该市场的"市场领导者",俗称"市场老大"。

销售排名及"市场老大"规则是:年度选单完成后,根据某个市场的总订单销售额进行销售排名;排名第一的为"市场老大",下年可以在不参加该市场的选单排名的情况下优先选单;其余的公司仍须按选单排名方式确定选单顺序。

三、管理体系认证

ISO9000 和 ISO14000,两项 ISO 认证投资可同时进行,企业按年支付认证费用,每年支付金额为 1M,相应投资完成后才能取得资格。两项认证的投资费用计入当年综合管理费,所有投资均不得加速,但可以随时中止或中断,ISO 认证规则表如表 3-2 所示。

表 3-2　　　　　　　　　　　　ISO 认证规则表

ISO 项目	ISO9000	ISO14000
研发时间/年	2	3
所需投资/M	2	3

四、产品研发

若想生产某种产品,企业应当先获得该产品的生产许可证。为了获得生产许可证,企业则必须进行产品研发。P2、P3、P4 产品都需要在研发后才能获得生产许可,新产品研发投资可以同时进行。

新产品研发费用须按季度分期支付,每次研发费用 $= \dfrac{总研发费用}{研发时间}$,企业必须在完成研发后再进行生产。产品研发费用计入当年综合管理费,所有研发工作均不得加速,但可以随时中止或中断。研发完成后,研发部门须持全部研发费用换取产品生产资格证。产品研发规则如表 3-3 所示。

表 3-3　　　　　　　　　　　　产品研发规则

产品	P2	P3	P4
研发时间/Q	6	6	6
研发投资/M	6	12	18

五、广告竞单表

市场开拓完成后,企业可取得相应的市场准入资格。通过 ISO 认证后,企业可有选择地投入 ISO 的广告,广告投入应分配到每个具体的市场之中。在将广告费分配到具体市场的过程中,企业应先了解广告竞单表的格式,广告竞单表如表 3-4 所示。

表 3-4　　　　　　　　　　　　广　告　竞　单　表

市场产品	本　地	区　域	国　内	亚　洲	国　际
P1					
P2					
P3					
P4					
9K					
14K					

填写广告竞单表的提示：

（1）即使产品资格未开发完成，企业仍可以投放广告，但在此之前要弄清楚当年能否在该市场卖该产品。

（2）若希望获得有 ISO 要求的订单，企业除须有相应的认证资格外，还要在对应的 ISO 栏中投入 1M 广告费，在两个条件均具备的情况下，企业才能得到这张订单。

（3）广告竞单表中的"9K"和"14K"，分别指"ISO9000"和"ISO14000"认证；这两栏的广告投入对整个市场所有的产品均有效。

六、订货会议与订单规则

每年初，各企业的销售经理应与客户见面并召开订货会议，根据市场地位、市场投入、市场需求及竞争态势，按规定程序领取订单。

（一）选单顺序

（1）市场领导者（上年销售额排名第一位且无违约情况发生）首先挑选订单。

（2）在当前市场上，按该项产品的广告投放量依次挑选订单。

（3）如果广告投放量相同，按当前市场全部产品投放的总广告额（即 P1、P2、P3 和 P4 的广告费之和）进行排序，较高者先挑选订单。

（4）如果总广告额投放量仍相同，按上一年的销售额决定市场排名，上年市场地位较高者优先挑选订单。

（5）如仍无法决定，先打广告者优先挑选订单。

（6）若仍然无法选择，则以非公开招标方式决定订单的归属。

（二）订单信息

普通订单，企业可在当年任一季度交货，加急订单，企业必须在第一季度交货。有 ISO 要求的订单，企业必须有相应的资质，在 ISO 广告投入后方可接单。普通订单样图如图 3-1 所示，加急订单样图如图 3-2 所示。

（1）普通订单。在一年之内任何交货期均可交货，订单上的账期表示客户收货时货款的交付方式。例如：0 账期，表示采用现金付款；4 账期，表示客户付给企业的是 4 个季度的应收账款；订单应收账款的账期若不为 0，其收现时间从实际交货季度起算，交货越早，收现越早。

（2）加急订单。第一季度必须交货，若不按期交货，供应商会受到相应的处罚。

第5年	本地市场	LP1-3/3
产品数量：	3 P1	
产品单价：	5M/个	
总金额：	15M	
应收账期：	0Q	

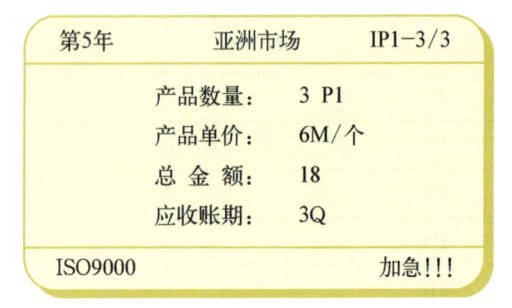

图 3-1 普通订单样图

第5年	亚洲市场	IP1-3/3
产品数量：	3 P1	
产品单价：	6M/个	
总金额：	18	
应收账期：	3Q	
ISO9000		加急！！！

图 3-2 加急订单样图

（3）ISO9000 或 ISO14000 订单。供应商应具有 ISO9000 或 ISO14000 资质，并且已经在市场广告上投放了 ISO9000 或 ISO14000 广告费，否则不可以拿单，且对该市场上的所有产品均有效。资质订单样图如图 3-3 所示。

```
第5年          本地市场        LP1-3/3
          产品数量：   3 P1
          产品单价：   5M/个
          总 金 额：   15M
          应收账期：   0Q
ISO9000         ISO14000
```

图 3-3　资质订单样图

（三）订单选取实际操作

企业投入 1M 广告费可以取得一次选择订单的机会，以后，每增加 2M 广告费可多进行一次选单。按选单顺序先选第一轮，每公司一轮，只有一次机会，只能选择 1 张订单。第二轮按顺序再选，选单机会用完的公司则退出选单。P1 在国际市场广告投放情况如表 3-5 所示。（假定市场订单足够，各企业 P1 产能也足够）

表 3-5　　　　　　　　　　P1 国际市场广告投放情况

公　司	P1 广告费/M	ISO9000/M	ISO14000/M	广告费总和/M	上年排名
A	3	—	—	3	2
B	1	1	—	4	3
C	1	1	—	3	4
D	1	—	—	—	1

国际市场上，P1 的选单顺序为：

（1）由 D 公司选单。在国际市场上，"市场老大"D 公司对 P1 产品投放 1M 广告费，可以优先选一张最为理想的订单；如果这一年国际市场上的订单均有对 ISO9000 的需求，若 D 公司没有对 ISO9000 投放广告，那么作为"市场老大"的 D 公司也不能优先选订单。

（2）由 A 公司选单。在国际市场上，"市场老大"D 公司选完一张订单之后，接下来在其他公司中，A 公司对 P1 投入的广告费最高，为 3M，因此 A 公司是第二个可以选订单的公司。

（3）由 B 公司选单。虽然 B 公司在 P1 的产品投入的广告费与 C 公司相同，但投入在国际市场的总广告费用为 4M，而 C 公司投入国际市场的总广告费用为 3M，因此，B 公司先于 C 公司选单。

（4）由 C 公司选单。由于 C 公司投入的 P1 产品的广告费用与 B 公司相同，但在国际市场上的总广告费投入低于 B 公司，因此后于 B 公司选单。

（5）由 A 公司二次选单。A 公司投入 P1 产品的广告费组合为(1＋2)M，因此，获得比其他公司多一次的选单机会。

(四) 选单注意事项

（1）某"市场老大"的订单优先权针对该市场的所有产品，对该市场的哪个产品投放广告，对哪个产品就有优先选单权。

（2）参加订货会之前，企业需要计算可接单量。企业可接单量主要取决于现有库存和生产能力，因此，产能计算的准确性直接影响销售交付。企业还需要进行资金预算，判定是否有足够的资金支持本年的运行，完成经营目标。

（3）每年只召开一次客户订货会，企业每年只有一次选取订单的机会。

（4）无论投入多少广告费，企业每次只能选一张订单，然后等待下一轮选单机会。投入1M，企业最多能拿1张订单；投入3M，企业最多能拿2张订单；投入5M，企业最多能拿3张订单；依此类推，但能否如愿拿到，要取决于市场需求、竞争态势等；投入2M与投入1M的效果是一样的，都只有一次选择订单的机会，但是投入2M的企业比投入1M的企业具有更大的优先选择权。

(五) 订单违约处罚规则

所有订单必须在规定的期限内完成，企业应按订单上产品数量整单交货，加急订单必须在第一季度交货，普通订单必须在本年度交货；如果订单没有完成，按下列条款加以处罚。

（1）因不守信用，市场地位下降一级（如果是市场第一，则该市场第一空缺，所有公司均没有优先选单的资格）。

（2）该逾期的订单下一年必须最先交货，然后方可再交其他订单，如果企业下一年仍然不能交货，客户有权无条件收回该张订单。

（3）交货时扣除该张订单销售总额的25％（向下取整）作为违约金。

例如：A公司在第2年时为本地"市场老大"，且在本地市场上有一张订单总额为20M，但由于产能计算失误，在第2年不能交货，则在参加第3年本地市场订货会时丧失"市场老大"的选择优先权，并且在第3年，该订单必须首先交货，交货时需要扣除5M（20M×25％）违约金，只能获得15M的货款。

任务二　熟悉生产运营规则

一、厂房购买、租赁与出售

企业目前只拥有大厂房，小厂房随时可以使用，年底决定厂房是购买还是租赁，购买后将购买价放在厂房价值处，厂房不提折旧，租赁厂房每年末支付租金，厂房可随时出售，出售后将出售价放在账期为4Q的应收账款处，厂房规则如表3-6所示。

表3-6　　　　　　　　　　　　厂房规则

厂房	买价/M	卖价/M	年租金/M	生产线数量/条
大厂房	40	40	5	6
小厂房	30	30	3	4

(1) 企业最多只可以使用一大一小两个厂房。
(2) 企业在新建生产线之前，必须以买或租的方式获得厂房。
(3) 生产线不可以在不同厂房之间移动。

二、生产线购买、调整与维护

企业目前拥有3条手工线、1条半自动线，以后可以考虑更新设备或投资新生产线，新生产线在购买时按购买价格在安装周期内平均支付。所有生产线可以生产所有产品，半自动线和全自动线若转产则需要停产一定周期，并支付转产费用，手工线和柔性线转产时不需要停产，不用支付费用，不同生产线生产不同产品，加工费不同。生产线也可以出售，出售时按残值计价。生产线相关规则如表3-7所示。

表3-7　　　　　　　　生产线相关规则

生产线	购买价格/M	安装周期/Q	维护费用/M	残值/M	生产周期/Q	转产周期/Q	转产费用/M	P1加工费/M	P2加工费/M	P3加工费/M	P4加工费/M
手工线	5	—	1	1	3	—	—	1	2	3	3
半自动线	8	2	1	2	2	1	1	1	1	2	2
全自动线	16	4	1	4	1	2	4	1	1	1	1
柔性线	24	4	1	6	1	—	—	1	1	1	1

（一）购买生产线

投资新生产线时，企业按安装周期平均支付投资，在全部投资到位的下一季度领取产品标识，开始生产。生产线一旦建成就不能在各厂房间移动。

（二）生产线转产

现有生产线转产新产品时可能会引发一定的转产周期，企业应支付一定的转产费用，最后一笔支付到期一个季度后，企业方可更换产品标识；手工线、柔性线可以生产任何产品，无须转产。

（三）维护生产线

对于当年的在建生产线和当年出售的生产线，企业不用交维护费。

（四）出售生产线

出售生产线时，如果生产线净值等于残值，将净值转换为现金，如果生产线净值大于残值，将相当于残值的部分转换为现金，将差额部分作为费用处理，计入营业外支出（综合费用——其他）；在建及在产的生产线不可以变卖，转产中的生产线可以变卖。

（五）生产线折旧

按平均年限法（直线法）计算折旧：生产线的折旧计提到残值为止；当年建成的生产线不提折旧；当年减少的生产线计提折旧。当净值等于残值时，生产线不再计提折旧，但可以继续使用。为简化核算，手工线每年折旧为1M，半自动线每年折旧为2M，全自动线每年折旧为 4M，柔性线每年折旧为 6M，均提到残值为止，设备折旧计算表如表 3-8 所示。

表 3-8　　　　　　　　　设备折旧计算表　　　　　　　　　单位：M

生产线	购买价格	残值	建成第1年	建成第2年	建成第3年	建成第4年	建成第5年
手工线	5	1	0	1	1	1	1
半自动线	8	2	0	2	2	2	0
全自动线	16	4	0	4	4	4	0
柔性线	24	6	0	6	6	6	0

三、产品生产

企业目前只能生产 P1 产品，在研发了新产品后可以生产 P2 产品、P3 产品、P4 产品，开始生产时将原料放在生产线上并支付加工费，每条生产线在同一时刻只能生产一种产品。每种产品所需原材料结构图，如图 3-4 所示。

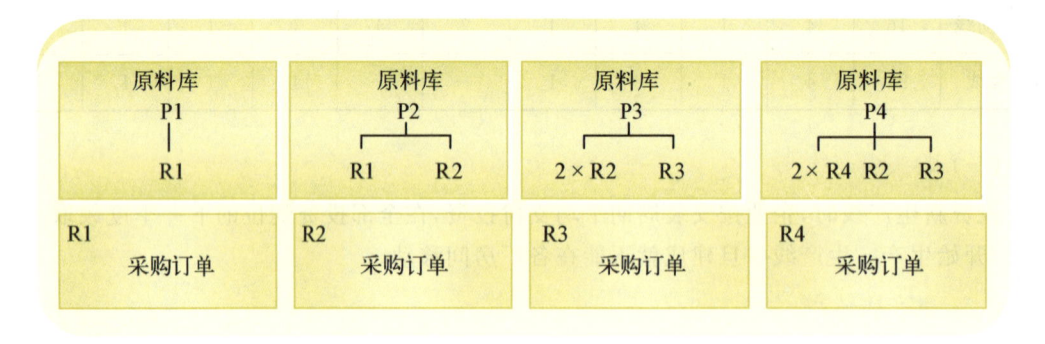

图 3-4　每种产品所需原材料结构图

四、原材料采购与支付

企业进行原料采购需提前下达采购订单，其中 R1、R2 采购提前期为 1 个季度，R3、R4 采购提前期为 2 个季度。一个空桶表示价格为 1M 的原料订单。每种原料的价格均为 1M，原料到货后，企业必须根据采购订单如数接受并办理入库手续，按规定支付原料款，不得拖延。

任务三　熟悉财务业务规则

一、固定资产折旧

固定资产在使用过程中会发生损耗，导致价值降低，企业应对固定资产计提折旧。在沙盘情境中,固定资产计提折旧的时间、范围和方法可以与实际工作一致,我们也可以采用简化的方法进行。在本书中,我们采用简化的处理方法,与实际工作有一些差异。

这些差异主要表现在:折旧在每年年末计提一次,计提折旧的范围仅仅限于生产线,计提折旧的方法为直线法,取整计算。在会计处理上,折旧费全部作为当期的期间费用,不计入产品成本。

(1) 生产线折旧。按平均年限法(直线法)计算折旧。生产线的折旧计提到残值为止;当年建成的生产线不提折旧;当年减少的生产线照提折旧。

(2) 厂房折旧。厂房的折旧率比较低,沙盘推演过程中使用的钱币没有角、分,故厂房折旧额可以忽略不计。总而言之,在沙盘推演过程中,厂房不提折旧。

二、产品成本计算

所有生产线都能生产所有产品,但不同生产线生产不同产品时发生的加工费不同。此外,不同的产品所需原材料也不同。我们将用不同生产线生产不同产品会发生的直接成本归纳,产品成本构成规则如表 3-9 所示。

表 3-9　　　　　　　　　　产品成本构成规则

产品名称	生 产 线	加工费/M	材料费/M	直接成本/M
P1	手工线	1	1 (R1)	2
	半自动线	1		2
	全自动线	1		2
	柔性线	1		2
P2	手工线	2	2 (R1+R2)	4
	半自动线	1		3
	全自动线	1		3
	柔性线	1		3
P3	手工线	3	3 (2R2+R3)	6
	半自动线	2		5
	全自动线	1		4
	柔性线	1		4
P4	手工线	3	4 (R2+R3+2R4)	7
	半自动线	2		6
	全自动线	1		5
	柔性线	1		5

三、融资贷款与资金贴现

长期贷款的最长期限是 5 年,最短期限是 2 年,短期贷款及高利贷的期限是 1 年,贷款到期时,如果贷款额未下降,企业可以续贷,也可以返还,除高利贷外的贷款必须按 20 的倍数进行。在有应收账款的情况下我们可随时贴现,贴现时,无论应收账款账期如何,我们均按 7 的整数倍来贴现,利率是 1/6,相关规则如表 3-10 所示。

表 3-10　　　　　　　　　融资贷款与资金贴现规则

贷款类型	贷款时间	贷款额度	年息	还款方式
长期贷款	每年年末	上一年权益的 2 倍	10%	每年付息,到期还本
短期贷款	每季季初	上一年权益的 2 倍	5%	到期一次还本付息
高利贷	任何时间	与银行协商	20%	到期一次还本付息
资金贴现	任何时间	应收款/7×6	1/6	变现时贴息

(1) 长期贷款每年必须归还利息,到期还本,本利还清后若还有额度,企业方可重新申请贷款。即:如果有贷款需要归还,同时还拥有贷款额度时,企业必须先归还到期的贷款,才能申请新贷款;能否以新贷还旧贷(续贷),由指导教师来决定。短期贷款也按本规定执行。

(2) 所有的贷款不允许提前还款。

(3) 结束经营的最后一年,不要求企业归还没有到期的各类贷款。

四、综合费用与税金

除折旧及财务费用以外,行政管理、市场开拓、营销广告、生产线转产、设备维护、租赁厂房、ISO 认证、产品研发过程中发生的费用计入综合费用。具体情况如下。

(1) 行政管理费用:每季度支付 1M。

(2) 广告费:年初以现金支付,无现金时,企业可以在年初贴现应收账款或贷高利贷支付。

(3) 产品研发费、生产线转产费:在发生季度支付现金。

(4) 设备维护费、市场开拓费、ISO 认证费、厂房租金:在年末支付现金。

(5) 所得税:每年末按当年利润的 25% 计提所得税(向下取整数),计入应付税费,在下一年初交纳,出现盈利时,按弥补以前年度(前 5 年)亏损后的余额计提所得税。

① 当上年权益小于 66 时:

所得税费用=(上年权益+本年税前利润−第 0 年末权益)×25%

② 当上年权益大于 66 时:

所得税费用=本年税前利润×25%

任务四　熟悉其他业务规则

一、企业破产规则

企业经营不善可能导致破产清算。企业出现以下两种状况之一时，宣布破产：

（1）所有者权益小于或等于零（资不抵债）。

（2）企业现金断流。破产后，企业仍可以继续经营，但必须严格按照产能争取订单（每次竞单前，需要向教学指导教师提交产能报告），严格按照明确的规定注入资金，破产的对抗参赛队伍不参加最后的成绩排名。

二、计算取整规则

企业行为模拟过程中，涉及计算时均精确到个位整数。

（1）违约金扣除——向下取整。

（2）贴现费用——向上取整。

（3）扣税——向下取整。

（4）长、短、高利贷利息——向上取整。

项 目 小 结

本项目主要介绍进行企业行为模拟经营时必须遵循的各项规则，包括基本业务规则、生产基本规则、财务基本业务规则及其他处理规则。只有在熟练、掌握这些规则的情况下，我们才能将这些规则应用于企业行为模拟运营过程中。

问 题 与 思 考

1. 怎样巧妙利用规则，为企业创造最大的效益？

（1）要研发什么产品？

（2）要开拓哪些市场？

（3）要进行 ISO 认证吗？何时认证合适？

（4）厂房是大是小？是买是租？

（5）要购买什么样的生产线？什么时间买？买几条？买来用于生产什么？

（6）是否需要订购原材料？

（7）是否需要向银行借款？长期贷款还是短期贷款？额度是多少？

2. 请思考并讨论，高利贷和资金贴现，哪一种融资方式更划算？

3. 市场竞单实际操作(以 P3 为例),假定产能足够,请学生自己分析。某年本地市场竞争实际操作(以 P3 为例)如图 3-5 所示。

第四年——A 组(本地)						
产品	广告	订单总额	数量	9000		14000
P1						
P2					1	
P3	2					
P4						

第四年——B 组(本地)						
产品	广告	订单总额	数量	9000		14000
P1						
P2					1	
P3	5					
P4						

第四年——C 组(本地)						
产品	广告	订单总额	数量	9000		14000
P1						
P2						1
P3	1					
P4						

本地市场
2 P3
8.5M/个
=17M
账期：4Q

本地市场
4 P3
8M/个
=32M
账期：2Q
ISO9000

本地市场
2 P3
9M/个
=18M
账期：1Q
ISO14000

本地市场
3 P3
7.6M/个
=23M
账期：4Q

图 3-5　某年本地市场竞单实际操作(以 P3 为例)

素养提升

　　孟子曰："离娄之明,公输子之巧,不以规矩,不能成方圆。"意思是,即使有离娄那样好的视力,公输子那样好的技巧,如果不用圆规和曲尺,也不能准确地画出方形和圆形。这是在告诉世人,做任何事情都应该遵守一定的规矩、规则,否则便无法成功。在沙盘模拟企业经营中也要遵循一定的规则,这是保证企业经营成功的关键因素。同时,遵守规则、诚信经营是企业经营的底线和原则。大家在实训过程中,要严格遵守运营规则,树立诚信为本的经营意识,切身体会遵守规则、实事求是的重要性,从而养成诚信、务实的良好职业素养。

项目四　读懂手工沙盘市场预测

> **沙盘论道**
> 　　故用兵之法,十则围之,五则攻之,倍则战之,敌则能分之,少则能逃之,不若则能避之。故小敌之坚,大敌之擒也。
>
> 　　1. 请结合自身的生活、学习经历,谈一谈对于战略规划的认识。
> 　　2. 战略得以制定的依托是什么?在制定战略的过程中,权威性的指引可以发挥什么作用?
> 　　3. 生活中有不同的"指引",你是如何加以理解的?请结合自身实际谈一谈对于市场预测、行业分析的看法。

◇ **项目综述**

在"ERP沙盘实训"课程中,市场预测是各企业能够得到的唯一有价值的关于产品市场需求的可参考信息。对市场预测的分析与企业的营销策划息息相关,只有清晰地掌握这些情报,我们才能在激烈竞争的市场中处于主动地位。在本项目中,我们以6组模拟企业运营的市场预测为例进行分析。

◇ **学习目标**

1. 分析本地市场预测;
2. 分析区域市场预测;
3. 分析国内市场预测;
4. 分析亚洲市场预测;
5. 分析国际市场预测。

◇ **重点难点**

能对市场预测进行准确分析,初步培养职业判断能力。

　　在学习了基本的经营流程和规则的基础上,新的管理层将接过企业发展的责任,完全独立经营,承担企业发展的重任。知己知彼,方能百战不殆。因此,谁掌握情报,谁就能在激烈的市场竞争中处于主动地位,就能赢得时间、市场乃至利润。

在"ERP 沙盘实训"课程中,市场预测是各企业能够得到的唯一有价值的关于产品市场需求可参考信息,对市场预测的分析与企业的营销方案策划息息相关。市场预测包括近几年关于行业产品市场的预测资料,包括各市场、各产品的总需求量、价格情况、客户关于技术及产品的质量要求等。我们以本地市场的市场预测图来分析市场,进而学会市场预测的理解方法。市场预测对所有企业而言是公开透明的,因此,读懂市场预测、透彻地分析市场预测对一个企业的经营与发展是至关重要的。市场预测图如图 4-1 所示。

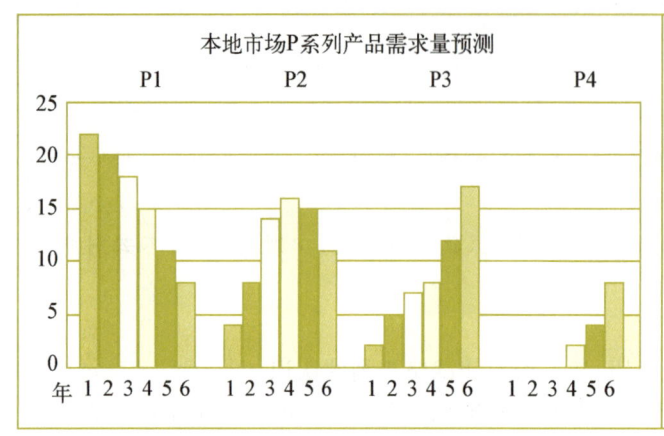

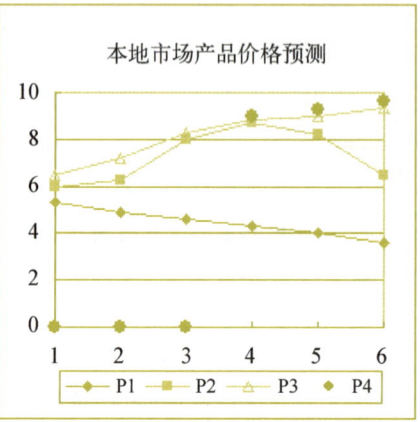

图 4-1 市场预测图

任务一 分析本地市场预测

预测表明,本地市场将会持续发展,客户对低端产品的需求可能会下滑。伴随着需求的减少,低端产品的价格很有可能会逐步走低。后几年,随着高端产品的成熟,市场对 P3、P4 产品的需求将会逐渐增大。同时,随着时间的推移,客户的质量意识将不断提高,后几年可能会对厂商是否通过 ISO9000 认证和 ISO14000 认证有更多的要求。

图 4-1 是第 1~6 年本地市场 P 系列产品预测资料,由左边的柱形图和右边的折线图构成。柱形图中的横坐标代表年,纵坐标上标注的数字代表产品数量,各产品下柱形的高度代表该产品某年的市场预测需求总量。折线图标识了第 1~6 年 P 系列产品的价格趋向,横坐标表示年,纵坐标表示价格。在市场预测中,除了直观的图形描述外,我们还可以用文字形式加以说明,尤其需要注意客户关于技术及产品质量的要求等细节。

实训过程中,教学指导教师可以要求学生结合柱形图、折线图和文字说明,基于 Excel 工具去分析市场预测,学会用数据说话,进而真真正正地读懂市场预测,对于本地市场预测的数据分析如表 4-1 所示。

根据权威机构对本地市场的预测表及对图 4-1 的数据分析,我们可以读懂本地市场预测,发现:P1 产品需求量在后 2 年快速下降,其价格也逐年走低。P2 产品需求从第 3 年开始一直较为平稳,前 4 年价格较稳定,但在后 2 年下降迅速。P3 产品需求发展较快,价格逐年走高。P4 产品只在 3 年后才出现少量的需求,但价格和 P3 相比并没有特别的吸引力。

表 4-1　　　　　　　　　　对于本地市场预测的数据分析

年份	P1 价格/元	P1 成本/元	P1 毛利/元	P1 需求量/件	P2 价格/元	P2 成本/元	P2 毛利/元	P2 需求量/件	P3 价格/元	P3 成本/元	P3 毛利/元	P3 需求量/件	P4 价格/元	P4 成本/元	P4 毛利/元	P4 需求量/件
1	5.6	2	3.6	22												
2	5	2	3	20	6.2	3	3.2	8	7.2	4	3.2	5				
3	4.6	2	2.6	18	8	3	5	14	8.2	4	4.2	7				
4	4.2	2	2.2	15	8.8	3	5.8	16	9	4	5	8	9	5	4	2
5	4	2	2	11	8	3	5	15	9.2	4	5.2	12	9.2	5	4.5	4
6	3.7	2	1.7	8	6.3	3	3.3	11	9.8	4	5.8	17	9.8	5	4.5	6

任务二　分析区域市场预测

区域市场的市场预测图如图 4-2 所示。

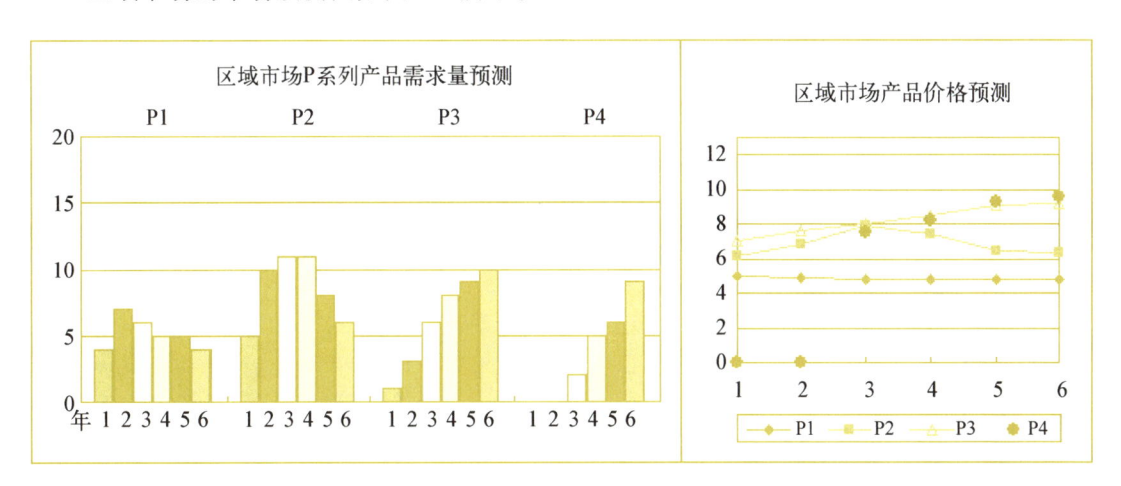

图 4-2　6 组手工沙盘区域市场的市场预测图

区域市场的客户对 P 系列产品的喜好相对稳定,因此,市场需求量的波动也很有可能会比较平稳。因其紧邻本地市场,故产品需求量的走势可能与本地市场相似,价格趋势也应大体一致。该市场的客户比较乐于接受新的事物,因此对于高端产品也会比较有兴趣,但由于受到地域的限制,该市场的需求总量非常有限,且这个市场上的客户相对比较挑剔,因此在以后几年中会对厂商是否通过 ISO9000 认证和 ISO14000 认证有较高的要求。

任务三　分析国内市场预测

国内市场的市场预测图如图 4-3 所示。

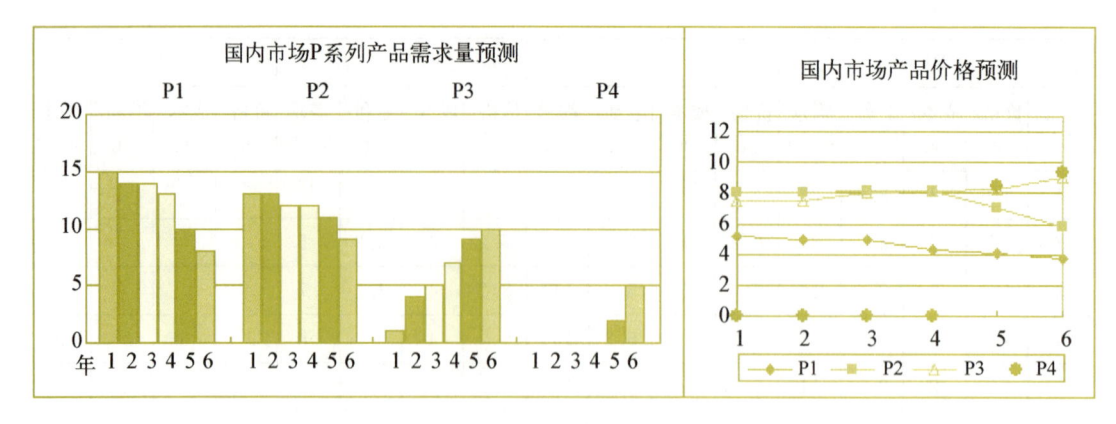

图 4-3　6 组手工沙盘国内市场的市场预测图

因 P1 产品带有较浓的地域色彩,估计国内市场对 P1 产品不会有持久的需求。P2 产品更适合国内市场,所以需求会一直比较平稳。随着对 P 系列产品新技术的逐渐认同,估计对 P3 产品的需求会发展较快,但这个市场上的客户对 P4 产品却并不是那么认同。当然,对于高端产品来说,客户一定会更注重产品的质量保证。

任务四　分析亚洲市场预测

亚洲市场的市场预测图如图 4-4 所示。

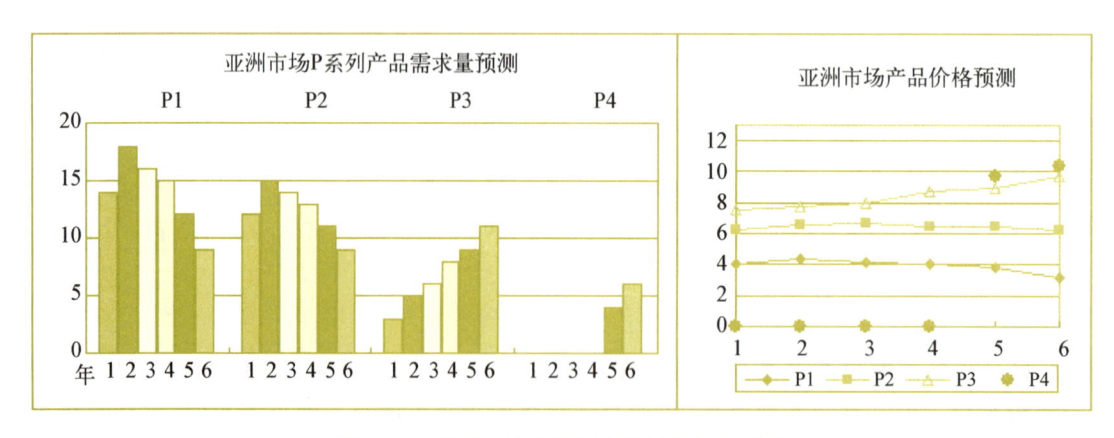

图 4-4　6 组手工沙盘亚洲市场的市场预测图

这个市场上的客户喜好一向波动较大,不易把握,因此对 P1 产品的需求可能存在较大的起伏,预计 P2 产品的需求走势也会与 P1 相似。但该市场对新产品很敏感,因此估计对 P3、P4 产品的需求会较快发展,价格也可能不菲。另外,这个市场的消费者很看重产品的质量,在后几年里,如果厂商没有通过 ISO9000 和 ISO14000 的认证,其产品可能很难销售。

任务五　分析国际市场预测

国际市场的市场预测图如图 4-5 所示。

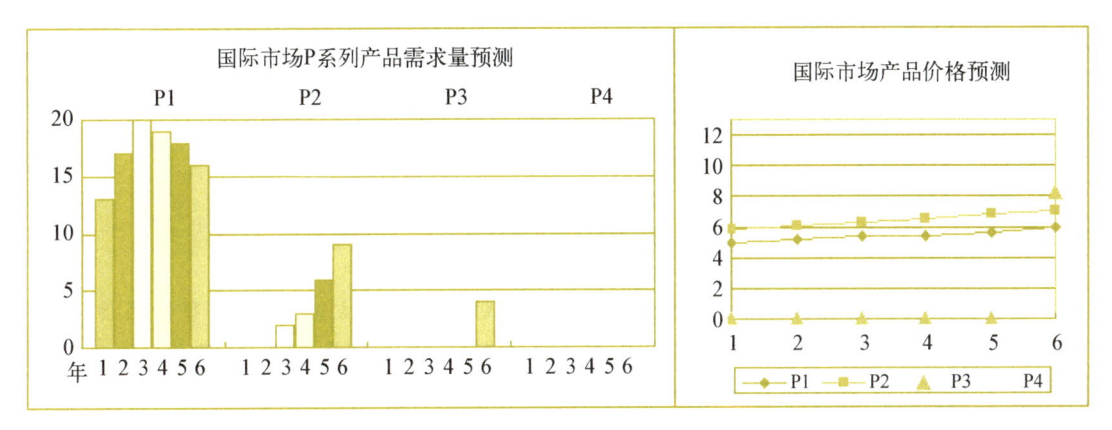

图 4-5　6 组手工沙盘国际市场的市场预测图

进入国际市场所需要的时期较长。有迹象表明,目前这一市场上的客户对 P1 产品已经有所认同,需求也会比较旺盛。对于 P2 产品,客户将会谨慎地接受,但仍需要一段时间才能被市场所接受。对于新兴的技术,这一市场上的客户将会以观望为主,因此,对于 P3 和 P4 产品的需求将会以极慢的速度发展。产品需求主要集中在低端市场,所以客户对于 ISO 的要求并不如其他几个市场那么高,但也不排除后期这方面的需求会发生。

万事具备,我们将开始全新的经营之旅。这是一个全新的开始,充满挑战与机遇。我们将独立地面对市场,但必须读懂由权威市场调研机构提供的对未来六年里各个市场的需求所进行的预测,该预测有很高的可信度。

关于手工沙盘 6 组市场预测图的提示：

(1) 这是由一家权威的市场调研机构对未来六年里各个市场的需求状况的预测,有着很高的可信度。

(2) P1 产品由于技术水平低,虽然近几年需求较旺,但未来将会逐渐下降;P2 产品是 P1 产品的技术改进版,虽然技术优势会带来一定增长,但随着新技术的出现,其需求最终会下降。P3、P4 产品为全新技术产品,发展潜力很大。

项 目 小 结

本项目旨在教会受训者读懂市场预测分析数据的方法,包括本地市场预测分析、区域市场预测分析、国内市场预测分析、亚洲市场预测分析和国际市场预测分析。只有在清晰地掌握这些情报的基础上,我们才能在激烈竞争的市场中保有一席之地,才能使企业的运营不至于被动。

问题与思考

1. 掌握利用Excel编制表格,分析各市场各年份各产品各自的需求量、成本和毛利的方法。

2. 根据开拓市场的规则,参考本地市场的分析数据,请对区域市场、国内市场、亚洲市场、国际市场进行数据分析,思考四个市场适合的开发年度,并解释原因。

素养提升

庄子云:"谋无主则困,事无备则废"意思是,谋划事情没有主见,就会被事情困住;做事情没有准备,肯定会失败。在激烈的市场竞争环境下,企业想发展壮大,除了要对企业自身状况有清晰的认知之外,还要深入分析市场和产品信息。依据市场数据的分析结果做好周密的规划,不打无准备之仗;在制定经营规划时要有全局意识,要结合自身发展方向,从实际出发,抓住机遇,理性发展,避免浪费,树立可持续发展的意识。

项目五　企业行为模拟手工沙盘推演

沙盘论道

国子先生晨入太学，招诸生立馆下，诲之曰："业精于勤荒于嬉；行成于思毁于随。方今圣贤相逢，治具毕张，拔去凶邪，登崇俊良。占小善者率以录，名一艺者无不庸。爬罗剔抉，刮垢磨光。盖有幸而获选，孰云多而不扬？诸生业患不能精，无患有司之不明；行患不能成，无患有司之不公。"

1. 无论是企业的模拟经营还是任何事项，成功永远留给有准备的人，请结合个人经历，谈一谈"业精于勤荒于嬉；行成于思毁于随"的看法。
2. 正所谓"行患不能成，无患有司之不公"，请结合个人经历谈一谈关于专业才能、品性修养以及人生机遇关联的看法。
3. 联系 ERP 沙盘实训课程的教学内容，谈一谈在沙盘推演过程中的个人担当。

◇ 项目综述

在初次接触 ERP 沙盘时，受训者往往不知道该怎样在沙盘盘面上进行操作，常常会手忙脚乱。在本项目中，我们的主要任务就是结合企业的运营规则，读懂各市场预测的情报数据，解决营运过程中的操作问题。本项目首先介绍在企业运营过程中，为了经营好企业，我们在年初、各季度和年末应当做什么以及怎样按照流程进行规范的操作，接着体验零教学年和实验年的流程，最后让受训者自主经营模拟企业，长达 6 年，亲身体验企业运营的艰辛。

◇ 学习目标

1. 掌握企业行为模拟手工沙盘推演的基本流程；
2. 熟悉教学年运营实录；
3. 体验企业行为模拟手工沙盘推演的实验年操作和实训年操作。

◇ 重点难点

1. 灵活运用企业规则；
2. 深入理解企业经营模拟的基本流程。

任务一　掌握企业行为模拟训练的基本流程

企业行为模拟 ERP 沙盘推演训练分成年初、四季、年末三个大时间段，企业行为模拟训练的阶段任务如表 5-1 所示。

表 5-1　　　　　　　　企业行为模拟训练的阶段任务

阶　　段	主　要　任　务	备　　　注
年　　初	年度规划，广告投放，参加订货会	3 项工作
四　　季	库存现金盘点、贷款及采购，生产任务，交货及开发	13 项工作
年　　末	年末长期贷款、折旧、付款、关账	6 项工作
特殊流程	应收账款贴现、厂房贴现、高利贷	3 项工作，紧急时采用，可随时进行

一、企业行为模拟训练的任务清单

为了帮助受训者顺利地开展模拟企业运营工作，我们在这里提供每一个年度的任务清单。具体企业行为模拟 ERP 沙盘推演实训基本流程的任务清单如下：

每组必须指定一人负责任务清单的核查。

每年年初：　　　　　　　　　　　　　　　　请打钩
准备好新的一年（新年度会议/制订新计划）　☐
准备好与客户见面/登记销售订单　　　　　　☐
支付应付税（根据上年度结果）　　　　　　　☐
每个季度：
季初现金盘点　　　　　　　　　　☐　☐　☐　☐
更新短期贷款/还本付息/申请短期贷款　☐　☐　☐　☐
更新应付款/归还应付款　　　　　　☐　☐　☐　☐
原材料入库/更新原料订单　　　　　☐　☐　☐　☐
下原料订单　　　　　　　　　　　☐　☐　☐　☐
更新生产/完工入库　　　　　　　　☐　☐　☐　☐
投资新生产线/变卖生产线/生产线转产　☐　☐　☐　☐
开始下一批生产　　　　　　　　　☐　☐　☐　☐
更新应收款/应收款收现　　　　　　☐　☐　☐　☐
按订单交货　　　　　　　　　　　☐　☐　☐　☐
产品研发投资　　　　　　　　　　☐　☐　☐　☐
支付行政管理费用　　　　　　　　☐　☐　☐　☐
每年年末：
更新长期贷款/支付利息/申请长期贷款　　　　☐
支付设备维修费　　　　　　　　　　　　　　☐
支付租金（或购买建筑）　　　　　　　　　　☐
折旧　　　　　　　　　　　　　　　　　　　☐
新市场开拓投资/ISO 资格认证投资　　　　　　☐
期末现金对账　　　　　　　　　　☐　☐　☐　☐
关账　　　　　　　　　　　　　　　　　　　☐

模拟企业每一年的经营由每组首席执行官指挥，各岗位填写手工沙盘模拟企业经营流程表，有序地完成每一年的经营。各岗位需要各司其职、有条不紊，在经营流程表中填写自己负责的经营数据。首席执行官在经营流程表中打钩表示该项任务已完成;财务总监记录明细现金流入流出情况、费用发生情况、融资发生情况;采购总监记录原材料订货情况、出入库情况;生产总监记录生产线建设和变动情况及在制品变化情况;营销总监记录生产资格、ISO、市场开发情况、产成品的出入库情况。

二、现金收支明细表

现金是企业的"血液"。伴随着各项活动的进行,企业会发生现金的流动。为了清晰地记录现金的流入和流出情况,我们要求在企业运营流程中登记现金收支明细。在 CEO 带领大家执行一项任务时,如果发生现金收付事项,财务主管应负责现金收付,相应地在方格内登记现金收支情况。

现金收支明细表供财务人员记录每期的现金收入和支出情况,便于进行现金流量的管理,如表 5-2 所示。

表 5-2　　　　　　　　　　现金收支明细表

	1季	2季	3季	4季
新年度规划会议/制订新年度计划				
支付广告费(市场营销)				
支付上年应付税费				
季初现金盘点(请填余额)				
短期及贷款利息(高利贷)				
原料采购支付现金				
向其他企业购买/出售原材料				
向其他企业购买/出售成品				
变更费用(转产费用)				
生产线投资(－)/变卖生产线(＋)				
工人工资				
应收款到期(＋)/应收账款贴现				
出售厂房				
产品研发投资				
支付行政管理费用				
更新(申请)长期贷款及支付利息				
支付生产线维护费				
支付厂房租金/购买新厂房				
计提生产线折旧				( )
市场开拓投资				
ISO 认证投资				
其他现金收支情况登记				
现金收入总计				
现金支出总计				
净现金流量(NCF)				
期末现金对账(请填余额)				

受训者若想掌握企业行为模拟训练的基本流程,必须做到以下两点:

(1)受训者一定要讲诚信,执行经营流程表中的任务清单时,必须严格按照"自上而下、自左向右"的顺序执行,防止出现由于操作失误,影响结果的情况。

(2)每个角色都要各司其职、分工明确,要关注自己需要负责的工作,最好把自己负责的几项工作标注上特殊记号,还要注意团队协作,时刻关注自己和其他部门的工作关系。

任务二 实录企业行为模拟教学年的运营

在学习了企业行为模拟手工沙盘实训规则和企业的运营流程之后,老领导班子本着"扶上马、送一程"的原则,将带领新班子经营一年,这一年被称为教学年、第零年或起始年。新管理层在教学年的主要任务是磨合团队,进一步地熟悉规则并掌握运营规则,明晰企业的运营流程,为将来的经营打下基础。

该项任务的学习关系到受训者能否体会到该实训课程的精髓,这一任务将详细学习企业行为模拟手工沙盘实训的运营流程中各项任务的具体操作和注意事项,故该项任务的学习非常关键。

一、教学年运作提示

老领导班子决定企业在教学年的经营方向以稳健为主,保障略有发展,制定如下经营策略:

(1)年初支付1M广告费。
(2)不作任何贷款,企业的长期贷款年利率为10%,短期贷款年利率为5%。
(3)每季度下1个R1原料订单。
(4)不作任何投资与开发(包括产品开发、市场开发、ISO认证研发、生产线投资等)。
(5)不购买新厂房。
(6)生产持续进行。

二、年初三项工作

(一)准备(新年度会议/制订新计划)

新的一年开始之际,CEO应当召集各位业务主管,召开新年度规划会议,研究市场预测,制定(调整)企业战略,做出各种投资经营规划,包括市场和认证开发、产品研发、设备投资、生产经营、营销策划方案等。

常言道:"预则立,不预则废。"预算是企业经营决策目标和长期投资决策目标的一种数量表现,通过有关的数据将企业的全部经济活动的各项目标具体地、系统地反映出来。具体来讲,企业需要进行销售预算、可接单量的计算及资金预算。

销售预算是编制预算的关键和起点,主要是对企业本年度要达成的销售目标的预测,销售预算的内容包括销售数量、价格和销售收入等。

参加订货会之前,我们需要计算企业的可接单量。企业可接单量主要取决于现有库存和生产能力,故产能计算的准确性直接影响到销售交付。

我们还需要编制资金预算,判定企业是否有足够的资金支持本年的运行,完成经营目标。

这些规划可以通过现金预算表、产能预算表、原材料下订单预算表等体现,详见手工沙盘附录表。这里仅展示现金预算表的编制与使用,手工沙盘现金预算表如表 5-3 所示。

表 5-3　　　　　　　　　　手工沙盘现金预算表

每 个 季 度	1	2	3	4
期初库存现金				
支付上年应交税费				
市场营销投入(广告费)				
折现费用(应收账款贴现费用)				
利息(短期贷款)				
支付到期短期贷款				
原料采购支付现金				
变更费用(转产费用)				
生产线投资				
工人工资				
产品研发投资				
收到现金前的所有支出				
应收款到期				
支付管理费用				
利息(长期贷款)				
支付到期长期贷款				
设备维护费用				
租金				
购买新建筑				
市场开拓投资				
ISO 认证投资				
其他				
库存现金余额				

1. 现金预算表的编制方法

(1) 通常情况下,各季度的现金流入主要有以下几类。

① 主要来源:销售商品(产品)收到的现金。

② 出售厂房、生产线收到的现金等。

③ 厂房贴现、应收账款贴现(备注:这些现金的原值应填到现金预算表中"应收款到期"栏目处,贴现费用计入现金预算表中"折现费用"栏目处。)

(2) 企业各期应支付的固定费用有以下几种。

① 广告费。

② 管理费用。

③ 设备维护费。

④ 厂房租金。

⑤ 贷款利息等。

这些费用基本上在年初就能得以确定。

(3) 根据产品开发或生产线投资规划,确定各期产品开发或生产线投资的现金流出。

(4) 制订生产计划及采购计划,确定企业在各期应投入的产品加工费及原材料的采购支出。

(5) 确定现金短缺或盈余＝(1)＋(2)＋(3)－(4),及时筹集资金。

2. 编制现金预算表的意义

从表 5-3 中我们发现,现金流入项目实在过于有限,而其中没有对权益产生损伤的仅有"应收款到期"。其他流入项目都对权益有"负面"影响。长短期贷款、贴现增加了财务费用;出售生产线损失了部分净值;虽然出售厂房不影响权益,但是购置厂房的时候企业是一次性付款的,而出售后得到的只能是四期应收款,损失了一年的时间价值。

至此,我们应该可以明白现金预算的意义了:首先保证企业的正常运作,不发生断流,否则企业破产出局;其次,有助于合理安排资金,降低资金成本,使股东权益最大化。

3. 教学年的新年度规划

在进行新年度规划时,各业务主管提出自己的初步设想,受训者就此进行论证,最后,在权衡各方利弊得失后,做出企业新年度的初步规划。受训者一定要把各季度规划的要点记录下来。

总之,销售、生产、采购、财务等部门的经济活动必须密切配合,相互协调,统筹兼顾,全面安排,搞好综合平衡。利用预算工具,编制全面预算,能促使各角色清楚地了解本部门在全局中的地位和作用,尽可能地做好部门之间的协调工作。例如,销售部门根据市场的预测提出了一个庞大的销售计划,生产部门可能没有那么大的生产能力;生产部门可能编制一个充分利用现有生产能力的计划,但销售部门可能无力将这些产品销售出去;销售部门和生产部门都认为应该扩大生产能力,财务部门却认为无法筹到必要的资金。

全面预算经过综合平衡后可以体现解决各级各部门冲突的最佳办法,代表企业的最优方案,可以使各级各部门的工作在此基础上协调进行。

模拟企业在教学年按照原来制定的规划进行生产,即只指生产 P1 产品,不作其他项目的开发和更新,因此没有更多的讨论。开完会后,首席执行官带领大家在任务清单第一行的相应表格内打"√"即可。

(二) 支付广告费、参加订货会、登记销售订单

销售产品离不开销售渠道。对于模拟企业而言,销售产品的唯一途径就是参加产品订货会,争取销售订单。企业若想参加产品订货会,需要在目标市场投放广告费,只有在投放了广告费的前提下,企业才有资格在该市场争取订单。

在参加订货会之前,企业需要分市场、分产品在"竞单表"上登记投放的广告费金额。

"竞单表"是企业争取订单的唯一依据,也是企业当期支付广告费的依据,我们应当采取科学的态度,认真对待。

一般情况下,营销总监代表企业参加订货会,争取销售订单。但为了从容应对竞单过程中可能出现的各种复杂情况,企业也可由营销总监与首席执行官或采购总监一起参加订货会。竞单时,我们应当根据企业的可接订单数量选择订单,尽可能按企业的产能争取订单,使企业生产的产品在当年全部销售。应当注意的是,企业争取的订单一定不能突破企业的最大产能,否则,如果不能按期交单,企业将面临巨大的损失。

在沙盘企业中,广告费一般在企业参加订货会后一次性支付。因此,企业在投放广告时,应当充分考虑企业的支付能力,也就是说,投放的广告费一般不能突破企业年初未经营前现金库中的现金余额。

为了准确地掌握销售情况,科学地制订本年度工作计划,企业应将参加订货会争取的销售订单进行登记。拿回订单后,财务总监和营销总监分别在任务清单的"订单登记表"中逐一对所有拿到的订单进行登记。为了将已经销售和尚未销售的订单进行区分,营销总监在登记订单时,只登记订单号、销售数量、账期,暂时不登记销售额、成本和毛利,当产品销售时,再进行登记。

由于教学年并无悬念,每个企业都会投入1M 广告费,得到一张相同的订单,教学年客户订单如图 5-1 所示。支付广告费时,由营销总监向财务总监索要 1M,放到沙盘盘面"广告费"处;同时财务总监需要在教学年的现金收支明细表中的"支付广告费(市场营销费)"栏目的表格内填上"−1M",表示支出 1M。

第0年	本地市场	LP1-1/6
产品数量:	6 P1	
产品单价:	5.3M/个	
总 金 额:	32M	
应收账期:	2Q	

图 5-1 教学年客户订单

订货会议结束后,营销总监和财务总监应将拿到的市场订单登记在商品核算统计表中。完成此操作步骤后,企业所有团体成员,应在首席执行官的带领下,在任务清单的第二行的相应项目内打"√"。商品核算统计表如表 5-4 所示。

表 5-4　　　　　　　　　　商品核算统计表

订单号	LP1 - 1/6					总　数
市　场	本地					
产　品	P1					
数　量	6					
账　期	2Q					
订单销售额	32					32
成　本	12					12
毛　利	**20**					**20**

注意:表 5-4 商品核算统计表中后三项(订单销售额、成本、毛利)应在交货时填写。

(三) 依法纳税(根据上年度结果计算得出的所得税费)

依法纳税是每个公民应尽的义务,企业在年初应支付上年应缴纳的税金。企业按照上年资产负债表中"应交税费"项目的数值交纳税金。交纳税金时,财务总监从现金库中拿出相应现金放在沙盘"综合费用"的"税金"处,并在现金收支明细表对应的方格内记录现金的减少数。

零教学年,上一年结出的应交税费应为1M,财务总监应从现金库中拿出1M现金放在沙盘盘面"税金"处,并在现金收支明细表对应的方格内填上"－1M"。完成此操作步骤后,企业所有团体成员,应在首席执行官的带领下,在任务清单的第三行的相应表格内打"√"。

三、每季度执行的13项工作

企业行为模拟ERP手工沙盘的日常运营应当按照一定的流程来进行,这个流程就是任务清单。任务清单反映了企业在运行过程中的先后顺序,企业必须按照这个顺序进行。这里,我们以零教学年的第一季度为例,按照任务清单的顺序,对日常运营过程中的操作要点进行介绍。

(一) 季初现金盘点

财务总监和财务助理在每季初均应盘点库存现金,记录库存现金余额,并将其与账面余额进行核对,保证账实一致。

沙盘企业为了保证账实一致,应当定期对企业的资产进行盘点。盘点的方法主要为实地盘点法,对沙盘盘面的资产逐一清点,确定出实有数,然后将任务清单上记录的余额与其核对,最终确定余额。

盘点工作由首席执行官指挥、监督团队成员各司其职,认真进行。如果盘点的余额与账面数一致,各成员就将结果准确无误地填写在任务清单的对应位置。第1季初余额等于上一季度末余额;其他季度初的库存现金余额,由于上一季度末对库存现金刚盘点完毕,可以直接根据上季度的季末余额填入。

该项工作的操作要点如下:

(1) 财务总监。根据上季度末的现金余额填写本季度初的现金余额。第一季度现金账面余额的计算公式:

现金账面余额＝上年末库存现金－支付的本年广告费－支付上年应交的税金＋
其他收到的现金

(2) 采购总监。根据上季度末库存原材料数量填写本季度初库存原材料。

(3) 生产总监。根据上季度末库存在产品数量填写本季度初在产品数量。

(4) 营销总监。根据上季度末产成品数量填写本季度初产成品数量。

(5) 首席执行官。在监督各成员正确完成以上操作后,在运营任务清单(以下简称"任务清单")对应的方格内打"√"。

零教学年的期初库存现金数为20M,支付广告费和交纳应交税费共2M,财务总监/助理应在现金收支明细表的对应表格内填上18M。

(二) 更新短期贷款、还本付息、申请短期贷款或高利贷

资金是企业发展的保证。在经营过程中,如果缺乏资金,正常的经营可能都无法进行,

更谈不上扩大生产和进行无形资产投资了。如果企业的经营活动正常，从长远发展的角度来看，应适度举债，"借鸡生蛋"。

沙盘企业中，企业筹集资金的方式主要有长期贷款和短期贷款。长期贷款主要用于长期资产投资，比如购买生产线、产品研发等，短期贷款主要解决流动资金不足的问题，两者应结合起来使用。

该项工作的操作要点如下：

（1）更新短期贷款。如果企业存在短期借款，每季度除财务总监/助理代表外，短期借款的空桶往现金库方向推进一格，表示离还款时间更近。如果短期借款已经推进现金库，则表示该贷款到期，应还本付息。

（2）还本付息。短期借款到期"利随本清"，每桶 20M 的贷款额度需支付 1M 的利息。财务总监/助理需从现金库中拿出利息放在沙盘"综合费用"的"利息"处；拿出相当于应归还借款本金的现金到交易处偿还短期借款本金。

（3）申请短期贷款。只有这一时刻才能申请短期借款，持有到期的短期贷款，必须先还后借。基本规则规定申请短期贷款的最高额度为上年权益的 2 倍减去尚未归还的短期借款总额。

如果企业需要借入短期借款，则财务总监/助理需填写"公司贷款申请表"，到交易处借款。短期借款借入后，在短期借款的第四账期处放置一个空桶，在空桶内放置一张借入该短期借款信息的纸条，并将现金放在现金库中。

注意：短期贷款的借入、利息的支付和本金的归还都是在每个季度初进行的。其余时间要筹集资金，只能采取其他的方式，不能再通过向银行借短期贷款进行筹资了。

（4）申请高利贷。该项工作为特殊工作。企业可以随时向银行申请高利贷，额度视银行有关规定决定，利息按年利率 20% 来计算，其余事项与短期借款相同。

该操作步骤完成后，在首席执行官带领下，监督财务总监/助理在现金收支明细表对应的方格内记录偿还短期借款（高利贷）的本金、支付利息的现金减少数；登记借入短期借款（高利贷）增加的现金数；在监督财务总监正确完成以上操作后，全体成员再在任务清单对应的方格内打"√"。

因为零教学年无短期贷款，所以首席执行官只需带领全体成员在任务清单对应的方格内打"×"即可。

（三）更新应付款/归还应付款

企业采用赊购方式购买原材料，涉及应付账款的相关事项。应付账款到期，必须支付货款。企业应在每个季度对应付款进行更新。

该项工作的操作要点如下：

（1）更新应付款。财务总监/助理将应付账款向现金库方向推进一格，当应付款到达现金库时，表示应付款到期，必须用现金偿还，不能延期。

（2）归还应付款。财务总监/助理从现金库中取出现金付清应付款，并在现金收支明细表对应的方格内登记现金的减少数。

在监督财务总监正确完成以上操作后，CEO 带领全体成员，在任务清单对应的方格内打"√"。本次实训的规则中不涉及应付款，不进行操作，直接在任务清单对应的方格内打"×"。

(四)原材料入库、更新原料订单

企业只有在前期订购了原材料,在交易处登记了原材料采购数量的基础上,才能购买原材料。基本规则规定 R1、R2 原材料须提前 1 个季度订购,R3、R4 原材料须提前 2 个季度订购。每个季度,采购总监/助理应将沙盘中的"原材料订单"向原材料仓库推进一格,表示更新原料订单。原材料订单本期已经推到原材料库,表示原材料已经到达企业,企业应当验收入库,并支付相应的材料款。

该项工作的操作要点如下:

(1) 购买原材料。财务总监应从现金库中拿出购买原材料需要的现金交给采购总监,接着在现金收支明细表中对应的方格内填上现金的减少数。采购总监/助理应向财务处领取现金,然后持现金和"采购登记表"在交易处买回原材料后,放在沙盘对应的原材料库中;在"采购登记表"中登记购买的原材料数量,同时在任务清单对应的方格内或自制原材料采购计划表里登记入库的原材料数量。

在盘面中分别用红、黄、蓝、绿四种彩币表示 R1、R2、R3、R4 四种原料,单价均为 1M。

(2) 更新原料订单。如果企业订购的原材料尚未到期,则采购总监/助理在任务清单对应的方格内打"√"即可。

在监督财务总监和采购总监正确完成以上操作后,CEO 带领全体成员在任务清单对应的方格内打"√"。

如果原料采购不足/盈余,在实际工作中可以向其他企业购买/出售原材料,但本次实训的规则中不涉及,故不进行操作。

零教学年中第一季度,采购总监从财务处领取 2M 现金,将上一期预订的 2 个 R1 原材料支付 2M 现金后取回,放入"原材料库"中,并登记在原材料库存记录本上。财务总监/助理应在现金收支明细表中对应的方格内填上"-2M"。

(五)下原料订单

企业购买原材料必须提前在交易处下原料订单,没有下订单不能购买。下原料订单不需要支付现金。

采购总监应根据原材料采购计划,决定采购品种与数量。

该项工作的操作要点如下:

采购总监/助理在"采购登记表"上登记订购的原材料的品种和数量,在交易处办理订货手续;将从交易处取得的原材料采购订单置入一个空桶里,放在沙盘对应品种的"原材料订单"处,并在任务清单对应的方格内记录订购的原材料数量。

在监督采购总监正确完成以上操作后,首席执行官带领全体成员在任务清单对应的方格内打"√"。

按零教学年的运作说明,每个季度要为下一个季度下 1 个 R1 原料订单,采购总监/助理在一张小纸片上写上"1 个 R1",放入一个空桶,把该空桶置放在 R1 订单区中,首席执行官带领全体成员在任务清单对应的方格内打"√"。

(六)更新生产、完工入库

一般情况下,产品加工时间越长,完工程度越高。企业应在每个季度更新生产。当产品完工后,应及时下线入库。

该项工作的操作要点如下：

（1）完工入库。生产总监/助理将生产线上的在制品向前推一格，产品已经推到生产线以外，表示产品完工下线，将该产品放在产成品库对应的位置，并在任务清单对应的方格内记录完工产品的数量。

（2）更新生产。如果产品没有完工，生产总监/助理只需要将生产线上的在制品向前推一格，并记录各生产线在制品的位置，然后在任务清单对应的方格内打"√"。

在监督生产总监/助理正确完成以上操作后，首席执行官带领全体成员在任务清单对应的方格内打"√"。

零教学年原来四条线在制品的位置分别为1、2、3、1处，生产总监/助理将生产线上的在制品向前推一格之后，四条线在制品的位置分别为2、3、0、2处，说明第三条手工线下线一个产成品，那么生产总监/助理应将其放入P1产成品库中，并在任务清单第1季度对应的方格旁记录下来。在监督生产总监/助理正确完成以上操作后，首席执行官带领全体成员在任务清单第1季度对应的方格内打"√"。

（七）投资新生产线、变卖生产线、生产线转产

企业要提高产能，必须对生产线进行改造，包括新购、变卖和转产等。新购的生产线安置在厂房空置的生产线位置；如果没有空置的位置，则必须先变卖生产线。变卖生产线的目的主要是与企业战略同调，比如将手工线换成全自动生产线等。如果生产线要转产，应当考虑转产周期和转产费。

该项工作的操作要点如下：

（1）投资新生产线。生产总监/助理在交易处申请新生产线标识，将标识翻转放置在某厂房空置的生产线位置，并在标识上面放置与该生产线安装周期期数相同的空桶，代表安装周期；每个季度向财务总监申请建设资金，放置在其中的一个空桶内；每个空桶内都放置了建设资金，表明费用全部支付完毕，生产线在下一季度建设完成。在全部投资完成后的下一季度，将生产线标识翻转过来，领取产品标识，投入使用。

财务总监/助理应在现金收支明细表对应的方格内填上现金的减少数，即每个季度从现金库取出现金交给生产总监用于生产线投资的现金数。

（2）变卖生产线。生产线只能按残值变卖。变卖时，生产总监/助理将生产线及其产品生产标识交还给交易处，并将生产线的净值从"价值"处取出，将等同于变卖的生产线的残值部分交给财务总监，相当于变卖收到的现金；财务总监/助理将变卖生产线收到的现金应放在现金库，并在现金收支明细表中对应的方格内记录现金的增加数。

（3）生产线转产。生产总监/助理持原产品标识在交易处更换新的产品生产标识，并将新的产品生产标识反扣在生产线的"产品标识"处，待该生产线转产期满，可以生产产品时，再将该产品标识正面放置在"标识"处。如果转产需要支付转产费，还应向财务总监申请转产费，将转产费放在"综合费用"的"转产费"处；财务总监/助理应在现金收支明细表中对应的方格内登记支付转产费而导致的现金减少数。

在监督生产总监/助理、财务总监/助理等正确完成以上全部操作后，首席执行官应带领全体成员在任务清单对应的方格内打"√"；如果不进行上面的操作，则在任务清单对应的方格内打"×"。

零教学年的四个季度均不涉及该项操作,故首席执行官只需带领全体成员在任务清单对应的方格内打"×"即可。

(八) 开始下一批生产

企业如果有闲置的生产线,应尽量安排生产。闲置的生产线仍然需要支付设备维护费、计提折旧,企业只有生产产品,并将这些产品销售出去,这些固定费用才能得到弥补。

注意:开始下一批生产的前提有三个,即原料、加工费、生产资格;任何一条生产线的在制品只能有一个。

该项工作的操作要点如下:

(1) 申请加工费。生产总监/助理从采购总监处申请领取生产产品需要的原材料,从财务总监处申请取得生产产品需要的加工费,将生产产品所需要的原材料和加工费放置在空桶中(一个空桶代表一个产品),然后将这些空桶放置在空置的生产线上,表示开始投入产品生产。生产总监/助理需要在任务清单对应的方格内登记该季度投产产品的数量。

(2) 交付现金。财务总监审核生产总监提出的产品加工费申请后,将现金交给生产总监/助理之后,应在现金收支明细表中对应的方格内登记现金的减少数。

(3) 发放原材料。采购总监根据生产总监的申请,发放生产产品所需要的原材料之后,要在任务清单对应的方格内登记生产领用原材料导致原材料的减少数。

正确完成以上操作后,首席执行官应带领全体成员在任务清单对应的方格内打"√"。

注意:产成品库存不足/盈余,在实际工作中是可以向其他企业购买/出售产成品,进行组间交易的。但本次实训的规则中不涉及,故不进行操作。

零教学年第一季度,第三条手工线刚下 1 个 P1,故空置。生产总监/助理应向采购总监/助理领取 1 个 R1 原材料,向财务总监/助理领取 1M 加工费,做成 1 个 P1 在制品,放在空置的第三条手工线的第 1 生产期格内,并记录第一季度末所有生产线在产品的位置为 2、3、1、2。财务总监/助理应在现金收支明细表中对应的方格内登记支付工人工资的金额,填上"-1M"。采购总监/助理应在任务清单对应的方格旁或原材料库存本上记录第一季度领用 1 个 R1。在监督正确完成以上操作后,首席执行官应带领全体成员在任务清单对应的方格内打"√"。

(九) 更新应收款、应收款收现

沙盘企业中,企业销售产品一般收到的是"欠条"——应收账款。每个季度,企业应将应收账款向现金库方向推进一格,表示应收账款账期的减少。应收账款被推进现金库表示应收账款到期,企业应持应收账款欠条到交易处领取现金。

该项工作的操作要点如下:

(1) 更新应收款。财务总监/助理将应收账款往现金库方向推进一格。应收账款离现金库越近,表示离收现时间越近。

(2) 应收款收现。应收账款推入现金库,表示应收款到期。如果应收款到期,应持"应收款登记表"、任务清单和应收账款欠条到交易处领回相应现金,放入沙盘盘面的现金库中,同时在现金收支明细表中对应的方格内登记应收款到期收到的现金数。

正确完成以上操作后,首席执行官带领全体成员在任务清单对应的方格内打"√"。

零教学年年初,原有一个(3Q,15M)的应收账款,财务总监/助理现将放该应收账款欠条的桶往现金库方向移动一格,表示从 3 期变为 2 期。在正确完成以上操作后,首席执行官带领全体成员在任务清单对应的方格内打"√"。

注意:零教学年年初的(3Q,15M)应收账款将在教学年的第三季度收到,届时财务总监/助理应在现金收支明细表第三季度的应收账款到期处填上"现金增加 15M"。

(十) 按订单交货

企业只有将产品销售出去才能实现收入和利润,也才能收回垫支的成本。产品生产出来后,企业应按销售订单交货。

注意:每张订单必须整单交货。上年年末未按时交货的订单可以在本年第一季度交货。

该项工作的操作要点如下:

销售产品前,营销总监首先在"订单登记表"中登记销售订单的销售额,计算出销售成本和毛利之后,将销售订单和相应数量的产品拿到交易处销售。销售后,将收到的应收账款欠条或现金交给财务总监。

财务总监如果在销售后取得的是应收账款欠条,则将欠条放在应收账款相应的账期处,并在"应收款登记表"上登记应收账款的金额,比如(3Q,15M),表示本季度交了一张应收账期为 3 期,金额为 15M 的账单;如果取得的是现金,则将现金放进现金库,在现金收支明细表中"应收款到期(+)/应收账款贴现"对应的方格内登记现金的增加数。

在监督营销总监和财务总监正确完成以上操作后,首席执行官带领全体成员在任务清单对应的方格内打"√"。如果不做上面的操作,则在任务清单对应的方格内打"×"。

零教学年年初有 3 个 P1 库存,第一季度下 1 个 P1,故本季度只有 4 个 P1 库存,而我们唯一的一张订单要交货的数量是 6 个 P1,故本季度均不涉及该项操作,首席执行官带领全体成员在任务清单对应的方格内打"×"即可。

注意:零教学年第二季度将下 2 个 P1,即第二季度将可以按订单交货,并得到一张(2Q,32M)的应收账款的单据。财务总监/助理应在现金收支明细表中"应收款到期(+)/应收账款贴现"栏目处填上(2Q,32M),表示第二季度交了一张订单,收到的是一张(2Q,32M)的应收账款的单据,将在本年度第四季度收到 32M 现金;到第四季度时,应在现金收支明细表中"应收款到期(+)/应收账款贴现"栏目处填上"现金增加数 32M"。

(十一) 产品研发投资

企业要研发新产品,必须投入研发费用。每季度的研发费用在季末一次性支付。当新产品研发完成,企业在下一季度可以投入生产;如果企业资金紧张,产品研发可以随时中断。

该项工作的操作要点如下:

企业如果需要研发新产品,营销总监则从财务总监处申请取得研发所需要的现金,放置在产品研发对应位置的空桶内。如果产品研发投资完成,则从交易处领取相应产品的生产资格证,放置在"生产资格"处。企业取得生产资格证后,从下一季度开始,可以生产该产品。

根据营销总监提出的申请,财务总监审核后,按季度用现金支付研发费。如果支付了研发费,财务总监/助理则在现金收支明细表中对应的方格内登记现金的减少数。

在监督完成以上操作后,首席执行官应带领全体成员在任务清单对应的方格内打"√"。

如果不做上面的操作,则在任务清单对应的方格内打"×"。

零教学年的四个季度均不涉及该项操作,故首席执行官只需带领全体成员,在任务清单对应的方格内打"×"。

(十二)支付行政管理费

企业在生产经营过程中会发生诸如办公费、人员工资等管理费用。管理费用是企业维持正常经营所必须支付的费用。在沙盘模拟企业经营中,行政管理费在每季度末一次性支付,数额为1M,无论企业经营情况好坏、业务量多少,都是固定不变的,这是与实际工作的差异之处。

该项工作的操作要点如下:

财务总监/助理每季度都会从现金库中取出1M现金作为行政管理费用,放置在综合费用的"管理费"处,并在现金收支明细表中对应的方格内登记现金的减少数。

在监督完成以上操作后,首席执行官带领全体成员在任务清单对应的方格内打"√"。

零教学年,按照运营规则规定每季度必须支付1M行政管理费,第一季度到该流程时,由财务总监/助理从现金库中取出1M现金作为行政管理费用,放置在综合费用的"管理费"处,并在现金收支明细表中对应的方格内登记现金的减少数,填上"-1M"。在监督完成以上操作后,首席执行官带领全体成员在任务清单对应的方格内打"√"。

(十三)季末盘点

每季度末,企业应对现金、原材料、在产品和产成品进行盘点,并将盘点的数额与账面结存数进行核对。如果账实相符,则将该数额填写在任务清单对应的方格内;如果账实不符,则找出原因后再按照实际数填写。

余额的计算公式为:

现金余额=季初余额+现金增加额-现金减少额

原材料库存余额=季初原材料库存数量+本期原材料增加数量-本期原材料减少数量

在产品余额=季初在产品数量+本期在产品投产数量-本期完工产品数量

产成品余额=季初产成品数量+本期产成品完工数量-本期产成品销售数量

注意:在现金收支明细表中还有一项内容,即"其他现金收支情况登记"需要进行登记。如果企业在经营过程中可能会发生除上述事项外的其他现金收入或支出,比如高利贷、贴息、厂房贴现等,企业可将这些现金收入或支出记录在现金收支明细表中的"其他现金收支情况"栏目里进行报告。

零教学年,第一季度初现金盘点为18M,加上本季现金收入0,减去本季现金支出4M,净现金流量=本季现金收入量-本季现金流出量=0-4=-4M,则第一季度末现金盘点余额为18+(-4)=14,财务总监/助理应在现金收支明细表中对应的方格内填上"14M"。同时,采购总监也应盘点原料库存,原材料库有4个R1;生产总监/助理也应盘点产品库存,在制品4个P1、产成品4个P1。

以上是零教学年第1季度的具体操作流程,第2、3、4季度的操作同第1季度,教学年的现金收支明细表运营记录如表5-5所示。供财务人员记录每期的现金收入和支出情况,便于进行现金流量的管理。

表 5-5　　　　　　　　教学年的现金收支明细表运营记录

	1 季	2 季	3 季	4 季
年度规划会议/制订新年度计划				
支付广告费(市场营销)	1M			
支付上年应付税费	1M			
季初现金盘点(请填余额)	18M	14M	10M	22M
短期及贷款利息(高利贷)				
原料采购支付现金	−2M	−1M	−1M	−1M
向其他企业购买/出售原材料				
向其他企业购买/出售成品				
变更费用(转产费用)				
生产线投资(−)/变卖生产线(＋)				
工人工资	−1M	−2M	−1M	−2M
应收款到期(＋)/应收账款贴现		(2Q,32M)	15M	32M
出售厂房				
产品研发投资				
支付行政管理费用	−1M	−1M	−1M	−1M
更新(申请)长期贷款及支付利息				−4M
支付生产线维护费				−4M
支付厂房租金/购买新厂房				
计提生产线折旧				(5M)
市场开拓投资				
ISO 认证投资				
其他现金收支情况登记				
现金收入总计	0	0	15M	32M
现金支出总计	4M	4M	3M	12M
净现金流量(NCF)	−4M	−4M	12M	20M
期末现金对账(请填余额)	14M	10M	22M	42M

四、年末执行的 6 项工作

(一) 支付利息、更新长期贷款、申请长期贷款

企业为了发展,可能需要借入长期贷款。长期贷款主要用于长期资产投资,比如购买生产线、研发新产品等。长期贷款只能在每年年末进行,贷款期限在一年以上,每年年末付息

一次，到期还本。企业本年借入长期借款，应于下年末支付利息。

该项工作的操作要点如下：

（1）支付利息。财务总监/助理根据企业已经借入的长期借款，以10％年利率，计算本年应支付的利息，然后从现金库中取出相应的利息放置在综合费用的"利息"处，并在现金收支明细表中对应的方格内登记因支付长期借款利息减少的现金数。

（2）更新长期贷款。财务总监/助理将长期借款往现金库推进一格，表示偿还期限缩短一期。长期借款已经被推至现金库中，表示长期借款到期，应持相应的现金和贷款登记表到交易处归还该借款，并在现金收支明细表中对应的方格内登记因归还到期长期借款本金而减少的现金数。

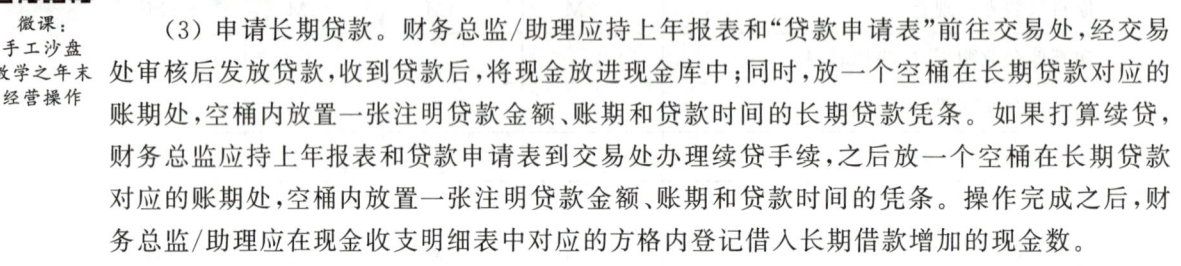

（3）申请长期贷款。财务总监/助理应持上年报表和"贷款申请表"前往交易处，经交易处审核后发放贷款，收到贷款后，将现金放进现金库中；同时，放一个空桶在长期贷款对应的账期处，空桶内放置一张注明贷款金额、账期和贷款时间的长期贷款凭条。如果打算续贷，财务总监应持上年报表和贷款申请表到交易处办理续贷手续，之后放一个空桶在长期贷款对应的账期处，空桶内放置一张注明贷款金额、账期和贷款时间的凭条。操作完成之后，财务总监/助理应在现金收支明细表中对应的方格内登记借入长期借款增加的现金数。

在监督财务总监完成以上操作后，首席执行官带领全体成员在任务清单对应的方格内打"√"。

教学年初有1桶3年的长期借款，1桶4年的长期借款，故财务总监/助理应将它们分别往现金库推进一格，变为1桶2年期的长期借款，1桶3年期的长期借款，同时支付4M利息，故财务总监/助理应在现金收支明细表中对应的方格内填上因支付长期借款利息减少的现金数"－4M"。

（二）支付设备维护费

设备使用过程中会发生磨损，要保证设备正常运转，就需要进行维护。设备维护会引发诸如材料费、人工费等维护费用。沙盘模拟企业经营中，只有生产线需要支付维护费。年末，只要有生产线，无论是否生产，都应支付维护费。尚未安装完工的生产线不支付维护费。设备维护费每年年末用现金一次性集中支付。

该项工作的操作要点如下：

财务总监/助理根据期末现有完工的生产线支付设备维护费，支付设备维护费时，从现金库中取出现金，放在综合费用的"维护费"处，同时应在现金收支明细表中对应的方格内登记现金的减少数。

在监督财务总监完成以上操作后首席执行官带领全体成员在任务清单对应的方格内打"√"。

零教学年末仍有四条生产线在大厂房里，本年度企业需要支付4M的设备维护费，故财务总监/助理需从现金库中取出4M现金放在综合费用的"维护费"处，同时应在现金收支明细表中支付设备维护费对应的方格内填上"－4M"。在监督财务总监完成以上操作后，首席执行官带领全体成员在任务清单对应的方格内打"√"。

（三）支付租金、购买厂房

企业要生产产品，必须要有厂房。厂房可以购买，也可以租用。年末，企业如果在使用没有购买的厂房,则必须支付租金;如果不支付租金,则必须购买。

该项工作的操作要点如下:

(1) 支付租金。财务总监/助理从现金库中取出现金,放在综合费用的"租金"处,并在现金收支明细表中对应的方格内做好现金支付租金的记录。

(2) 购买厂房。从现金库中取出购买厂房的现金,放在厂房的"价值"处,并在现金收支明细表中对应的方格内做好现金购买厂房的记录。

在监督财务总监完成以上操作后,首席执行官带领全体成员在任务清单对应的方格内打"√"。如果不做上面的操作,则在任务清单对应的方格内打"×"。

零教学年没有支付租金/购买厂房的工作,故首席执行官只需要带领全体成员在任务清单对应的方格内打"×"即可。

注意:企业如果需要筹集资金,可以出售厂房。厂房按原值出售。出售厂房当期不能收到现金,只能收到一张 4Q 的应收账款凭条。如果没有厂房,当期必须支付租金。

该项工作的操作要点如下:

企业出售厂房时,生产总监/助理将厂房价值拿到交易处,领回 40M 的应收款凭条,交给财务总监。财务总监将收到的应收账款凭条放置在沙盘盘面的应收账款的 4Q 处,并在"应收账款登记表"上登记收到的应收账款的金额和能收现的账期,并在现金收支明细表中"出售厂房"栏目里进行报告。

(四) 计提折旧

固定资产在使用过程中会发生损耗,导致价值降低,企业应对固定资产计提折旧。沙盘模拟企业中,固定资产计提折旧的时间、范围和方法可以与实际工作一致,也可以采用简化的方法。在此处,我们采用简化的处理方法,与实际工作有一些差异。这些差异主要表现在:折旧在每年年末计提一次,计提折旧的范围仅仅限于生产线,折旧的方法采用直线法并取整。在会计处理上,折旧费全部作为当期的期间费用,没有计入产品成本。

该项工作的操作要点如下:

财务总监/助理计提折旧时,根据计算的折旧额从生产线的"价值"处取出相应的金额放置在综合费用旁的"折旧"处,并在现金收支明细表对应出登记折旧的金额,金额填在括号里。

在监督财务总监完成以上操作后,首席执行官带领全体成员在任务清单对应的方格内打"√"。

注意:在计算现金支出时,折旧不能计算在内,因为折旧并没有减少现金。

零教学年的折旧的具体情况,3 条手工线各计提 1M 折旧,1 条半自动线计提 2M 折旧,共计 5M,财务总监/助理与生产总监/助理配合分别从四条生产线的净值处拿出来,放在沙盘盘面"折旧"处,并在现金收支明细表对应出登记折旧数 5M,金额填在括号里,表示不是现金流量。在监督财务总监完成以上操作后,首席执行官带领全体成员在任务清单对应的方格内打"√"。

(五) 新市场开拓、ISO 资格认证投资

企业要扩大产品的销路,必须开发新市场。不同的市场所需要的开拓时间和开拓费用是不同的。同时,有的市场对产品的 ISO 资格认证有要求,故企业需要进行 ISO 资格认证投

资。沙盘模拟企业中,每年开拓市场和ISO资格认证的费用在年末一次性支付,计入当期的综合费用。

该项工作的操作要点如下:

(1) 新市场开拓。营销总监/助理从财务总监处申请开拓市场所需要的现金,放置在沙盘所开拓市场对应的位置。当市场开拓完成,年末持开拓市场的费用到交易处领取"市场准入"的标识,放置在对应市场的位置上。财务总监/助理需要把因支付开拓市场的费用而减少的现金数,登记在现金收支明细表中对应的表格内。

(2) ISO资格认证投资。营销总监/助理从财务总监处申请ISO资格认证所需要的现金,放置在ISO资格认证对应的位置。当认证完成,年末持认证投资的费用到交易处领取"ISO资格认证"标识,放置在沙盘对应的位置。财务总监/助理需要把因支付ISO认证的费用而减少的现金数登记在现金收支明细表中对应的表格内。

在监督营销总监和财务总监完成以上操作后,首席执行官带领全体成员在任务清单对应的方格内打"√"。如果不做上面的操作,则在任务清单对应的方格内打"×"。

零教学年,由于运营的规定,不需要操作该项工作,故首席执行官带领全体成员在任务清单对应的方格内打"×"即可。

(六) 关账

一年经营结束,年终要进行一次"盘点",编制"综合管理费用明细表""资产负债表"和"利润表"。关账后,本年度的经营也就结束了,本年度所有的经营数据不能随意更改。关账后,在任务清单对应的方格内打"√"。

至此,零教学年模拟企业运营的基本流程已经结束了,首席执行官只需带领全体成员在任务清单中"关账"的对应的方格内打"√"即可。

五、编制零教学年运营之后的会计报表

企业日常经营活动结束后,年末进行各种账项的计算和结转,编制各种报表,计算当年的经营成果,反映当前的财务状况,并对当年经营情况进行分析总结。

(一) 综合费用明细表

综合费用明细表(如表5-6所示)综合反映在经营期间发生的各种除产品生产成本、财务费用外的其他费用,主要根据沙盘盘面上的"综合费用"处的各项支出进行填写。

综合费用明细表的填制方法如下:

(1) "行政管理费"项目。根据企业当年支付的行政管理费填列,编制者可查看沙盘盘面上"行政管理"处的灰币数。企业每季度支付1M的行政管理费,全年共支付行政管理费4M。

(2) "广告费"项目。根据企业当年年初的"广告登记表"中填列的广告费填列,可查看沙盘盘面上"广告费"处的灰币数填列。

(3) "设备维护费"项目。根据企业实际支付的生产线保养费填列,可查看沙盘盘面上"设备维护费"处的灰币数。根据规则,只要生产线建设完工,不论是否生产,都应当支付保养费。

(4) "租金"项目。根据企业支付的厂房租金填列,可查看沙盘盘面上"租金"处的灰币数填列。

表 5-6　　　　　　　　　　综合费用明细表　　　　　　　　　　单位：百万元

项　目	金　额	备　注
行政管理费	4	
广告费(市场营销)	1	
设备维护费	4	
租　金		
转产费(变更费用)		
市场准入开拓		□区域　　□国内　　□亚洲　　□国际
ISO 资格认证		□ISO9000　　□1SO14000
产品研发		P2(　　)　P3(　　)　P4(　　)
其　他		
合　计	9	

（5）"转产费"项目。根据企业生产线转产支付的转产费填列，也叫变更费用，可查看沙盘盘面上"转产费"处的灰币数填列。

（6）"市场准入开拓"项目。根据企业本年开发市场支付的开发费填列，可根据本年度的现金收支明细表的记录数额填列。为了明确开拓的市场，需要在"备注"栏中本年开拓的市场前画"√"。

（7）"ISO 资格认证"项目：根据企业本年 ISO 认证开发支付的开发费填列，可根据本年度的现金收支明细表的记录数额。同时，为了明确认证的种类，需要在"备注"栏中本年认证的名称前画"√"。

（8）"产品研发"项目：根据本年企业研发产品支付的研发费填列，可根据本年度的现金收支明细表的记录数额。同时，为了明确产品研发的品种，应在"备注"栏中产品的名称后画"√"。

（9）"其他"项目：主要根据企业发生的其他支出填列，可查看沙盘盘面上"其他"处的灰币数填列。例如在订单发生违约时计算违约金。

（二）利润表

完成一年经营后，首先应当根据盘面各费用项目生成综合费用表，之后再生成利润表。

简易利润表（格式如表 5-7 所示）是反映企业一定期间经营状况的会计报表。利润表把一定期间内的营业收入与其同一期间相关的成本费用相配比，从而计算出企业一定时期的利润。利润表，可以反映企业生产经营的收益情况、成本耗费情况，表明企业生产经营成果。同时，通过利润表提供的不同时期的比较数字，可以分析企业利润的发展趋势和获利能力。

利润表的编制方法如下：

利润表中"上年数"栏反映各项目上年的实际发生数，根据上年利润表的"本年数"填列。利润表中"本年数"栏反映各项目本年的实际发生数，根据本年实际发生额的合计填列。

表 5-7　　　　　　　　　　　简易利润表　　　　　　　　　　单位：百万元

项　　　目		上年数（起始年）	本年数（第零年）
销售收入	＋	35	32
直接成本	－	12	12
毛利	＝	23	20
综合费用	－	11	9
折旧前利润	＝	12	11
折旧	－	4	5
支付利息前利润	＝	8	6
财务收入/支出	－/＋	4	4
其他收入/支出	＋/－		
税前利润	＝	4	2
所得税	－	1	0
净利润	＝	3	2

　　(1)"销售收入"项目。反映企业销售产品取得的收入总额，不论该销售是否收现，均计入当年销售收入。本项目应根据"产品核算统计表"填列。

　　(2)"直接成本"项目。反映企业本年已经销售产品的实际成本。本项目应根据"产品核算统计表"填列。

　　(3)"毛利"项目。反映企业销售产品实现的毛利。本项目应根据销售收入减去直接成本后的余额填列。

　　(4)"综合费用"项目。反映企业本年发生的综合费用。本项目应根据"综合费用明细表"的合计数填列。

　　(5)"折旧前利润"项目。反映企业在计提折旧前的利润。本项目应根据毛利减去综合费用后的余额填列。

　　(6)"折旧"项目。反映企业当年计提的折旧额。本项目应根据当期计提的折旧额填列。

　　(7)"支付利息前利润"项目。反映企业支付利息前实现的利润。本项目应根据折旧前利润减去折旧后的余额填列。

　　(8)"财务收入/支出"项目。反映企业本年发生的财务收入或者财务支出，例如长短借款利息、贴息（只记已经付现的费用）等。本项目应根据沙盘上的"利息"填列。

　　(9)"其他收入/支出"项目。反映企业其他业务形成的收入或者支出，例如出租厂房取得的收入等。

　　(10)"税前利润"项目。反映企业本年实现的利润总额。本项目应根据支付利息前的利润加上财务收入减去财务支出，再加上其他收入减去其他支出后的余额填列。

　　(11)"所得税"项目。反映企业本年应交纳的所得税费用。本项目应根据当年末税前利润的25%（向下取整）的数额填列。出现盈利时，按弥补以前年度亏损后的余额计提所得税。

　　(12)"净利润"项目。反映企业本年实现的净利润。本项目应根据税前利润减去所得税后的余额填列。

(三) 资产负债表

完成利润表后,可以生成资产负债表。

简易资产负债表(如表 5-8 所示)是反映企业某一特定日期财务状况的会计报表。它是根据"资产＝负债＋所有者权益"的会计等式编制的。从资产负债表的结构可以看出,资产负债表由期初数和期末数两个栏目组成。资产负债表的"期初数"栏各项目数字应根据上年年末资产负债表"期末数"栏内所列数字填列。

资产负债表的"期末数"栏各项目主要是根据有关项目期末余额资料编制的,其数据主要通过以下几种方式取得:

(1)"资产类"项目。主要根据沙盘盘面的资产状况通过盘点后的实际金额填列。

(2)"负债类"项目。"长期负债"和"短期负债"根据沙盘上的长期借款和短期借款数额填列,将于一年内到期的长期负债,应单独反映。

(3)"应交税费"项目。根据企业本年"利润表"中的"所得税"项目的金额填列。

(4)"所有者权益类"项目。股东权益项目,如果本年股东没有增资,则直接根据上年年末"利润表"中的"股东资本"项目填列,如果发生了增资,则依照上年年末的股东资本与本年增资的和填列。

(5)"利润留存"项目。根据上年利润表中的"利润留存"和"年度净利"两个项目的合计数填列。

(6)"年度净利"项目。根据本年"利润表"中的"净利润"项目填列。

表 5-8　　　　　　　　　简易资产负债表　　　　　　　　　单位:百万元

资　　产	期初数	期末数	负债和所有者权益	期初数	期末数
流动资产:			负债:		
库存现金	20	42	长期负债	40	40
应收账款	15	0	短期负债		
在制品	8	8	应付账款		
成品	6	6	应交税费	1	0
原材料	3	2	一年内到期的长期负债		
流动资产合计	52	58	负债合计	41	40
固定资产:			所有者权益:		
土地和建筑	40	40	股东资本	50	50
机器与设备	13	8	利润留存	11	14
在建工程			年度净利	3	2
固定资产合计	53	48	所有者权益合计	64	66
资产总计	105	106	负债和所有者权益总计	105	106

注意,在表 5-8 中:

① 在制品、产成品、原材料的入账指标是价值,而非数量。

② 期末利润留存数(14M)＝上年的利润留存数(11M)＋上年的年度净利(3M)。

六、反思与总结

企业行为模拟教学年结束后，首席执行官应召集所有团队成员对当年的经营情况进行分析，分析决策的成功与失误，分析经营的得与失，分析实际与计划的偏差及其原因等。记住：这是一个全新的开始，充满挑战与机遇；用心总结，用笔记录。ERP沙盘推演是训练思维的过程，同时也应该成为锻炼动手能力的过程。

任务三　开启企业行为模拟手工沙盘推演实验年与实训年

一、企业行为模拟实验年和实训年的初始状态

至此，各企业的新管理层将以零教学年经营之后的状态为基础开启完全独立经营了。经过零教学年的运营后，企业沙盘盘面的状态如下：

（一）流动资产

(1) 库存现金：42M，现金库中置放2桶零2个灰币。

(2) 在制品：8M，4个P1在制品。3个P1在制品分别置于手工线第2、第3、第1生产周期上；1个P1在制品置于半自动线第1生产周期上。

(3) 产成品：6M，P1成品库中有3个P1产成品。

(4) 原材料：2M，2个R1原材料，1个R1订单。

综合以上4项，企业流动资产共计58M。

（二）固定资产

(1) 土地和建筑：40M，拥有一个大厂房。

(2) 机器与设备：企业拥有手工生产线三条，每条净值为2M；半自动生产线一条，净值2M；机器与设备价值共计8M。

综合以上2项，企业固定资产共计48M。

（三）负债

长期负债：40M，二年到期的长期负债为20M，三年到期的长期负债为20M，放置2个空桶来表示，因此企业长期负债共计40M。

综合以上1项，企业负债共计40M。

（四）所有者权益

(1) 股东资本。目前，企业股东资本为50M。

(2) 利润留存。目前，企业利润留存为14M。

(3) 年度净利润。本年度，企业净利润为2M。

综合以上3项，企业所有者权益共计66M。

经过零教学年的模拟经营之后，企业新管理层即将真正开展实训的企业初始状态的沙盘盘面如图5-2所示。沙盘盘面包括内容：大厂房，价值40M；生产线4条，价值8M；成品库（包含3个P1），价值6M；生产线（包含4个P1），价值8M；原材料库（包含2个R1），价值2M；1个R1订单；现金，价值42M；长期负债（2Q），价值20M，长期负债（3Q），价值20M。

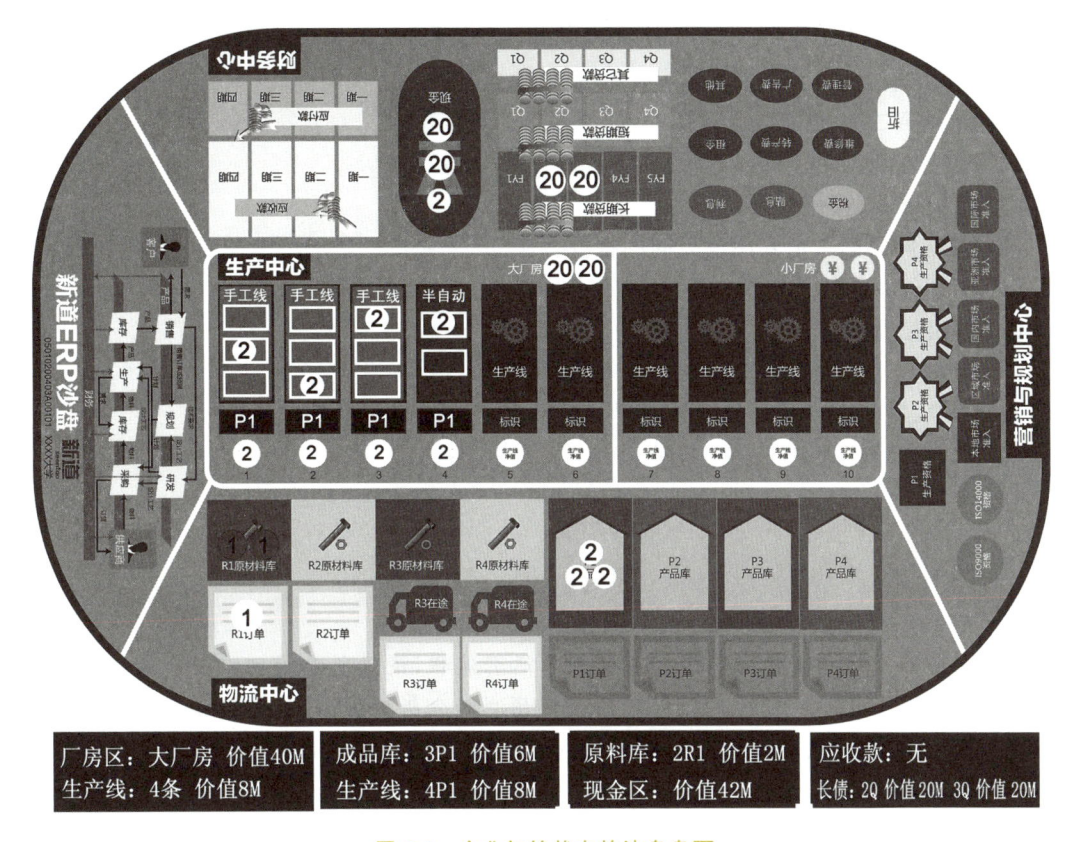

图 5-2 企业初始状态的沙盘盘面

二、企业行为模拟实验年和实训年开始

如果零教学年是"扶上马,送一程"的话,那么企业行为模拟 ERP 手工沙盘推演的 2 年,即实验年,就是热身赛。热身赛(实验年)是一个调动大家参与热情与积极性、激发内在潜能与斗志的过程。在每一轮沙盘竞赛后,总会听到这样的声音:时间太短,才醒悟过来就结束了,假如再来一次,我会如何……这个快速的热身赛就是为后面的正式实战对抗做准备的。

所用记录表格见附录 A。

注意:各企业一定要简要总结热身赛(实验年)的成败得失,一定要学会用数据说话,这样做的目的是更好地应对接下来的实战对抗(实训年)。我们应当思考如下问题:

(1)要研发什么产品?

(2)要开拓哪些市场?

(3)要获得 ISO 认证吗?何时认证合适?

(4)厂房是大是小,是买是租?

(5)要购买什么样的生产线?什么时间买?买几条生产线?买来生产什么?

(6)是否需要订购原材料?

(7)是否需要向银行借款?长期贷款还是短期贷款?规模多大?

实训马上就要开始了,同学们一定要注意:

这是一场商业实战,"六年"的辛苦经营将把每个团队的经营潜力发挥得淋漓尽致,在这

里可以看到激烈的市场竞争、部门间的密切协作、新经营理念的迅速应用,团队的高度团结。但是,最重要的有:

(1) 比赛第二、诚信第一。
(2) 遵守规则、自我监督。
(3) 重在体验、重在感悟。

再次提醒同学们一定要注意时间的把握:

(1) 年度经营规划及营销方案——30分钟。
(2) 各组按竞单规则选择订单——15分钟。
(3) 组织企业运营及财务关账——60分钟。
(4) 学生、教师进行业绩分析并点评——20分钟。
(5) 商业"间谍"活动——10分钟。

项目小结

本项目旨在让受训者掌握制造企业的基本运营流程,设置所要模拟经营企业的初始状态,体验零教学年和实验年的热身赛,读懂市场预测的分析数据,认清沙盘模拟与真实企业运营的规则的不同,体会企业经营的艰辛,进而达到本项目的实训目的。

问题与思考

1. 综合费用明细表的相关项目数额与盘面及相关的费用中心的实际情况应当怎样保持一致?
2. 小组成员的意见出现冲突时应该怎么办?
3. 如何创造并维护成员间的良好氛围?
4. 运营出现严重失误或遭受重大挫折时,怎样稳定心态并重整旗鼓?
5. 怎样预测市场,如何选择战略?

素养提升

《淮南子·主术训》中提到:"乘众人之智,则无不任也;用众人之力,则无不胜也。"意思是说,利用众人的智慧,就没有做不好的事情;凭借众人的力量,就没有取不得的成功。依靠群众的智慧和力量,就能无往而不胜。

企业经营也是一样的道理,在模拟企业运营的过程中,员工要各司其职,为企业贡献各自的力量。同时,还要注意团队合作,在经营遇到困难时要相互鼓励、换位思考;在考虑问题时要从全局出发,不要只顾眼前利益,要学会及时分析问题、总结经验、改进做法,培养严谨、诚信、积极、向上的职业素养。

项目六　企业行为模拟手工沙盘推演工具

> **沙盘论道**
>
> 善学者,师逸而功倍,又从而庸之;不善学者,师勤而功半,又从而怨之。善问者,如攻坚木,先其易者,后其节目,及其久也,相说以解;不善问者反此。善待问者,如撞钟,叩之以小者则小鸣,叩之以大者则大鸣,待其从容,然后尽其声;不善答问者反此。此皆进学之道也。
>
> 1. 结合上文请思考:在 ERP 沙盘实训过程中,受训学生和指导教师的关系是怎样的?
> 2. 请结合日常生活、学习经历回顾和老师的点点滴滴,分享让你觉得有助益的事情,可以是一段对话、一个诀窍、一个习惯或是任何让你觉得有意义的事情。
> 3. 所谓"三人行,必有我师焉",每个人在具体的情境中都可以成为别人的"老师",我们应该如何做?这个过程对于学习本身有什么作用?

◇ **项目综述**

为了顺利开展企业行为模拟手工沙盘的推演过程,教师和受训者都必须能够熟练地运用实训过程中各自所需的工具。只有这样,大家才能发挥出各自应有的水平,达到最佳的实训效果。

◇ **学习目标**

1. 教师能够熟练地利用标准教学分析工具和监控工具;
2. 学生能够熟练地利用各种帮助企业运营的辅助工具。

◇ **重点难点**

在熟练利用的基础上,学生应能够灵活地运用各种有助于企业运营的辅助工具。

任务一　了解教师用工具

一、标准教学分析工具

用友ERP沙盘模拟(院校版)分析工具是作为ERP沙盘实训课程的配套课件提供给授课教师使用的。借助这套分析工具,教师可以及时地记录模拟企业的经营结果,有效地避免有意舞弊和无意差错的发生,保证训练的公平性,还可以利用其中存储的数据,以数字和图形的方式进行定量分析并评价企业的经营业绩。

(一)安装及运行

授课及分析工具是为合法拥有ERP沙盘课程的单位定制的专用授课软件,软件主界面中心印有"合法单位专用"的字样,保护合作院校授课软件的私有性,保护知识产权。

1. 安装

为了保护数据,本产品为一次性的使用软件,软件一经使用,某些功能将被终止,以保护训练的数据。因此,每次授课时,操作者必须将光盘中的"用友ERP沙盘授课及分析工具"直接复制到本地磁盘,并取消复制文件的"只读"属性,使用复制文件进行授课。授课完成后,如果需要保存训练数据,操作者应妥善保存该文件,无须保留数据时,删除该文件即可。

2. 运行

运行时,操作者直接双击复制到本地磁盘上的"用友ERP沙盘授课及分析工具"文件图标,即可进入软件主界面。如果系统提示"是否启用宏",操作者一定要选择"启用宏"进入系统,否则,软件将无法正常运行。

3. 输入本次课程的相关信息

在屏幕下方的编辑区中,输入本次课程的相关信息,如班次、日期等,输入完成后,单击右下角的"确定输入"按钮,分析工具主界面如图6-1所示。

注意:

课程信息一经确认(单击"确认输入"按钮后),"确定输入"按钮随即消失,课程信息将不可更改。

4. 输入各组人员信息

单击"报表录入"按钮,选择要录入的公司,进入报表录入界面,在该界面的右上角,操作者可以按照岗位角色,将相关人员录入到系统内。如果模拟的公司有具体名称,操作者也可将公司的名称输入界面中间的"模拟公司名称"处。

报表录入界面如图6-2所示。

(二)数据安全

每当数据录入完毕后,为避免有意的或无意的差错造成数据丢失,操作者需要经常留意保存数据。

(三)系统使用导航

从分析工具主界面中可以看出,分析工具中提供了十项主要功能,按类型可分为三部分,即基础信息记录类、数据查询类和统计分析类。

图 6-1　分析工具主界面

图 6-2　报表录入界面

1. 基础信息记录类

基础信息是在企业模拟竞争过程中产生的,是每组决策过程的数据记录,也是系统进行计算、查询、统计分析的基础。

基础信息记录类功能包括广告录入、订单选择和报表录入。

(1) 广告录入。

新年伊始,企业的首要经营环节,就是销售会议与获取订单。广告录入功能把各企业在各市场、各产品上投入的广告费用输入到系统中,为下一步的订单选择、报表自动生成、广告效益分析提供基础数据。

单击"广告录入"按钮,进入广告录入界面,如图 6-3 所示。

图 6-3 广告录入界面

我们从图 6-3 中可以看出,广告费按年度录入,单击屏幕右下角的箭头"▶"可以返回分析工具主界面。单击"录入第 1 年广告费"按钮,我们可以进入"第 1 年广告登记"界面,如图 6-4 所示。

在图 6-4 中,A、B、C、D、E、F 分别代表六个相互竞争的模拟企业,广告费是分市场、分产品投放的。操作者按照各组的"广告登记表"填写对应的广告费数据,系统会自动计算广告费用合计数,显示于"广告合计"列中。

输入广告费,确认无误后,双击"封存广告单"按钮,封存本次输入的广告费数据。所谓"封存",是指操作者无法再次进入本界面对本年的广告数据进行修改。

在广告登记窗口双击"封存广告单"按钮后,自动进入"订单签约"界面。操作者在该窗口可以选择进入不同的市场开始获取订单,一般按照本地市场、区域市场、国内市场、亚洲市场和国际市场的顺序进行竞单,也可以专门选择某一市场进行竞单。"订单签约"界面如图 6-5 所示。

	(本地)						(区域)						(国内)						(亚洲)						(国际)						广告合计
	P1	P2	P3	P4	9K	14K	P1	P2	P3	P4	9K	14K	P1	P2	P3	P4	9K	14K	P1	P2	P3	P4	9K	14K	P1	P2	P3	P4	9K	14K	
A																															
B																															
C																															
D																															
E																															
F																															

第1年广告登记　　　封存广告单

图 6-4　"第 1 年广告登记"界面

订单签约

第一年	本地市场选单	区域市场选单	国内市场选单	亚洲市场选单	国际市场选单
第二年	本地市场选单	区域市场选单	国内市场选单	亚洲市场选单	国际市场选单
第三年	本地市场选单	区域市场选单	国内市场选单	亚洲市场选单	国际市场选单
第四年	本地市场选单	区域市场选单	国内市场选单	亚洲市场选单	国际市场选单
第五年	本地市场选单	区域市场选单	国内市场选单	亚洲市场选单	国际市场选单
第六年	本地市场选单	区域市场选单	国内市场选单	亚洲市场选单	国际市场选单
第七年	本地市场选单	区域市场选单	国内市场选单	亚洲市场选单	国际市场选单
第八年	本地市场选单	区域市场选单	国内市场选单	亚洲市场选单	国际市场选单

成果展示

图 6-5　"订单签约"界面

(2) 订单选择。

操作者可在分析工具主界面中直接单击"订单选择"按钮,也可以直接进入"订单签约"界面,单击屏幕右下角的箭头"▶"可以返回分析工具主界面。订单签约窗口中的"市场选择"按钮是随经营年份开启的,前提是操作者已经录入了第几年的广告费用数据,并且将广告费封存,否则不会开启。

每年度的销售会议是按市场进行的,按照本地市场、区域市场、国内市场、亚洲市场和国际市场的顺序依次进行。我们以第一年本地市场选单为例说明订单签约的操作流程。

① 在订单签约主界面中,选择第一年"本地市场选单",进入"本地市场选单"界面,如图 6-6 所示。

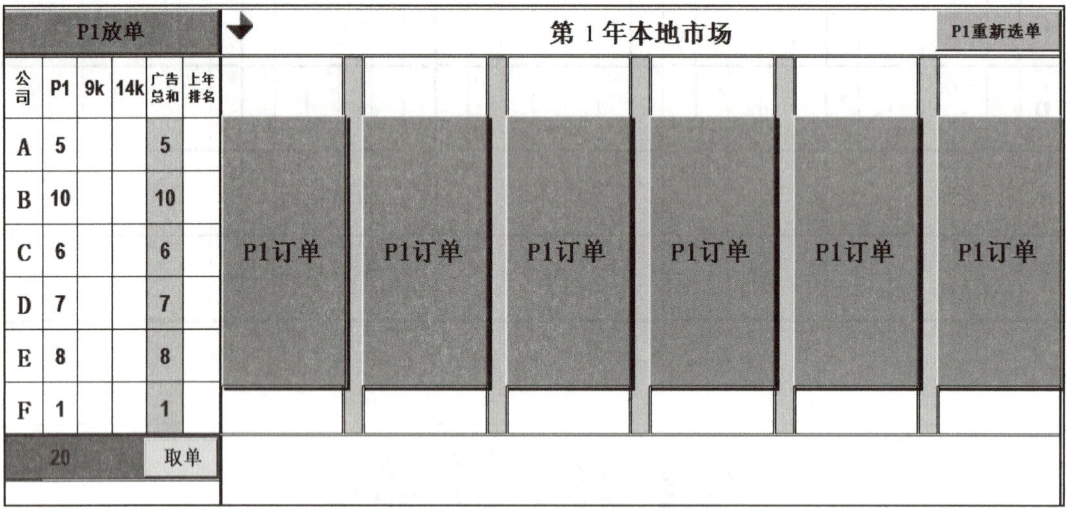

公司	P1放单				
	P1	9k	14k	广告总和	上年排名
A	5			5	
B	10			10	
C	6			6	
D	7			7	
E	8			8	
F	1			1	
	20		取单		

第 1 年本地市场　　　P1重新选单

P1订单　P1订单　P1订单　P1订单　P1订单　P1订单

图 6-6　"本地市场选单"界面

② 单击右上角"P1 重新选单"按钮,将 P1 订单数据恢复原始状态(俗称"盖板未翻开"状态)。

③ 单击左上角"P1 放单"按钮,把数据库中第 1 年订单数据调入当前订单。

④ 双击"盖板未翻开"的所有按钮。

⑤ 左侧的表格列示了 6 个企业在 P1 的广告费、认证费的投入情况以及上年排名情况。操作者应按照选单规则进行选单。企业选定一张订单后,将光标移到该张订单下方的空格,在空格的右下角即可出现下拉箭头,点击该箭头,从下拉列表框中选择该企业标识,如"D"或"A"等,也可直接输入公司代码。按市场排名选单界面如图 6-7 所示。

⑥ 当所有订单选择完成后,单击"取单"按钮,订单数据自动保存,供后续"订单查询""交易查询""报表查询"等环节使用。

⑦ 所有产品选单完成后,单击本页最上端的灰色菱形按钮返回分析工具主界面。

(3) 报表录入。

每一年经营运作过程结束后,各企业要编制利润表和资产负债表,这两张表也是进行后续统计分析的主要数据源。

在系统主界面点击"报表录入"按钮,进入报表录入主界面,如图 6-8 所示。

公司	P1	9k	14k	广告总和	上年排名	1	LP1-1/6	2	LP1-2/6	3	LP1-3/6	4	LP1-4/6	5	LP1-5/6	6	LP1-6/6
	P1放单								第1年本地市场							P1重新选单	
A	5			5		数量	2	数量	1	数量	7	数量	5	数量	4	数量	3
B	10			10		单价	5.5	单价	5.7	单价	5.1	单价	5.2	单价	5.5	单价	5.4
C	6			6		总额	11	总额	6	总额	36	总额	26	总额	22	总额	16
D	7			7		帐期	2	帐期	4	帐期	2	帐期	2	帐期	3	帐期	1
E	8			8		条件		条件		条件		条件		条件		条件	
F	1			1													
20			取单														

图 6-7 按市场排名选单界面

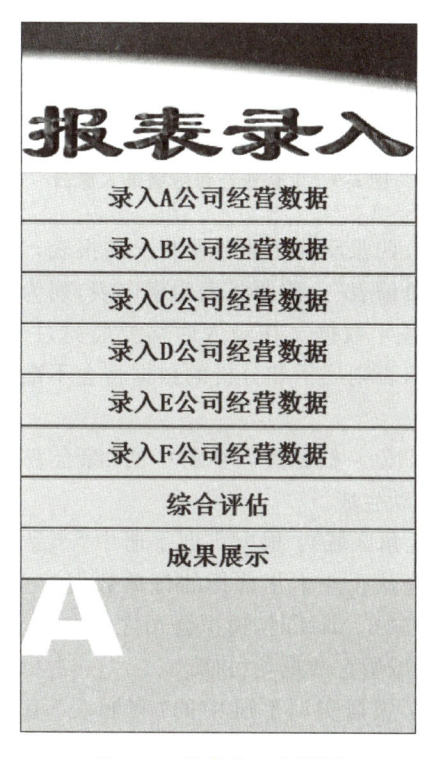

图 6-8 报表录入主界面

该窗口提供两个经营数据的入口：点击"录入×公司经营数据"的按钮可以进入各企业各年经营数据输入窗口；点击"综合评估"按钮可以进入企业综合实力数据录入窗口。同时，点击"成果展示"按钮也可进入各年经营结果的展示窗口。

① 录入企业经营数据。每一年的企业经营数据是按照企业分别录入的，A 企业经营数据录入窗口如图 6-9 所示。

微课：
综合管理
费用明细表

年份	管理费	广告费	设备维护	厂房租金	转产费	市场开拓	ISO认证	产品研发	其他	总计	P1 收入	P1 数量	P1 成本	P2 收入	P2 数量	P2 成本	P3 收入	P3 数量	P3 成本	P4 收入	P4 数量	P4 成本	成员名单
1年	4	5								9	16	3	6										总裁
2年																							营销主管
3年																							财务主管
4年																							生产主管
5年																							供应主管
6年																							财务助理
7年																							营销助理
8年																							生产助理
																							供应助理

模拟公司名称

利润表

项目	1	2	3	4	5	6	7	8
销售收入	16							
直接成本	6							
毛利	10							
综合费用	9							
折旧前利润	1							
折旧								
息前利润	1							
财务收/支								
额外收/支								
税前利润	1							
税								
净利润	1							

资产

流动资产	1	2	3	4	5	6	7	8
现金								
应收								
在制品								
产成品								
原材料								
流动合计								
固定资产								
土地和建筑								
机器设备								
在建工程								
固定合计								
资产总计								

负债+权益

负债	1	2	3	4	5	6	7	8
长期负债								
短期负债								
应付款								
应缴税								
1年期长贷								
负债合计								
权益								
股东资本								
利润留存								
年度利润								
权益小计								
负债权益总计								

图 6-9　A 企业经营数据录入窗口

我们在该窗口中可以录入四张反映企业经营状况的报表,分别是"综合费用表""产品销售统计表""利润表"和"资产负债表"。前两张表为横向表,列为项目,行为各年数据;后两张表为纵向表,行为项目,列为各年数据。在录入时需要特殊注意将数据根据相应的经营年份,填入对应年份的行或列中,否则展示和分析的数据将会不准确。

其中:

a. 综合费用表(左上角区域):根据实训手册中的"综合费用明细表"填列,其中黄色的总计项是非输入项,由系统自动生成。

b. 产品销售统计表(右上角区域):根据实训手册中"产品核算统计表"填列,该区域销售收入和数量栏显示的数字是从企业本年选择的订单数据汇总而来的,成本栏数据是根据给定产品的标准成本计算出来的。训练时,模拟公司之间会发生产品交易,实际交易数据与订单交易会有所偏差,故本区域所有数据均可修改。

c. 利润表(左下角区域):根据实训手册中的"利润表"填列,操作者只需要在白颜色单元中输入数据。"折旧"行直接填入提取的折旧总数(正数),"财务收/支"项直接以正数输入贷款利息及贴现费用;"额外收/支"项根据收支属性以正数或负数填入,其他项自动计算。

d. 资产负债表(右下角区域):根据实训手册中的"资产负债表"填列。同样只需要在白颜色单元中输入数据,其他项自动计算。

所有数据录入完成后,单击左上角"菱形"按钮返回。

② 企业经营成果展示。每一年度的企业模拟竞争结束后,操作者可以单击"成果展示"

按钮查看各企业的经营成果,成果展示界面如图 6-10 所示。单击窗口右下角的图案,可以退出展示窗口,返回到主界面。此外,通过本窗口可以进入市场销售统计展示窗口,查看每年的市场地位排名。

年份\公司	起始年	1	2	3	4	5	6	7	8	总分
A	662	36 -30								
B	662									
C	662									
D	662									
E	662									
F	662									
本地		C								查看排名
区域										
国内										
亚洲										
国际										

图 6-10 成果展示界面

每年的经营结果数据为两行,第一行是本年的所有者权益,第二行为企业当年的净利润数值,即当年对权益的贡献情况。当年对权益的贡献如果是负数(亏损),则用红字表示。当权益或净利润为零时,零值不显示。权益为负数,表示企业已经资不抵债,企业倒闭。

③ 企业评估。当训练结束时,系统会提供对企业运行结果的综合评估总结。竞赛进行时,综合评估总结可以作为评判优胜的最后结果。对企业的综合评估以企业的硬设备和软资产两方面因素为权重,以企业最终获得的权益为基数计算。此项评分可以在经营四年以后的各年中进行。

在报表录入选择窗口中单击"综合评估"按钮,进入企业综合评估界面,如图 6-11 所示。

深色部分的数据,系统自动从经营报表中获得,不能更改。浅色部分的数据需要根据各公司的情况输入,除生产线和扣分记录数据以外,其余数据均不大于 1。产品开发完成,操作者便可在相应的产品开发处输入 1。生产线则输入实际拥有的已经建设完成并投入生产的数量。扣分是对违规企业的必要的处罚,可以认为是企业信誉降低带来的权益损失。

完成以上操作后,重新进入成果展示窗口,我们即可在总分栏中看到各模拟公司的最后得分,经营结果查询界面如图 6-12 所示。

2. 数据查询工具

数据查询工具提供对企业运营流程中的关键数据进行查询的功能,主要包括订单查询、交易查询、报表查询。

Score ↓	y Input y for computing						Score=权重系数*权益
	A	B	C	D	E	F	权重系数按下列条件计算
大厂房		1		1	1	1	+15
小厂房							+10
手工生产线							+5/条
半自动生产线			3	1	1	2	+10/条
全自动/柔性线		1	1	4	3	2	+15/条
区域市场开发		1		1	1	1	+10
国内市场开发		1	1	1	1		+15
亚洲市场开发				1	1		+20
国际市场开发					1		+25
ISO9000		1	1	1	1	1	+10
ISO14000		1	1				+10
P2产品开发			1		1	1	+10
P3产品开发		1		1	1	1	+10
P4产品开发							+15
本地市场地位		1					+15/第五年市场第一
区域市场地位					1		+15/第五年市场第一
国内市场地位	1						+15/第五年市场第一
亚洲市场地位					1		+15/第五年市场第一
国际市场地位					1		+15/第五年市场第一
高利贷扣分							请在左边空格中输入扣分次数，在右边的空格中输入每次扣分的分数
其他扣分							请在左边空格中直接输入扣除的总分

图 6-11　企业综合评估界面

年份\公司	起始年	1	2	3	4	5	6	7	8	总分
A	66 2	47 -19	24 -23	16 -8						
B	66 2	43 -23	24 -19	21 -3	22 1	31 9				63.6
C	66 2	43 -23	27 -16	20 -7	11 -9	19 8				43.7
D	66 2	43 -23	25 -18	30 5	42 12	80 38				256.0
E	66 2	37 -29	15 -22	52 37	86 34	97 11				252.2
F	66 2	47 -19	24 -23	26 2	33 7	55 22				121.0
本地		D	D	D	D	C				查看排名
区域			E	E	E	E				
国内				A	B	B				
亚洲					D	D				
国际						D				

图 6-12　经营结果查询

(1) 订单查询。

订单查询提供各企业每年所获得的订单的详细资料,如有可能,我们在交单时可以利用表中的完成栏记录订单的完成情况。A 企业第一年订单查询界面如图 6-13 所示。

序号	年份	市场	产品	数量	价格	收入	账期	条件	编号	完成
1	1	本地	P1	2	5.5	11	2		LP1-1/6	
2	1	本地	P1	2	5.5	11	2		LP1-1/6	

图 6-13　A 企业第一年订单查询界面

(2) 交易查询。

交易查询主要通过图 6-14 所示的窗口进行,基于此功能,我们可以分年度查看各企业在各市场投入广告费总额、取得的按产品分类的订单销售额和数量的汇总情况。交易查询界面如图 6-14 所示。

公司	项目	本地						区域						国内						亚洲						国际					
		P1	P2	P3	P4	9K	14	P1	P2	P3	P4	9K	14	P1	P2	P3	P4	9K	14	P1	P2	P3	P4	9K	14	P1	P2	P3	P4	9K	14
A	广	5																													
	额	11																													
	数	2																													
B	广	7																													
	额	6																													
	数	1																													
C	广	8																													
	额	36																													
	数	7																													
D	广	9																													
	额	26																													
	数	5																													
E	广	10																													
	额	22																													
	数	4																													
F	广	4																													
	额	16																													
	数	3																													

第一年订单

图 6-14　交易查询界面

(3) 报表查询。

报表查询功能提供了分年度各企业利润表和资产负债表的汇总情况。"报表查询——利润表"界面如图 6-15 所示,显示了每年参与竞争的各企业的利润表,有助于横向比较各企业的经营状况。查询表中的数据均取自各企业当年的经营数据,操作者不能在此页面对这些数据进行修改。

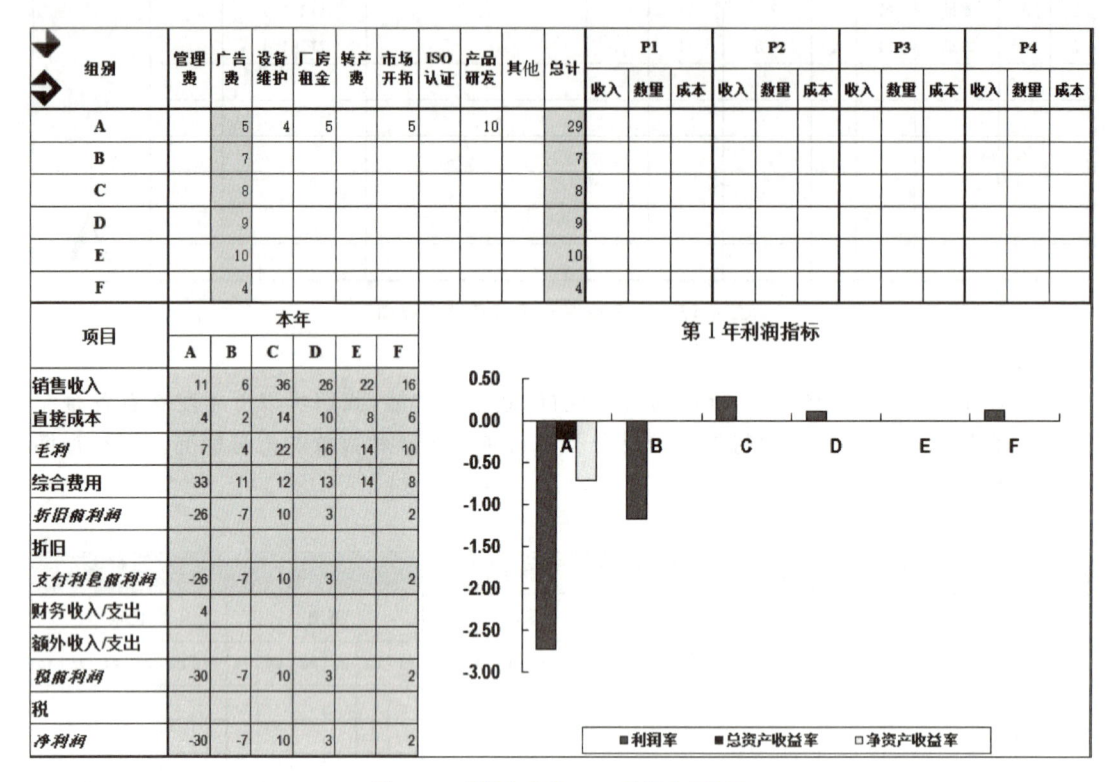

组别	管理费	广告费	设备维护	厂房租金	转产费	市场开拓	ISO认证	产品研发	其他	总计	P1 收入	P1 数量	P1 成本	P2 收入	P2 数量	P2 成本	P3 收入	P3 数量	P3 成本	P4 收入	P4 数量	P4 成本
A		5	4	5		5		10		29												
B		7								7												
C		8								8												
D		9								9												
E		10								10												
F		4								4												

项目	本年 A	B	C	D	E	F
销售收入	11	6	36	26	22	16
直接成本	4	2	14	10	8	6
毛利	7	4	22	16	14	10
综合费用	33	11	12	13	14	8
折旧前利润	-26	-7	10	3		2
折旧						
支付利息前利润	-26	-7	10	3		2
财务收入/支出	4					
额外收入/支出						
税前利润	-30	-7	10	3		2
税						
净利润	-30	-7	10	3		2

图 6-15 "报表查询——利润表"界面

查询结束时,操作者可单击左上角的"右箭头"图标,进入资产负债表显示界面,如图 6-16 所示,或是单击"菱形"图标,返回报表查询选择窗口。

3. 统计分析工具

统计分析工具是针对各种数据进行分析的工具包,主要包括销售分析、成本分析、财务分析和杜邦分析。

(1) 销售分析。

销售分析中提供了市场占有率分析、广告产出比分析和产品销售统计等分析内容。

① 市场占有率分析:包括某年度市场占有率分析、各市场累计占有率分析和累计市场占有率分析,以直观的饼状图显示。

某年度市场占有率是指某年度各公司在当年所有市场中的所有产品销售额占总销售额的比重,市场占有率示意图如图 6-17 所示。

某市场累计占有率分析是指企业经营若干年之后,对具体市场进行的占有率分析,重点关注在该市场中表现显著的企业。

累计市场占有率是反映企业在所有市场中历年的经营状况的指标,结合该指标,我们可

资产负债表

资产项目	第1年						负债+权益	第一年					
流动资产	A	B	C	D	E	F	负债	A	B	C	D	E	F
现金	54						长期负债	60					
应收							短期负债	20					
在制品	2						应付款						
产成品							应缴税						
原材料							一年内到期长贷						
流动资产合计	56						负债合计	80					
固定资产	第1年						权益	第1年					
土地和建筑	40						股东资本	50					
机器设备	20						未分配利润	16					
在建工程							年度利润	-30					
固定资产合计	60						所有者权益合计	36					
资产总计	116						负债及权益总计	116					

图6-16 资产负债表显示界面

以比较一个企业在相同的时段内不同市场中的经营业绩。

某产品、某年度的市场占有率从产品的角度反映各公司的市场占有率,说明各公司的产品销售能力。

② 广告产出比分析:是评价广告投入收益率的指标。广告投入产出比的计算公式为:

广告投入产出比=订单销售总额÷广告投入

广告投入产出分析用来比较各企业在广告投入上的差异。这个指标告诉经营者本公司与竞争对手之间在广告投入策略上的差距,警示营销总监深入分析市场和竞争对手,寻求节约成本的路径以及策略取胜的突破口。

根据市场和时间的不同,系统提供了两项统计指标:第2年广告投入产出比,如图6-18所示;累计广告投入产出比,如图6-19所示。

③ 产品销售统计:用两个指标反映各产品的市场销售总量,分别为产品数量与产品销售额。其中,交易的产品数量和金额可以公司为单位,分解到各年或累计统计。A公司各年产品销售统计图如图6-20所示,产品销售累计图如图6-21所示。

以上销售分析图形,无须单独制作,只要输入准确的经营数据,系统就会自动产生。销售分析按照两页形式分布,在主界面点击"销售分析"按钮,直接进入图6-22所示的页面。在该页面中,我们可找到下页箭标,点击即可进入下一页面。

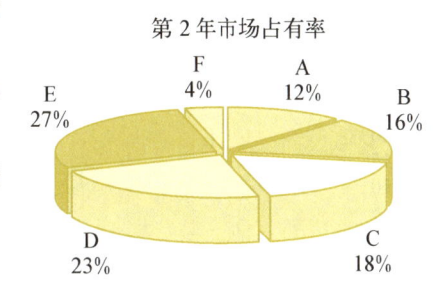

图6-17 市场占有率示意图

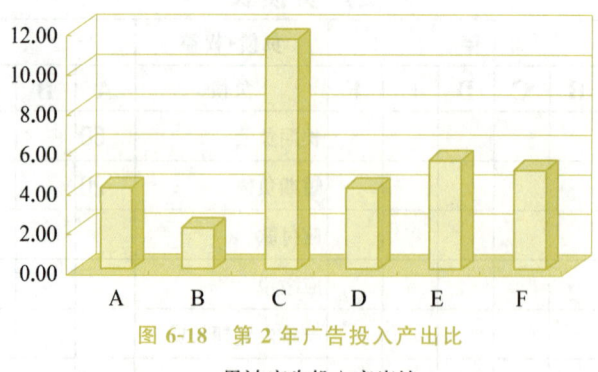

图 6-18 第 2 年广告投入产出比

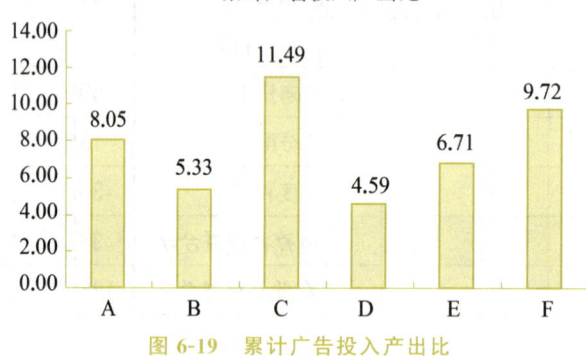

图 6-19 累计广告投入产出比

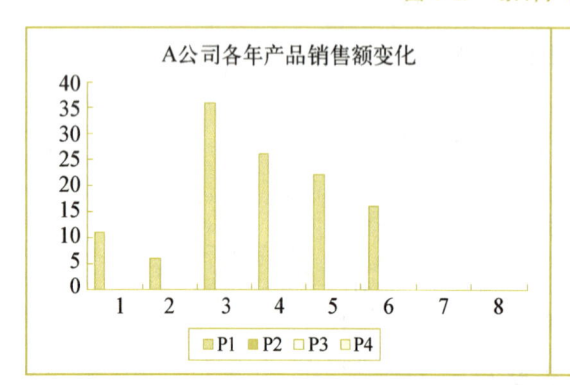

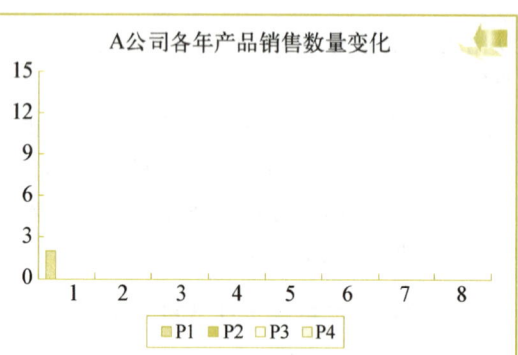

图 6-20 A 公司各年产品销售统计图

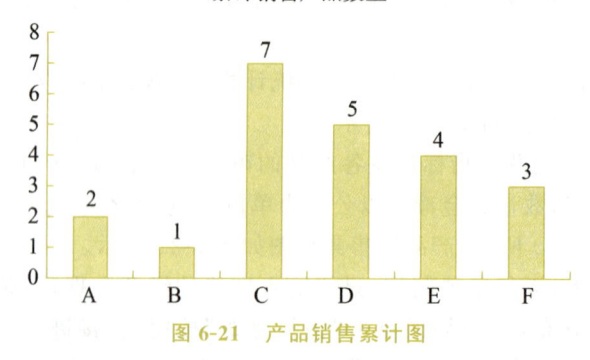

图 6-21 产品销售累计图

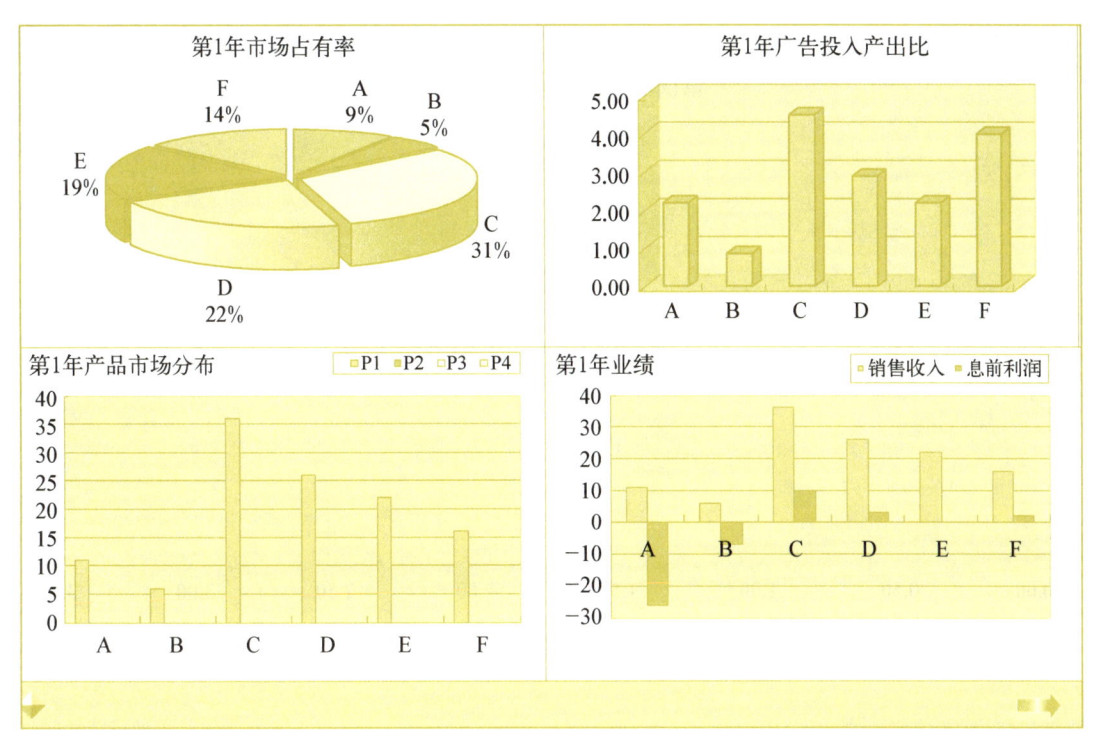

图 6-22　销售分析

（2）成本分析。

成本分析从以下两个方面着手，一是通过计算各项费用占销售的比重揭示成本与收入的关系；二是通过成本变化的趋势发现企业经营过程中存在的问题。

企业成本由多项费用要素构成，了解各费用要素在总体成本中所占的比重，分析成本结构，从比例较高的那些费用支出项入手，分析发生的原因，提出控制费用的有效方法。费用比例的计算公式为：

$$费用比例 = 费用 \div 销售收入$$

将各费用比例相加，再与 1 相比，则可以看出总费用占销售比例的多少，超过 1，说明支出大于收入，企业亏损，并可以直观地看出亏损的程度。

① 费用比例分析：包括经常性费用比例分析和全成本比例分析，分析结果分别在两个页面用柱状图展示。

在主界面点击"成本分析"按钮，即可进入经常性费用比例分析的界面，如图 6-23 所示。经常性费用仅包括直接成本、广告、经营费、管理费、折旧和利息，这些费用项目是经营过程中每个时期都必不可少的费用支出项目。这里展示的经营费用是根据下式计算出来的。

$$经营费用 = 设备维修费 + 场地租金 + 转产费 + 其他费用$$

② 全成本比例分析：从经常性费用分析页面点击右箭头图标，即可打开全成本费用比例分析界面，如图 6-24 所示，包括产品开发和软资产投入（市场开发、ISO 认证投入）等阶段性的成本支出项目。

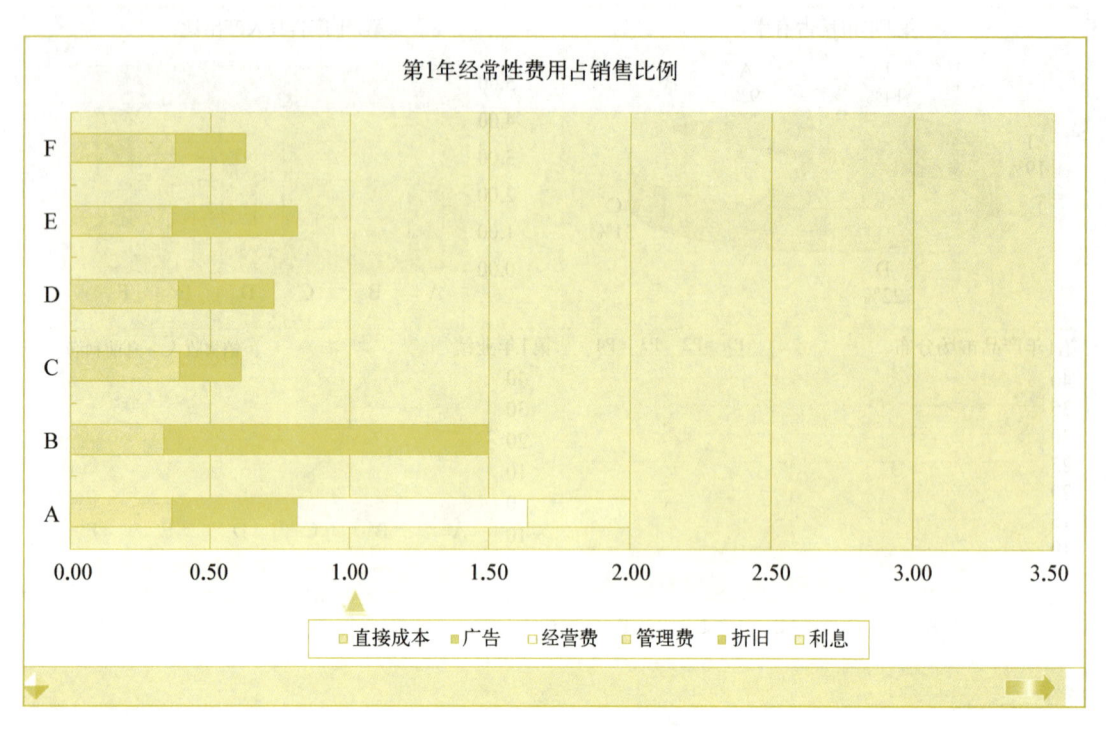

图 6-23　经常性费用比例分析界面

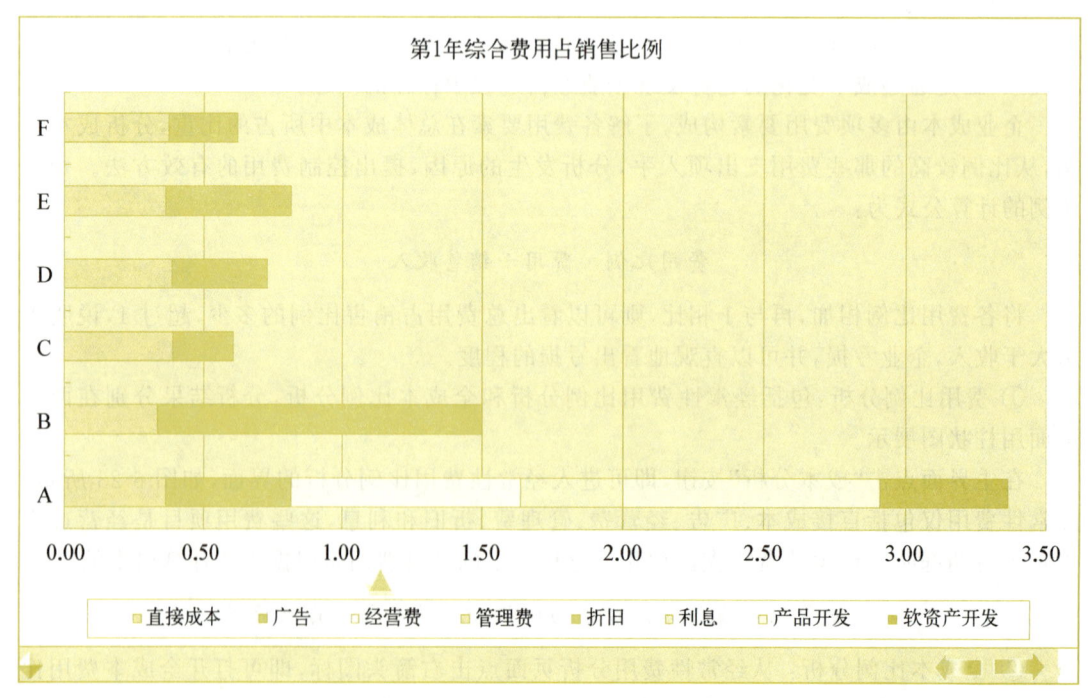

图 6-24　全成本费用比例界面

③ 成本比例变化分析：企业经营是持续性的活动，因为资源的消耗和补充是缓慢进行的，所以单从某一时间点上很难评价一个企业经营成果的好坏。比如，广告费用占销售的比例，单以一个时点来评价，其优劣是难以确认的。但在一个时点上，我们可以将这个指标同其他同类企业横向对比，评价该企业在同类企业中的优劣。

在企业经营过程中，很可能在某一时点出现了问题，而直接或间接地影响了未来的经营活动，因此不能轻视经营活动中的每一个时点的指标状况。那么，如何通过每一时点的指标数据发现经营活动中的问题，引起必要的警惕呢？在这里，有一个警示信号可以发挥作用，这就是比例变化信号。从全成本比例分析界面，点击右箭头进入成本比例变化分析界面，如图 6-25 所示。

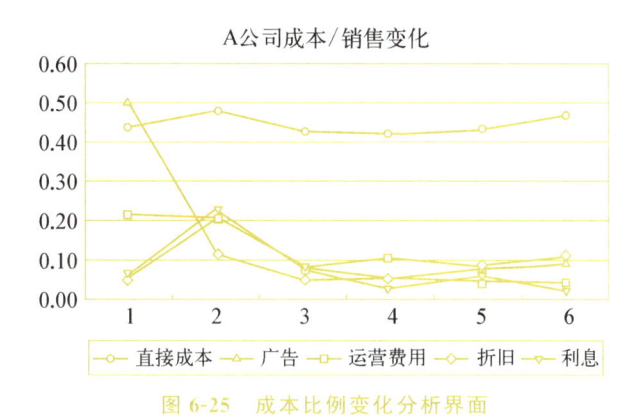

图 6-25　成本比例变化分析界面

从图 6-25 中可以看到，A 公司第 1 年和第 2 年的各项费用比率指标均有很大的变化，这说明企业经营遇到了问题，经营的环境正在发生变化，这个信号提醒管理者格外注意各种变化情况，及时调整经营战略和策略。在以后的年份中，各种费用的比例比较平稳，没有发生突变，说明企业的经营活动比较正常。

参看图 6-26，B 企业费用指标变化较大，实际上，这个公司的经营活动一直是有问题的。

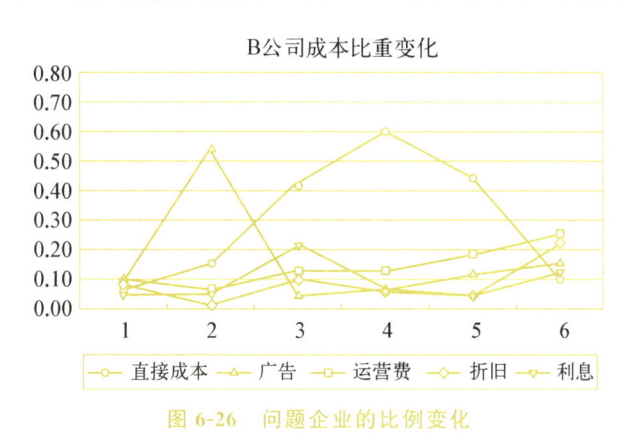

图 6-26　问题企业的比例变化

（3）财务分析。

财务分析从收益力、成长力、安定力、活动力四个方面提供了对各企业的分析数据。在分析工具主界面中，单击"财务分析"按钮，进入财务分析界面，如图 6-27 所示。

指标类	指标	第 2 年					
		A	B	C	D	E	F
收益力	毛利率	53.85%	61.90%	57.14%	55.56%	60.00%	60.00%
	销售利润率	−28.92%	−66.67%	−35.71%	−72.22%	−160.00%	−190.00%
	总资产收益率	−4.55%	−11.88%	−6.78%	−11.34%	−21.15%	−17.86%
	净资产收益率	−10.00%	−29.27%	−21.05%	−29.73%	−91.67%	−62.50%
成长力	销售收入成长率	−18.75%	−12.50%	460.00%	12.50%	38.38%	−33.33%
	利润成长率	−16.67%	−75.00%	33.33%		−60.00%	5.00%
	净资产成长率	−12.28%	−25.45%	−20.83%	−26.00%	−50.00%	−44.19%
安定力	流动比率	2.00	2.00	1.35	2.00	2.00	2.40
	速动比率	2.00	2.00	1.15	2.00	2.00	0.70
	固定资产长期适配率	0.33	0.42	0.82	0.54	0.34	0.56
	资产负债率	0.55	0.59	0.68	0.62	0.77	0.71
活动力	应收账款周转率		2.63			1.43	
	存货周转率	0.77	0.41	0.92	0.35	0.30	0.14
	固定资产周转率	0.18	0.12	0.14	0.10	0.10	0.07
	总资产周转率	0.25	0.21	0.27	0.19	0.16	0.12

图 6-27 财务分析界面

当报表数据录入完成后,财务分析的各项指标自动生成。单击右上角的"右箭头"按钮可查看下一年度的数据;单击"菱形"按钮返回分析工具主界面。以下是 4 组指标的具体含义:

① 收益力。表明企业是否具有盈利的能力。收益力从以下 4 个指标入手进行定量分析,它们是毛利率、销售利润率、总资产收益率、净资产收益率。

② 成长力。表明企业是否具有成长的潜力,即持续盈利能力。成长力指标由 3 个反映企业经营成果增长变化情况的指标组成,它们是销售收入成长率、利润成长率和净资产成长率。

③ 安定力。是衡量企业财务状况是否稳定,会不会有财务危机的指标,由 4 个指标构成,它们是流动比率、速动比率、固定资产长期适配率和资产负债率。

④ 活动力。是从企业资产的管理能力方面对企业的经营业绩进行评价的指标,主要包括 4 个比率指标,即应收账款周转率、存货周转率、固定资产周转率和总资产周转率。

(4)杜邦分析。

各项财务指标存在其内在联系,杜邦分析将企业的各项指标有机联系起来,通过综合分析发现问题。在分析工具主界面,单击"杜邦分析"按钮,进入杜邦分析界面,如图 6-28 所示。

财务管理工作是企业经营管理工作的核心,而如何实现股东财富最大化或公司价值最大化是财务管理工作的中心目标。任何一个公司的生存与发展都依赖于该公司能否创造价值。公司的每一个成员都负有实现企业价值最大化的责任。出于向投资者(股东)揭示经营

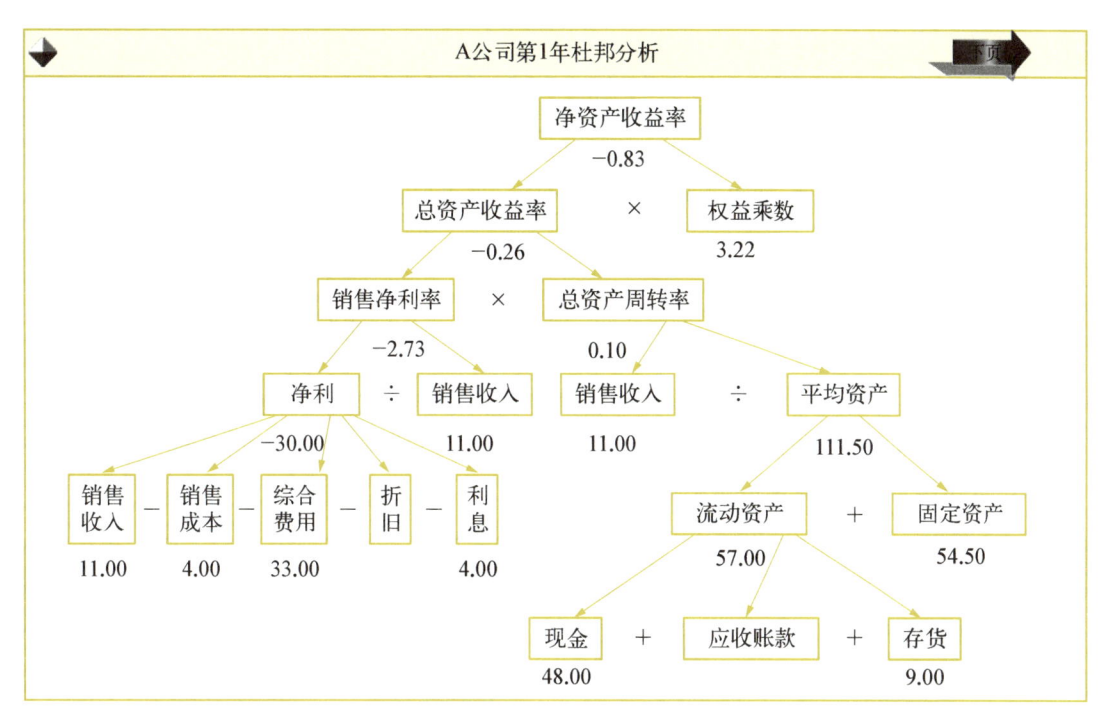

```
                            A公司第1年杜邦分析
                                净资产收益率
                                   −0.83
                    总资产收益率    ×    权益乘数
                        −0.26              3.22
                销售净利率   ×   总资产周转率
                  −2.73              0.10
            净利  ÷  销售收入     销售收入  ÷  平均资产
           −30.00    11.00         11.00       111.50
    销售  −  销售  −  综合  −  折  −  利          流动资产  +  固定资产
    收入    成本    费用     旧    息             57.00         54.50
    11.00   4.00   33.00         4.00
                                          现金  +  应收账款  +  存货
                                         48.00                9.00
```

图 6-28 杜邦分析界面

成果和提高经营管理水平的需要,他们需要一套实用、有效的财务指标体系,以便据此评价和判断企业的经营绩效、经营风险、财务状况、获利能力和经营成果。

杜邦财务分析体系(The Du Pont System)就是一种比较实用的财务比率分析体系。这种分析方法最早由美国杜邦公司使用,故称"杜邦分析法"。杜邦分析法利用几种主要的财务比率之间的关系来综合地分析企业的财务状况,评价公司盈利能力和股东权益回报水平。它的基本思想是将企业净资产收益率(ROE)逐级分解为多项财务比率的乘积,这有助于深入分析、比较企业的经营业绩。

图 6-28 告诉我们,净资产收益率是杜邦分析的核心指标,这是因为,任何一个投资人投资任何企业,其目的都在于该企业能给我们带来更多的回报。因此,投资人最关心这个指标,同时,这个指标也是企业管理者制定各项财务决策的重要参考依据。杜邦分析将影响这个指标的三个因素从"幕后"推向"前台",使我们能够目睹他们的"庐山真面目"。因此,在分析净资产收益率时,就应该从构成该指标的三个因素的分析工作入手。

杜邦分析法既涉及企业获利能力方面的指标(净资产收益率、销售利润率),也涉及营运能力方面的指标(总资产周转率),同时还涉及负债能力方面的指标(权益乘数),可以说,杜邦分析法是一个"三足鼎立"的财务分析方法。

二、监控工具

授课监控表作为 ERP 沙盘实训课程的配套课件,供授课教师使用。借助这套监控工具,我们可以及时记录模拟企业各年的经营状况,有效避免有意舞弊和无意差错的发生,以保证训练的公平性,使得模拟课程得以顺利进行。

(一)安装及运行

1. 安装

为保护数据,本产品为一次性使用软件,一经使用,某些功能将被终止,从而保护训练的数据。每次授课时,必须将光盘中的"用友 ERP 沙盘授课监控表"直接复制到本地磁盘,使用复制文件。授课完成后,如果需要保存训练数据,妥善保存该文件即可,无须保留数据时,删除该文件即可。

2. 运行

运行时,直接双击复制到本地磁盘上的"用友 ERP 沙盘授课监控表"文件。

3. 输入本次课程的相关信息

在屏幕下方的编辑区中,输入本次课程的相关信息:如班次、日期等,如图 6-29 所示。输入完成后,单击右下角的"确定输入"按钮。课程信息一经确认(点击"确认输入"后),"确定输入"按钮随即消失,课程信息不可更改。

图 6-29 授课监控表主界面

4. 录入分组代号

在图 6-29 的主界面左侧,录入监管的组名代码,如:A、B、C 等,一个监控员最多能监控 10 个组。超过 10 个组需要监控时,可以用两台计算机进行,建议每台计算机监控的组数一致。

(二)数据安全

每当数据录入完成后,为避免有意或无意的差错造成数据丢失,需要经常注意保存数据。

(三) 使用导航

授课监控表主界面如图 6-29 所示。具体可分为以下几个模块。

1. 各年经营的开始

从图 6-29 监控表主界面上可以看到,位于界面正下方的一组经营按键,分别表示确定"第 1 年经营""第 2 年经营"……的开始,提示教师对哪一年进行操作。在年初订货会后,点选当年的经营按键,确定该年经营的开始,点选后,在对贷款记录、采购记录、应收款记录、开发记录的操作时,界面右上方会出现表示第几年经营的红色数字标识,点选经营按键后的界面如图 6-30 所示,为 A 公司的第一年贷款经营记录表。

图 6-30 点选经营按键后的界面

2. 运行记录

运行记录由"贷款记录""采购记录""应收款记录""开发记录"4 个部分组成,用来记录企业模拟竞争过程中所产生的各项数据,以便授课教师随时查询,也保证了训练课程的准确性。

注意:各子记录表中的彩色区域为系统自动生成区,不允许用户录入数据。单击各子记录表屏幕左上角的返回按键即可返回监控表主界面。

(1) 监管操作前的准备。

① 录入初始年的贷款数。在各公司贷款单中,按图 6-31 箭头指向的位置,录入初始年的已贷长期贷款数量。

公司贷款记录

贷款类		1年				2年				3年				4年				5年				6年			
		1	2	3	4	1	2	3	4	1	2	3	4	1	2	3	4	1	2	3	4	1	2	3	4
短贷	借																								
	应还																								
	核销																								
已贷短贷																									
可贷短贷		120	120	120	120																				
高利贷	借																								
	应还																								
	核销																								
已贷高利贷																									
应还利息																									
初始年长贷		40																							
长贷	借																								
	应还									20				20											
	核销																								
已贷长贷		40																							
可贷长贷		80																							
应还长贷利息		4				4																			
上年权益		66																							

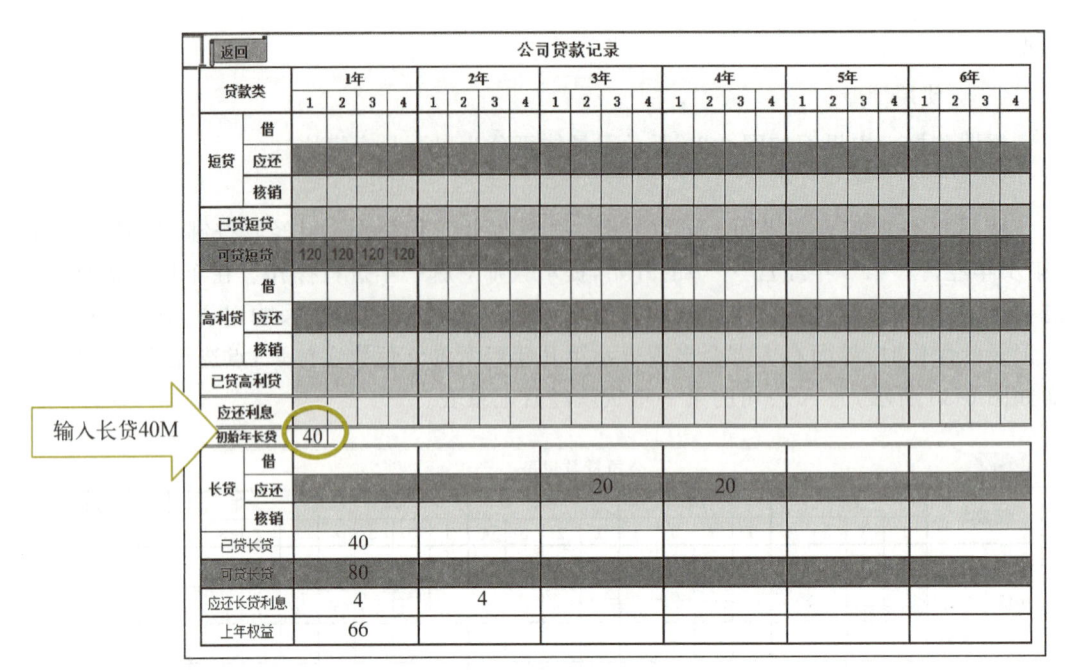

（输入长贷40M）

图 6-31 输入初始状态的已贷长期贷款

② 录入每年的权益数。在贷款表中的上年权益数来自于"统计查询"表中的权益统计。每年经营结束后,将各组的权益数,录入到统计表中的各年权益表内,如图 6-32 所示,即在各贷款表中的各年贷款栏中,看到上年的权益值,并以此列示可以贷款的额度。

各年支付利息统计

公司 年度	利息	贴现	利息	贴现	利息	贴现	利息	贴现	利息	贴现	利息	贴现	利息	贴现	利息	贴现
第一年			4		4		4		4		4		4		4	
第二年			4		4		4		4		4		4		4		
第三年																
第四年																
第五年																
第六年																

应收账款统计

年度																
第一年																
第二年																
第三年																
第四年																
第五年																
第六年																

各年权益登记(每年必须录入)

年度																
起始年	66	66	66	66	66	66	66	66	66	66	66					
第一年																
第二年																
第三年																
第四年																
第五年																

图 6-32 各年权益录入

(2) 贷款记录。

贷款是企业筹集资金的重要手段。贷款记录表用来记录各模拟企业的长、短期贷款和高利贷的额度、还款数目以及利息。以便授课教师记录和查看各模拟企业贷款的相关信息。

在监控表主界面上的"贷款记录"标题下共有 10 个按键,A—J 分别代表 10 个模拟经营的企业,现以 A 公司为例来说明贷款记录表的使用方法,其他企业数据录入方法与 A 公司相同。单击"A 贷款记录"按钮,进入 A 公司贷款记录界面,如图 6-33 所示。

贷款类		1年				2年				3年				4年				5年				6年			
		1	2	3	4	1	2	3	4	1	2	3	4	1	2	3	4	1	2	3	4	1	2	3	4
短贷	借		20																						
	应还						20																		
	核销		√																						
已贷短贷		20	20	20																					
可贷短贷		120	100	100	100																				
高利贷	借																								
	应还																								
	核销																								
已贷高利贷																									
应还利息							1																		
初始年长贷		40																							
长贷	借																								
	应还						20				20														
	核销																								
已贷长贷		40																							
可贷长贷		80																							
应还长贷利息		4				4																			
上年权益		66																							

图 6-33 A 公司贷款记录界面

从图 6-33 中可以看出,贷款类别分为短期贷款、高利贷和长期贷款,贷款项目有借、应还、核销、可贷、上年权益等项。下面从贷款限制额度,贷款金额的录入及还款,核销项的使用三个方面来说明:

① 在长、短期贷款类别中对贷款金额的限制是由上年权益来决定的,授课老师根据 A 公司的经营情况,将其实际权益录入上年权益表格,贷款限制金额则由系统自动生成,高利贷不受限制,可随时借入。

② 在要申请贷款的年份或季度及贷款项目的表格中录入 A 公司相应的贷款金额,系统会自动计算出需要还款的时间、金额和利息,并显示于相应的表格中,A 公司按时按数还款。

③ 核销是授课教师用来确定 A 公司还款完成的选项,A 公司按贷款金额还款时,单击对应还款的年季核销表格,其表格右下角即会出现一个倒三角,单击出现"√",点选它,以确定 A 公司此次还款行为的完成。如图 6-33 所示,录入上年权益后,系统自动计算出该年可贷款的金额,上年没有核销还款时,上年的贷款记入今年的贷款中,核销还款后,系统自动计

算该公司可以贷款和已经贷款的金额。

（3）采购记录。

采购是保证企业连续生产的重要环节，企业行为模拟 ERP 沙盘推演课程要求各虚拟企业按预先下好的订单领取原材料。采购记录表是用来记录各虚拟企业原料采购订单数据的表单，也是各企业按订购数目从供应商处领取原料的依据。

在监控表主界面上的“采购记录”标题下共有 10 个按键，A—J 分别代表 10 个模拟企业，现以 A 公司为例来说明采购记录表的使用，其他企业数据的录入方法与 A 公司相同。单击“A 原料采购记录”按钮，进入 A 公司原材料采购记录表界面，如图 6-34 所示。

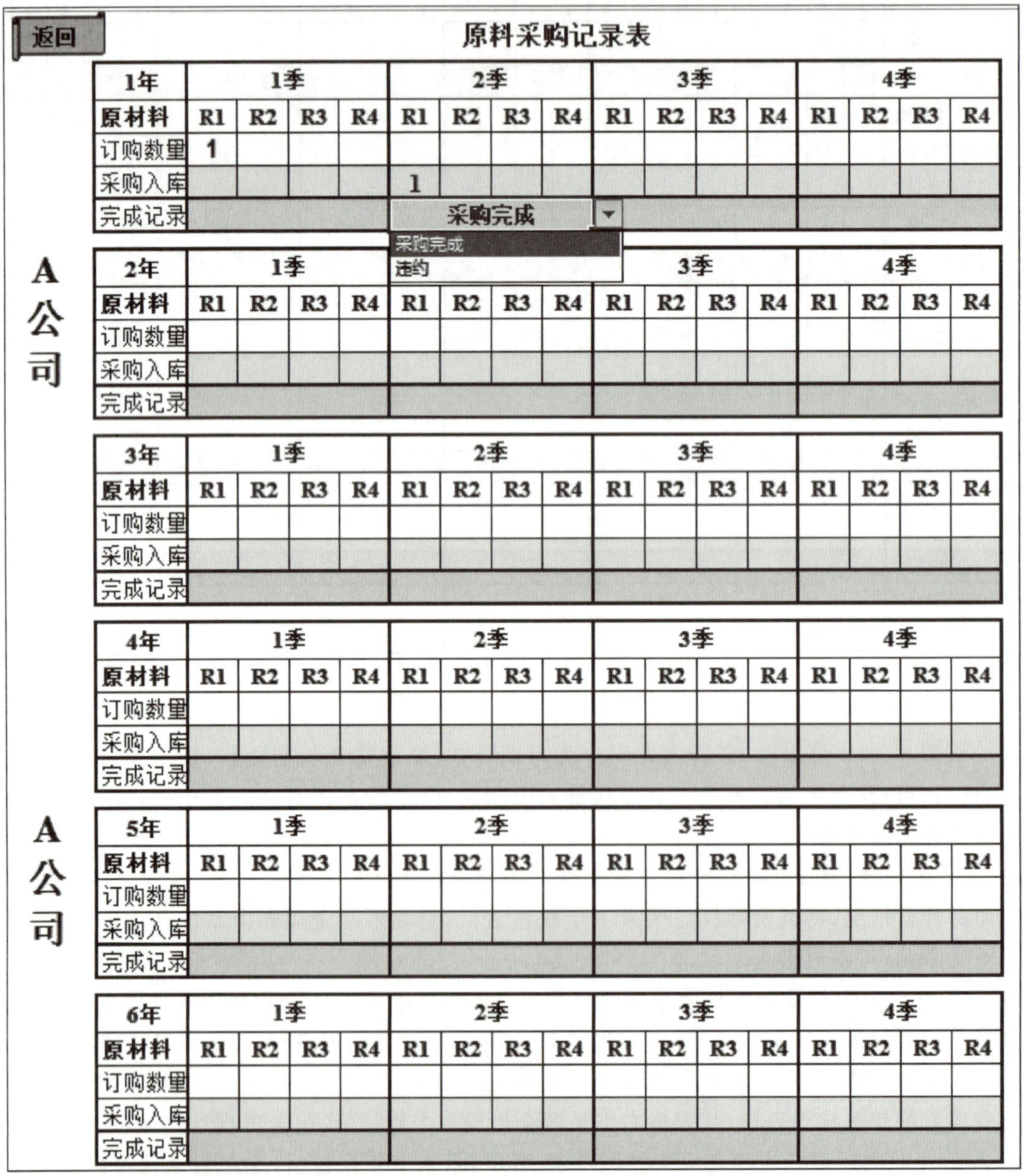

返回

原料采购记录表

A 公司

1年	1季				2季				3季				4季			
原材料	R1	R2	R3	R4	R1	R2	R3	R4	R1	R2	R3	R4	R1	R2	R3	R4
订购数量	1															
采购入库					1											
完成记录					采购完成（采购完成 / 违约）											

2年	1季				2季				3季				4季			
原材料	R1	R2	R3	R4	R1	R2	R3	R4	R1	R2	R3	R4	R1	R2	R3	R4
订购数量																
采购入库																
完成记录																

3年	1季				2季				3季				4季			
原材料	R1	R2	R3	R4	R1	R2	R3	R4	R1	R2	R3	R4	R1	R2	R3	R4
订购数量																
采购入库																
完成记录																

A 公司

4年	1季				2季				3季				4季			
原材料	R1	R2	R3	R4	R1	R2	R3	R4	R1	R2	R3	R4	R1	R2	R3	R4
订购数量																
采购入库																
完成记录																

5年	1季				2季				3季				4季			
原材料	R1	R2	R3	R4	R1	R2	R3	R4	R1	R2	R3	R4	R1	R2	R3	R4
订购数量																
采购入库																
完成记录																

6年	1季				2季				3季				4季			
原材料	R1	R2	R3	R4	R1	R2	R3	R4	R1	R2	R3	R4	R1	R2	R3	R4
订购数量																
采购入库																
完成记录																

图 6-34 A 公司原材料采购记录表

从图 6-34 中可以看出，采购记录表不同年份和季度记录表是相同的，现以第 1 年为例说明采购记录表的录入方法，其他年记录方法与第 1 年相同。

① 单击“订购数量”行中的对应年季的表格，录入该季度 A 公司对各原料的订购数量，系统会按照不同原料的运输期自动生成该原料的领货时间和数量，并显示于“采购入库”行的相应表格中。

② 对应“采购入库”行中各季度的原料数量，在该季度为 A 企业发放原材料，没有数字的表格所在的季度，不可以发放相应原料。

③ 单击“完成记录”行的相应表格，其右下角即会出现一个倒三角，单击出现“采购完成/违约”按钮，根据企业是否按订购数量领取原料，点选相应内容，完成 A 公司此季度的采购行为。

(4) 应收记录。

虚拟企业按订单交货后，收到的是不同账期的应收款，用应收记录表来记录各虚拟企业不同账期的应收款，可以准确地控制应收款的现金到账情况，有效避免有意舞弊和无意差错的发生。

在监控表主界面上的“应收款记录”标题下共有 10 个按键，A—J 分别代表 10 个虚拟经营的企业，现以 A 公司为例来说明应收记录表的使用，其他企业数据的录入方法与企业 A 相同。单击“A 应收款记录”按钮，进入 A 公司应收账款记录表界面，如图 6-35 所示。

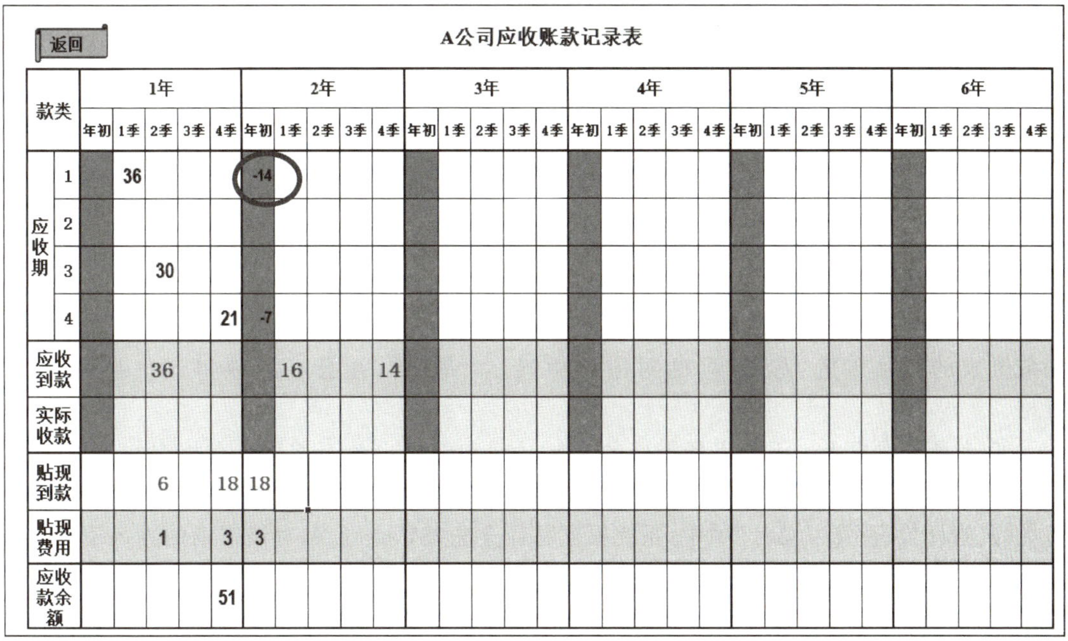
返回

A公司应收账款记录表

款类		1年					2年					3年					4年					5年					6年				
		年初	1季	2季	3季	4季	年初	1季	2季	3季	4季	年初	1季	2季	3季	4季	年初	1季	2季	3季	4季	年初	1季	2季	3季	4季	年初	1季	2季	3季	4季
应收期	1		36				-14																								
	2																														
	3			30																											
	4					21	-7																								
应收到款				36				16			14																				
实际收款																															
贴现到款				6		18	18																								
贴现费用				1		3	3																								
应收款余额						51																									

图 6-35 A 公司应收账款记录表界面

从图 6-35 中可以看出，应收款记录表有应收情况和贴现情况两部分内容，现分别说明如下。

① 应收情况。

根据 A 公司应收款的账期(应收款表格中的纵列数字即表示账期)和收到应收款的时

6

间,将数据录入应收款记录表的相应表格中,系统会自动生成该项应收款的现金入账时间和金额,并显示于"应收到款"行的相应表格中。

在应收款到期成为现金入账时,在对应的"实际收款"行表格中打"√",具体操作同贷款记录表中的核销项,并按照应收款金额付现金给该公司。

应收款余额由系统根据每年的应收款情况自动计算,表示该年应收款项还有多少没有能够成为现金入账。

② 贴现。

在年中贴现。若企业在运营年中需要贴现来筹资,将贴现金额添入相应季度的表格中,系统则会自动计算贴现费用,教师需修改要贴现企业的纸质应收款欠条,并修改应收款记录表中对应的数据,完成贴现。

在年初贴现。若企业在运营年年初需要贴现来筹资,则将贴现金额填入相应年年初的表格中,系统可以自动计算贴现费用,将对应贴现款在今年的到款账期录入该年年初的红色表格中,并在金额前加"—",系统自动计算该项应收款的剩余金额,如图 6-35 圆圈里内容,教师修改应贴现企业的纸质应收款欠条即可完成贴现。

(5) 开发记录。

虚拟企业对各产品的生产许可和各市场的准入资格都需要待相应的开发完成后才能实现,开发记录表用来记录各企业不同开发项目的完成情况,为授课教师了解各企业的开发进度提供了准确依据。

在监控表主界面上的"开发记录"标题下共有 10 个按键,A—J 分别代表 10 个模拟的企业,现以 A 公司为例来说明开发记录表的使用方法,其他企业数据的录入方法与企业 A 相同。单击"A 开发记录"按钮,进入 A 公司开发记录表界面,如图 6-36 所示。

从图 6-36 中可以看出,开发记录表分为产品开发登记表、市场开发投入登记表、ISO 认证投资三个部分,下面分别加以说明。

① 产品开发。不同产品都有其研发的期限和金额,将 A 公司对不同产品投入的开发费用录入相应的表格中,系统会自动计算出投资总额,显示在相应年份和产品的"总计/开发总计"项中,系统根据各个产品总计的投入金额确认该产品是否完成开发,并对完成开发的产品在其"完成"列的对应格中显示"完成",A 公司即获得该产品的生产资格。

② 市场开发投入。不同市场需要的开拓时间和费用也各不相同。在相应的表格中录入 A 公司各年投入到不同市场的开拓费用,系统会自动计算出投资总额,显示在相应年份和市场的"累计投资/开发总计"项中,系统根据总计金额确认企业 A 对该市场的准入资格,对开拓完成的市场在其相应的表格中显示"完成"。

③ ISO 认证投资。获得 ISO 认证可以在对产品要求较高的市场中获得更多取得订单的机会,ISO 认证投资子表各项操作同市场开拓。

3. 查询各公司开发状况

在年初参加订货会之前,授课教师需要确定各模拟企业对产品和市场以及 ISO 认证的开发情况,根据各模拟企业的开发完成情况决定产品生产和市场准入资格。开发状况查询表根据各企业的开发状况直观地为授课教师提供各企业的开发完成情况,是判断企业产品生产状况和市场准入资格的重要依据,也保证了 ERP 沙盘实训课程的准确性和公平性。

产品开发登记表

年度	1年	2年	3年	4年	5年	6年	总计	完成
P2	4	2					6	完成
P3	8	4					12	完成
P4		12	6				18	完成
开发总计	12	18	6					

市场开发投入登记表

A公司

年度	1年	2年	3年	4年	5年	6年	累计投资	完成
区域市场	1						1	完成
国内市场	1	1					2	完成
亚洲市场	1	1	1				3	完成
国际市场	1	1	1	1			4	完成
开发总计	4	3	2	1			10	

ISO认证投资

年度	1年	2年	3年	4年	5年	6年	累计投资	完成
ISO9000	1	1					2	完成
ISO14000	1	1	1				3	完成
开发总计	2	2	1				5	

图 6-36　A 公司开发记录表界面

从监控表主界面直接单击左上方的"各公司资质查询"彩色箭头，进入"各公司开发状况"界面，如图 6-37 所示。

从图 6-37 中可以看到，开发状况查询表有"产品开发资格""市场开发资格"和"ISO 认证资格"3 个子表组成。授课教师在开发状况查询表中不需要录入数据，系统会根据各虚拟企业对各产品和市场开发进度自动判断该企业对不同产品和市场的生产和准入资格，完成开发的产品和市场，相应的表格中即会显示"完成"，说明该企业已经对该产品、市场、ISO 认证拥有生产或准入资格。

产品开发资格

年度	A								
P2	完成								
P3	完成								
P4	完成								

市场开发资格

年度	A								
区域市场	完成								
国内市场	完成								
亚洲市场	完成								
国际市场	完成								

ISO认证资格

年度	A								
ISO9000	完成								
ISO14000	完成								

图 6-37 "各公司开发状况"界面

任务二　了解学生用工具

一、广告竞单表

广告竞单表如表 6-1 所示。

表 6-1　　　　　　　　广告竞单表

市场产品	本　地	区　域	国　内	亚　洲	国　际
P1					
P2					
P3					
P4					
9K					
14K					

填写广告竞单表的提示：

（1）未完成产品资格，企业可以投放广告；但要弄清楚当年要不要、能不能在该市场卖该产品。

（2）若希望获得对 ISO 认证有要求的订单，除须有相应的认证资格外，还要在对应的 ISO 栏中投入 1M 广告费；两个条件均具备，才能得到这张订单。

(3) 广告竞单表中的"9K"和"14K",分别指"ISO9000"和"ISO14000"认证;这两栏的广告投入对整个市场中的所有产品均有效。

二、市场预测分析表

实训过程中,教学指导教师可以要求学生结合市场预测分析表,利用柱形图、折线图和文字说明,用 Excel 软件去分析市场预测,学会用数据说话,进而真真正正地读懂市场预测,市场预测分析表如表 6-2 所示。

表 6-2　　　　　　　　　　市场预测分析表

手工沙盘市场预测分析表

年份	市场	P1(2M) 需求量	P1(2M) 价格	P1(2M) 毛利	P2(3M) 需求量	P2(3M) 价格	P2(3M) 毛利	P3(4M) 需求量	P3(4M) 价格	P3(4M) 毛利	P4(5M) 需求量	P4(5M) 价格	P4(5M) 毛利
第一年	本地												
第二年	本地												
	区域												
	合计												
第三年	本地												
	区域												
	国内												
	合计												
第四年	本地												
	区域												
	国内												
	亚洲												
	合计												
第五年	本地												
	区域												
	国内												
	亚洲												
	国际												
	合计												
第六年	本地												
	区域												
	国内												
	亚洲												
	国际												
	合计												

三、现金预算表

实训过程中,教学指导教师应指导学生如何使用现金预算表,尽量要求学生自己编制现金预算表,弄清楚现金预算表中现金流入项目和现金流出项目,手工沙盘现金预算表如表6-3所示。编制现金预算表旨在经营过程中防止现金短缺、断流等现象的发生,及时做好筹资准备,为各方面的规划做好坚强的资金后盾。

表6-3　　　　　　　　　手工沙盘现金预算表

每个季度	1	2	3	4
期初库存现金				
支付上年应交税费				
市场营销投入(广告费)				
折现费用(应收账款贴现费用)				
利息(短期贷款)				
支付到期短期贷款				
原料采购支付现金				
变更费用(转产费用)				
生产线投资				
工人工资				
产品研发投资				
收到现金前的所有支出				
应收款到期				
支付管理费用				
利息(长期贷款)				
支付到期长期贷款				
设备维护费用				
租金				
购买新建筑				
市场开拓投资				
ISO认证投资				
其他				
库存现金余额				

(一)预计各季度的现金流入项目

(1)主要来源:销售商品(产品)收到的现金。

(2)出售厂房、生产线收到的现金等。

(3)厂房贴现、应收账款贴现(备注:这些现金的原值应填到现金预算表"应收款到期"栏目处,贴现费用记入现金预算表中"折现费用"栏目处)。

(二)明确各期应支付的固定费用

(1)广告费。
(2)管理费用。
(3)设备维护费。
(4)厂房租金。
(5)贷款利息等。

这些费用基本上在年初就能定下来。

(三)根据产品开发或生产线投资规划,确定各期产品开发或生产线投资的现金流出

(四)制订生产计划及采购计划,确定企业在各期应投入的产品加工费及原材料采购支出

(五)判定现金短缺或盈余,及时筹集资金

现金短缺或盈余=(一)+(二)+(三)-(四)。

四、任务清单表

为了帮助受训者顺利开展模拟企业运营工作,这里提供了每一个年度的任务清单。ERP沙盘实训课程基本流程的任务清单如下:

每组中必须指定一人(一般为首席执行官)负责任务清单的核查,任务清单表如表6-4所示。

表6-4　　　　　　　任务清单表

每年年初:	请打钩			
准备好新的一年(新年度会议/制订新计划)	☐			
准备好与客户见面/登记销售订单	☐			
支付应付税(根据上年度结果)	☐			
每个季度:				
季初现金盘点	☐	☐	☐	☐
更新短期贷款/还本付息/申请短期贷款	☐	☐	☐	☐
更新应付款/归还应付款	☐	☐	☐	☐
原材料入库/更新原料订单	☐	☐	☐	☐
下原料订单	☐	☐	☐	☐
更新生产/完工入库	☐	☐	☐	☐
投资新生产线/变卖生产线/生产线转产	☐	☐	☐	☐
开始下一批生产	☐	☐	☐	☐
更新应收款/应收款收现	☐	☐	☐	☐
按订单交货	☐	☐	☐	☐
产品研发投资	☐	☐	☐	☐
支付行政管理费用	☐	☐	☐	☐

微课:任务清单和现金收支明细表介绍

续表

每年年末：				
更新长期贷款/支付利息/申请长期贷款				☐
支付设备维修费				☐
支付租金（或购买建筑）				☐
折旧				☐
新市场开拓投资/ISO资格认证投资				☐
期末现金对账	☐	☐	☐	☐
关账				☐

每一年的经营由每组首席执行官指挥，各岗位填写手工沙盘模拟企业经营流程表，有序地完成每一年的经营。各岗位需要各司其职、有条不紊，在经营流程表中填写自己负责的经营数据。首席执行官在经营流程表中打钩表示完成该项任务；财务总监记录现金流入流出的明细情况、费用发生、融资发生情况；采购总监记录原材料订货、出入库情况；生产总监记录生产线建设和变动情况，及在制品变化情况；营销总监记录生产资格、ISO认证、市场开发情况，产成品的出入库情况。每完成一项任务，须在对应的"☐"中打上钩。

五、现金收支明细表

由首席执行官带领团队成员在执行每一项经营任务时，如果涉及现金收付事项，财务主管负责现金收付，相应地在方格内登记现金收支情况，供财务人员记录每期的现金收入和支出情况，便于进行现金流量管理工作的开展。现金收支明细表如表6-5所示。

表6-5　　　　　　　　　　现金收支明细表

	1季	2季	3季	4季
新年度规划会议/制订新年度计划				
支付广告费（市场营销）				
支付上年应付税费				
季初现金盘点（请填余额）				
短期及贷款利息（高利贷）				
原料采购支付现金				
向其他企业购买/出售原材料				
向其他企业购买/出售成品				
变更费用（转产费用）				
生产线投资（－）/变卖生产线（＋）				
工人工资				
应收款到期（＋）/应收账款贴现				
出售厂房				

续 表

	1季	2季	3季	4季
产品研发投资				
支付行政管理费用				
更新(申请)长期贷款及支付利息				
支付生产线维护费				
支付厂房租金/购买新厂房				
计提生产线折旧				( )
市场开拓投资				
ISO认证投资				
其他现金收支情况登记				
现金收入总计				
现金支出总计				
净现金流量(NCF)				
期末现金对账(请填余额)				

六、应收账款单据

各公司根据应收款的账期和收到应收款的时间,把对应数据登记到应收款记录表的相应表格中;何时收到多少金额、何时贴现、贴多少金额、贴现费用等均可以登记到如表6-6所示的应收款登记表中,方便财务总监编制财务预算。

表6-6　　　　　　　　　　应收款登记表

公司	款类		第　年				第　年			
			1	2	3	4	1	2	3	4
	应收账期	1								
		2								
		3								
		4								
	到款										
	贴现										
	贴现费用										

在各企业按订单交货时,若不能直接收到现金,需要填写的应收账款单据,被称为应收账款欠条,由指导教师指导填写并审核无误后,由各公司带回放置在应收款区域。空白的应收款欠条如图6-38所示。如:第2年第2季度按订单交货,总金额32M,3季度后才能收到货款,那么填写完整的应收款欠条如图6-39所示。

```
┌─────────────────────┐        ┌─────────────────────┐
│ 第（ ）年第（ ）季度 │        │ 第（2）年第（2）季  │
│ （ ）账期应收账款，  │        │ 度（3）账期应收账款，│
│ 共（ ）M，于第（ ）年│        │ 共（32）M，于第（3）│
│ 第（ ）季度收现。    │        │ 年第（1）季度收现。 │
└─────────────────────┘        └─────────────────────┘
```

图 6-38　空白的应收款欠条　　　图 6-39　填写完整的应收款欠条

七、公司贷款申请表

公司贷款申请表如表 6-7 所示。该表可以帮助该公司理清公司的借款时间、借款金额，是长期贷款还是短期贷款。表 6-7 应结合图 6-40 来使用。

表 6-7　　　　　　　　　　　公司贷款申请表

贷款类		第1年				第2年				第3年			
		1	2	3	4	1	2	3	4	1	2	3	4
短期贷款	借												
	还												
高利贷	借												
	还												
短期贷款余额													
长期贷款	借												
	还												
长期贷款余额													
上年权益													

如果第 1 年末某公司贷 5 年期 20M 长期贷款，第 2 年第 1 季度贷 20M 短期贷款，则公司财务应分别填写一张长期、短期贷款单据给指导教师，内容完整的长期、短期贷款格式如图 6-41 所示。

```
┌──────────────┬──────────────┐    ┌──────────────┬──────────────┐
│ 长期贷款格式 │ 短期贷款格式 │    │ 长期贷款格式 │ 短期贷款格式 │
│ 第_年贷长贷  │ 第_年第_Q    │    │ 第1年贷长贷  │ 第1年第1Q    │
│ 贷_年贷_M    │ 贷短贷_M     │    │ 贷5年贷20M   │ 贷短贷 20M   │
│ 第_年末还本  │ 第_年第_Q    │    │ 第6年末还本  │ 第2年第1Q    │
│              │ 还_M。       │    │              │ 还21M。      │
└──────────────┴──────────────┘    └──────────────┴──────────────┘
```

图 6-40　长期、短期贷款格式　　　图 6-41　内容完整的长期、短期贷款格式

八、生产设备生产状态记录表

公司生产及设备状态记录表，如表 6-8 所示。

表6-8　　　　　　　　　　　公司生产及设备状态记录表

生产线编号		1	2	3	4	………
产出情况		产出(P　)	产出(P　)	产出(P　)	产出(P　)	产出(P　)
1季度末	生产线	手/半/自/柔	手/半/自/柔	手/半/自/柔	手/半/自/柔	手/半/自/柔
		在产：P / Q	在产：P / Q	在产：P / Q	在产：P / Q	在产：P / Q
		在建(　Q)	在建(　Q)	在建(　Q)	在建(　Q)	在建(　Q)
		转产(　Q)	转产(　Q)	转产(　Q)	转产(　Q)	转产(　Q)
产出情况		产出(P　)	产出(P　)	产出(P　)	产出(P　)	产出(P　)
2季度末	生产线	手/半/自/柔	手/半/自/柔	手/半/自/柔	手/半/自/柔	手/半/自/柔
		在产：P / Q	在产：P / Q	在产：P / Q	在产：P / Q	在产：P / Q
		在建(　Q)	在建(　Q)	在建(　Q)	在建(　Q)	在建(　Q)
		转产(　Q)	转产(　Q)	转产(　Q)	转产(　Q)	转产(　Q)
产出情况		产出(P　)	产出(P　)	产出(P　)	产出(P　)	产出(P　)
3季度末	生产线	手/半/自/柔	手/半/自/柔	手/半/自/柔	手/半/自/柔	手/半/自/柔
		在产：P / Q	在产：P / Q	在产：P / Q	在产：P / Q	在产：P / Q
		在建(　Q)	在建(　Q)	在建(　Q)	在建(　Q)	在建(　Q)
		转产(　Q)	转产(　Q)	转产(　Q)	转产(　Q)	转产(　Q)
产出情况		产出(P　)	产出(P　)	产出(P　)	产出(P　)	产出(P　)
4季度末	生产线	手/半/自/柔	手/半/自/柔	手/半/自/柔	手/半/自/柔	手/半/自/柔
		在产：P / Q	在产：P / Q	在产：P / Q	在产：P / Q	在产：P / Q
		在建(　Q)	在建(　Q)	在建(　Q)	在建(　Q)	在建(　Q)
		转产(　Q)	转产(　Q)	转产(　Q)	转产(　Q)	转产(　Q)
产能合计			P1(　)个		P2(　)个	

通过填写表6-8，我们可以弄清楚各条生产线的生产状况，也可以理清该企业在各时间段的产能水平，方便下材料订单、选取销售订单。

九、采购及材料付款计划

公司采购及材料付款计划如表6-9所示。

表6-9是用来记录各企业原料采购订单数据的表单，也是各企业按订购数目从供应商处领取原料并支付货款的依据。该表应由指导教师监督各公司采购总监认真填写。

表 6-9　　　　　　　　　　　公司采购及材料付款计划

第1年	1季				2季				3季				4季			
原材料	R1	R2	R3	R4	R1	R2	R3	R4	R1	R2	R3	R4	R1	R2	R3	R4
订购数量																
采购入库																
订购数量																
采购入库																

项目小结

本项目旨在介绍顺利开展企业行为模拟手工沙盘推演过程而需准备的具体工具,详细地介绍了教师教学过程中使用的标准教学分析工具和监控工具的用法,归纳了受训者在实训过程中所需要的各种辅助表格和单据,填制表单应当一丝不苟,所填内容应当实事求是,诚信竞争,诚信经营。

问题与思考

1. 如何填写应收款欠条?
2. 公司借入长期贷款时,应当如何填写长期贷款单据?
3. 如何登记现金收支明细表?需要注意哪些事项?
4. 如何编制现金预算表?
5. 如何登记各生产线的生产状态?
6. 如何结合生产情况,填写原材料采购计划表?

素养提升

现代质量管理的先驱,美国统计学家、质量管理理论家威·格拉德斯通曾说过:"技术教育是手工劳动的升华,它能把手工劳动的效率提高到最高程度。"在模拟企业经营的过程中运用推演工具,可以帮助我们提高运营效率。在未来的学习和工作中,我们也要培养善于分析、勤于思考的学习习惯,善用工具分析解决经营过程中的各种问题。用先进的技术和工具来提高工作效率,拓展视野和思维,帮助我们更好地把握新的机遇和挑战,不断提升自己的竞争力和创造力,以适应快速变化的社会和市场需求。

项目七　企业行为模拟电子沙盘推演

> **沙盘论道**
>
> 登高而招,臂非加长也,而见者远;顺风而呼,声非加疾也,而闻者彰。假舆马者,非利足也,而致千里;假舟楫者,非能水也,而绝江河。君子生非异也,善假于物也。
>
> 1. 结合以上内容,谈一谈对于量变—质变关系的看法。
> 2. 结合自己的看法,谈一谈技术进步对传统业务的影响。
> 3. 技术在进步,方式在革新,请思考有什么发生了变化,又有什么不会改变?
> 4. 结合以上所思所想,谈一谈对于手工沙盘和电子沙盘的联系与区别的看法。

◇ **项目综述**

企业行为模拟手工沙盘推演过程侧重于对企业的综合认知,容易出现教师工作量大,不能及时监控受训者的经营情况、参与课程人数受时空限制等问题。为了解决以上问题,企业行为模拟电子沙盘,采用了用友公司资深专家和高校教师联合开发的最新企业经营模拟软件——"新创业者"电子沙盘,将教师从选单、报表录入、监控中解放出来。本项目主要借助于"新创业者"电子沙盘这个平台,侧重于企业经营本质的分析,让受训者对企业运营有更深刻的认识,体会企业经营的艰辛,学会解决问题的思路和方法。

◇ **学习目标**

1. 了解用友"新创业者"电子沙盘,搞清电子沙盘与手工沙盘的关系;
2. 安排企业行为模拟电子沙盘推演的教学准备;
3. 掌握企业行为模拟电子沙盘的推演规则;
4. 学习"新创业者"电子沙盘学生端的操作说明;
5. 熟悉企业行为模拟电子沙盘的推演流程。

◇ **重点难点**

1. 灵活运用企业行为模拟电子沙盘推演规则;
2. 熟练操作"新创业者"电子沙盘学生端;
3. 掌握企业行为模拟电子沙盘推演流程。

任务一　了解用友"新创业者"电子沙盘

在企业行为模拟电子沙盘推演过程中,班级学生分组组建公司,承担不同的角色,在一周的时间内模拟6个年度的企业经营活动。除了"定策略""改方案""走流程",我们还要进行报表处理等工作,让各组学生更加清晰地明白一个企业的生产经营中的现金流、物流、信息流互相影响、互相促进的关系,进而做出各种经营决策。

一、企业行为模拟电子沙盘推演的实训平台

企业行为模拟电子沙盘推演的实训平台为用友"新创业者"企业模拟经营系统。企业行为模拟电子沙盘推演实训通过"新创业者"企业模拟经营系统,全真模拟企业市场竞争及经营过程,让受训各组面对共同的市场进行竞争。受训者身临其境,真实地感受市场氛围,既可以全面地掌握经管知识,又可以树立团队精神,培养责任意识,对传统课堂教学及案例教学而言,这既是有益补充,又是一次革命。

"新创业者"电子沙盘首创基于流程的互动经营模式。系统与实物沙盘完美结合,继承了ERP手工沙盘直观形象的特点,同时实现了选单、经营过程、报表生成、赛后分析的全自动化操作,将教师彻底从选单、报表录入、监控等简单劳动中解放出来,使大家将重点放在企业经营的本质分析之上。

二、电子沙盘和手工沙盘的关系

手工沙盘经营侧重于培养学生对企业的综合认知,在这一训练过程中,存在3个不可回避的问题:

(1)企业经营监控不力。在企业运营的各个环节,如营销环节、运营环节、财务环节存在有意或无意的疏漏和舞弊,控制成本巨大。

(2)受时空限制,参与课程的人数有限。

(3)教师工作量大,不能对数据加以精细化管理,管理工具和方法的综合应用也难以实现。

电子沙盘的经营规则和手工沙盘基本一样,但是也有若干区别,区别如下:

(1)电子沙盘的流程控制更严格,不允许参与者任意改变经营流程顺序,特别是对经营难度有影响的顺序,如企业必须先还旧债再借新债。

(2)某些工作在手工沙盘上需要手工完成,电子沙盘中由系统自动完成,如产品下线、更新贷款、管理费扣除重。

(3)某些信息在电子沙盘中被隐蔽,要求经营者进行更好的记录,如应收、贷款信息。

(4)系统对各任务的操作次数有严格规定,某些可以多次操作,某些只能一季操作一次。

任务二　企业行为模拟电子沙盘推演的准备工作

一、经营前准备

(一) 学生

(1) 角色到位，包括总经理、财务总监、生产总监、营销总监和采购总监。
(2) 每组一张盘面，代表一家虚拟企业。
(3) 每组灰币60W，代表创业资金。
(4) 每组至少联网计算机一台，输入经营决策。
(5) 经营流程表、会计报表、预算表、产品核算统计表若干。

(二) 管理员(教师)

(1) 服务器、网络连接、投影仪到位。
(2) 银行、客户、原材料供应商等辅助角色到位，若人员不够，银行、客户、原料供应商也可省略，采用自助式交易。

二、系统准备

(一) 打开网络浏览器

打开网络浏览器，键入地址 http://服务器IP/manage，输入默认系统超级管理员的账号及密码(均为admin，使用时务必修改密码)。

(二) 确定分组方案

"新创业者"企业模拟经营系统支持6～18支队伍同时经营，管理员可根据分组情况选择，双击"数据初始化"，选择分组方案，并为各队命名为U01、U02、U03……初始状态设为"新用户"，经营时间设为"第1年第1季"。

(三) 设置系统参数

用户可以根据训练需要，修改经营参数，也可以接受默认值，若需修改，可双击"系统参数"按钮，修改相应参数并确认，"系统参数"界面如图7-1所示。

注：
(1) 本实训引用规则及参数均为系统默认值。
(2) 经营初始状态只有现金，即各企业的创业资金。
(3) 经营过程中，我们可以修改系统参数，随时生效(初始资金除外)。
(4) 先确定分组方案，再修改系统参数，修改方有效。
(5) 进行以上操作时，学生端不可进入系统。

(四) 添加运行管理员

运行管理员负责查看企业资源状态、发布公共信息、订单管理等日常事务，我们双击"管理员列表"，可以添加新管理员(一般为教师的名字)，输入运行管理员账号、密码。

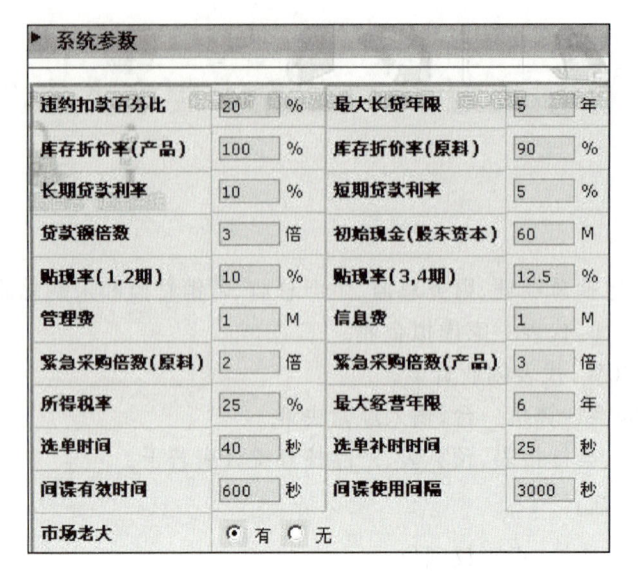

图 7-1 "系统参数"界面

(五) 登录教师端

登录教师端,以运行管理员身份登录教师端系统。

三、模拟企业登录注册

(一) 登录学生端

各队系统操作人员登录学生端(前台),输入:http://服务器 IP/Member/Login.asp(或者直接输入 IP),以管理员为其分配的队名(U01、U02、U03 等)和初始密码(均为"1")登录系统。

(二) 用户登记

用户首次进入系统需要修改密码,填写公司名称、宣言及各角色姓名,这些项目均必须填写。

任务三 掌握企业行为模拟电子沙盘推演的重要经营规则

规则的学习过程是比较枯燥的,但却是必需的。只有懂得规则,我们才能游刃有余;只有认真对待,我们才能有所收获;只有积极参与,我们才能分享成就。

一、市场业务规则

(一) 市场准入规则

在电子沙盘中,本地市场也是需要由企业进行开发的,各市场也可以同时开发,中途停止开发或使用，也可继续开发或在以后年份使用。市场资格无须维护费，一经开发，永久使用。市场开发费用及时间如表 7-1 所示。

表 7-1　　　　　　　　　　　市场开发费用及时间

市　场	开发费	时　间	注　释
本　地	1W/年	1	开发费用按开发时间在年末平均支付，不允许加速投资； 市场开发完成后，领取相应的市场准入证
区　域	1W/年	1	
国　内	1W/年	2	
亚　洲	1W/年	3	
国　际	1W/年	4	

（二）ISO 资格认证规则

随着竞争的加剧，客户对产品的质量以及环保的要求越来越强烈，企业是否具备 ISO9000 质量认证及 ISO14000 环境认证都是选单的重要影响条件。各认证的开发可以同时进行，中途停止开发或使用，也可继续开发或在以后年份使用。国际认证资格无须维护费，一经开发，永久使用。ISO 资格认证投入时间及费用如表 7-2 所示。

表 7-2　　　　　　　　　ISO 资格认证投入时间及费用

认　证	ISO9000	ISO14000	注　释
时　间	2 年	2 年	平均支付，认证完成后可以领取相应的 ISO 资格证； 可中断投资
费　用	1W/年	2W/年	

（三）订单信息

客户的需求以订单的形式表示，订单上标注了订单编号、总价、数量、交货期、账期及 ISO 资格认证的要求。如果订单对 ISO 资格认证有要求，则会出现"9K"和"14K"标识，如图 7-2 所示；反之，在 ISO 位置不会出现"9K"和"14K"标识，如图 7-3 所示。

订单必须在规定季交货或提前交货（交单可提前，不可推后），违约收回订单会扣除该张订单销售总额的 20%（向下取整数）作为违约金，应收账期应从实际交货季起算。

（四）选单规则

广告费有两个作用：一是获得拿取订单的机会；二是判断选单顺序。投入 1W 产品广告费，可以获得一个拿取订单的机会（不投产品广告，就没有选单机会），一个机会允许取得一张订单；如果要获得更多的拿单机会，每增加一个机会就需要多投入 2W 产品广告，比如，投入 3W 产品广告表示有两次获得订单的机会，投入 5W 产品广告则表示有三次获得订单的机会，以此类推。

1. 选取订单的顺序

（1）"老大"（上年销售额最高者且在该市场无违约发生）有优先选单权（注意，若有若干企业上年销售额并列第一，则"老大"随机选取或可能不存在）。

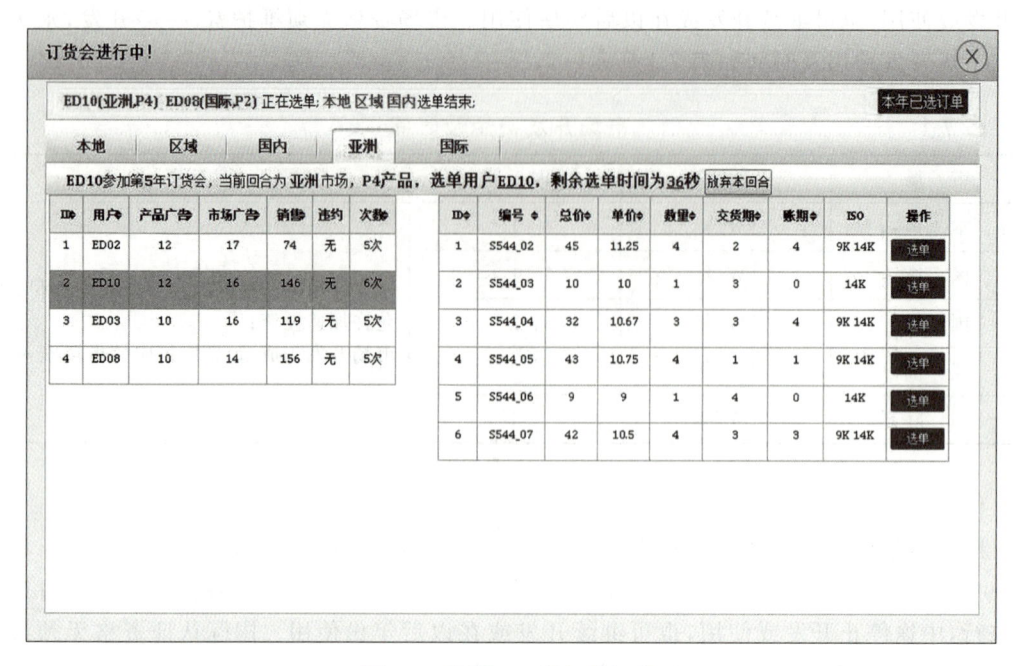

图 7-2　需要 ISO 认证的订单

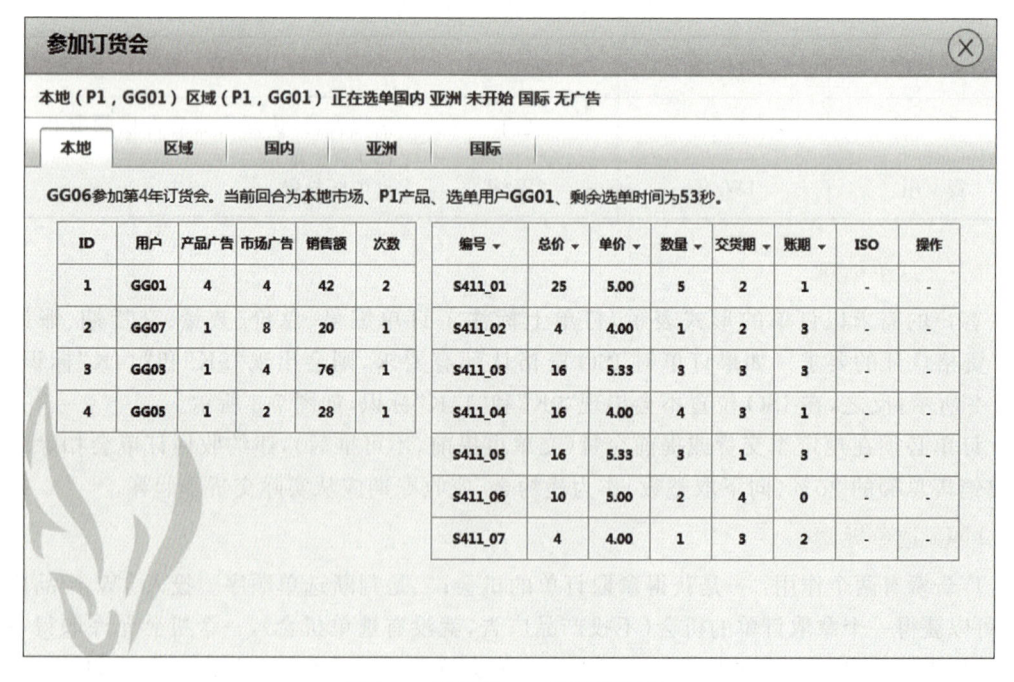

图 7-3　不需要 ISO 认证的订单

（2）其次以本市场本产品广告额投放大小顺序依次选单。
（3）如果两企业同市场同产品的广告额相同,则依本市场广告投放总额判定顺序。
（4）如果本市场广告投放总额也相同,则依上年市场销售排名判定顺序。
（5）若仍无法决定,则由系统自动抽签(先投广告者先选单)。

2. 选单的注意事项

（1）第 1 年无订单。必须在倒计时大于 10 秒时选单，出现确认框，要在 3 秒内按下"确认"按钮，否则可能造成选单失效。

（2）在某细分市场（如本地、P1）有多次选单机会，放弃一次，视同放弃该细分市场的所有选单机会。

二、生产运营规则

（一）厂房规则

厂房是企业放置生产线的地方，厂房已满，则系统不允许购置生产线。厂房租入后，一年后可做"租转买""退租"等处理，续租系统自动处理。厂房购买、租赁和出售规则如表 7-3 所示。

表 7-3　　　　　　　　　厂房购买、租赁和出售规则

厂房	买价/W	年租金/W	售价/W	容量/条	补充说明
大	40	5	40	6	厂房出售得到 4 个账期的应收款，紧急情况下可厂房贴现，直接得到现金；如厂房中有生产线，同时要扣租金
小	30	3	30	4	

（二）生产线规则

同手工沙盘一样，可供企业选择的生产线有手工线、半自动线、全自动线和柔性线 4 种，但是规则与手工沙盘有所不同，相关信息如表 7-4 所示。

表 7-4　　　　生产线购置、安装、生产、转产、维修和残值情况

生产线	购置费/W	安装周期/Q	生产周期/Q	总转产费/W	转产周期/Q	年维修费	残值/W
手工线	5	0	3	0	0	0W	1
半自动线	10	2	2	1	1	1W	2
全自动线	15	3	1	2	1	2W	3
柔性线	20	4	1	0	0	3W	4

（1）不论何时出售生产线，企业均应从生产线净值中取出相当于残值的部分计入现金，净值与残值之差计入损失。

（2）不允许各用户之间相互购买生产线。

（3）只有空的并且已经建成的生产线方可转产。

（4）企业应就当年建成的生产线交纳维修费。

（5）最后一期投资到位后，一条生产线必须到下一季度才算安装完成，允许投入使用。

（6）投资生产线的支付不一定连续，企业可以在投资过程中中断投资，也可以在中断投资之后的任何季度继续投资。

（三）产品研发规则

生产某种产品，企业先要获得该产品的生产许可证。若想获得生产许可证，则必须完成产品研发。P1、P2、P3、P4 产品在研发后方可取得生产许可。研发费用需要分期投入。产品研发规则如表 7-5 所示。

表 7-5　　　　　　　　　　　　产品研发规则

名称	季度开发费用/W	开发周期/Q	加工费/W	直接成本/W	产品组成
P1	1	2	1W	2	R1
P2	1	4	1W	3	R2＋R3
P3	1	6	1W	4	R1＋R3＋R4
P4	2	6	1W	5	R2＋R3＋2R4

（1）产品研发可以中断或终止，但不允许超前或集中投入。
（2）已投资的研发费不能回收。
（3）如果开发没有完成，系统不允许企业开工生产。

（四）原料设置

采购原材料需经过"下原料订单"和"采购入库"两个步骤，这两个步骤之间的时间差称为订单提前期，各原材料的购买价格与提前期如表 7-6 所示。
（1）没有下订单的原材料不能采购入库。
（2）所有下订单的原材料到期必须采购入库。

表 7-6　　　　　　　　　　　原材料的购买价格与提前期

名　称	单位购买价格/W	提前期/Q
R1	1	1
R2	1	1
R3	1	2
R4	1	2

（3）原材料采购入库时，企业必须支付现金。

三、财务业务规则

（一）折旧规则

每条生产线单独计提折旧，折旧采用平均年限法，折旧年限为 4 年。完成规定年份的折旧后，该生产线不再提折旧，剩余的残值可以保留，直到该生产线变卖为止。当年新建成的生产线不提折旧。在系统中，生产线折旧在年末自动处理。

当年建成生产线不计提折旧，当净值等于残值时，生产线不再计提折旧，但可以继续使用。生产线折旧规则如表 7-7 所示。

表 7-7　　　　　　　　　　　生产线折旧规则　　　　　　　　　　单位：M

生产线	购置费	残值	建成第1年	建成第2年	建成第3年	建成第4年	建成第5年
手工线	5	1	0	1	1	1	1
半自动	10	2	0	2	2	2	2
自动线	15	3	0	3	3	3	3
柔性线	20	4	0	4	4	4	4

（二）融资规则

电子沙盘中的融资额度不同于手工沙盘，贷款时间也有所不同，不同融资方式的具体规则如表 7-8 所示。

表 7-8　　　　　　　　　　不同融资方式的具体规则

贷款类型	贷款时间	贷款额度	年息	还款方式
长期贷款	每年年初	所有长期贷款和短期贷款之和不能超过上年权益的3倍	10%	年初付息，到期还本，10的倍数
短期贷款	每季度年初		5%	到期一次还本付息，20的倍数
资金贴现	任何时间	视应收款额	1/8(3季,4季) 1/10(1季,2季)	变现时贴息；可对1、2季应收账款联合进行贴现（3、4季同理）
库存拍卖	原材料8折，成品原价			

（1）长期贷款每年必须归还利息，到期还本，本利双清后，如果还有额度，才允许重新申请贷款，也就是说，企业在有贷款需要归还，同时还拥有贷款额度时，必须先归还到期的贷款，才能申请新贷款。不能以新贷还旧贷（续贷），短期贷款也按本规定执行。

（2）结束年时，企业可以不归还没有到期的各类贷款。

（3）长期贷款的最大年限为 5 年。

（4）所有的贷款不允许提前还款。

（5）企业间不允许私自融资，企业只可以向银行贷款，银行不提供高利贷。

（三）所得税费

企业只计算所得税，纳税的标准为，弥补完以前年度的亏损总和后，再按盈余利润的 25% 提取税金。

（四）特殊费用

库存折价拍卖、生产线变卖、紧急采购、订单违约、增减资（增资计损失为负）应计入损失。

四、其他业务规则

（一）紧急采购

付款即到货，原材料价格为直接成本的 2 倍；成品价格为直接成本的 3 倍。

紧急采购原材料和产品时,直接扣除现金。上报报表时,成本仍然按照标准成本记录,紧急采购多付出的成本计入费用表的损失项。

(二)取整规则

(1) 违约金扣除:四舍五入。
(2) 库存拍卖所得现金:向下取整。
(3) 贴现费用:向上取整。
(4) 扣税:四舍五入。
(5) 长短贷利息:四舍五入。

(三)破产处理

(1) 当经营企业的现金流断裂或权益为负时,企业破产。
(2) 破产企业由教师视情况适当增资后继续经营,不得参加有效排名。
(3) 为了确保破产企业不致过多从而影响其他企业的正常进行,限制破产企业每年投放的广告总数不能超过 6W。

微课:电子沙盘和手工沙盘规则区别——取整规则

任务四 读懂电子沙盘的市场预测

这是由一家权威的市场调研机构对未来六年里各个市场的需求量进行的预测,有着很高的可信度。需要注意的是:企业根据这一预测进行经营运作,后果自行承担。

在"新创业者"电子沙盘中,实际选单从第 2 年开始,市场预测表中第 1 年需求量及价格数据仅仅起占位作用,不具有有效的预测效力。

一、分析本地市场预测

6 组电子沙盘本地市场预测如图 7-4 所示。

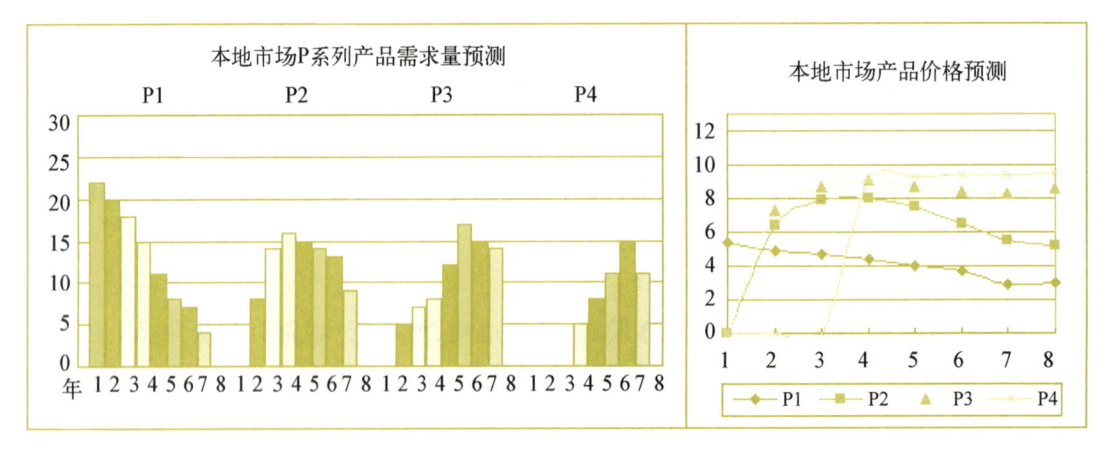

图 7-4 6 组电子沙盘本地市场预测

本地市场将会持续发展,对低端产品的需求可能会发生下滑,伴随着需求的减少,低端产品的价格很有可能走低。在之后的几年中,随着高端产品的成熟,市场对 P3、P4 产品的需求将会逐渐增大。客户的质量意识不断提高,后几年可能对产品的 ISO9000 认证和 ISO14000 认证有更多的需求。

二、分析区域市场预测

6 组电子沙盘区域市场预测如图 7-5 所示。

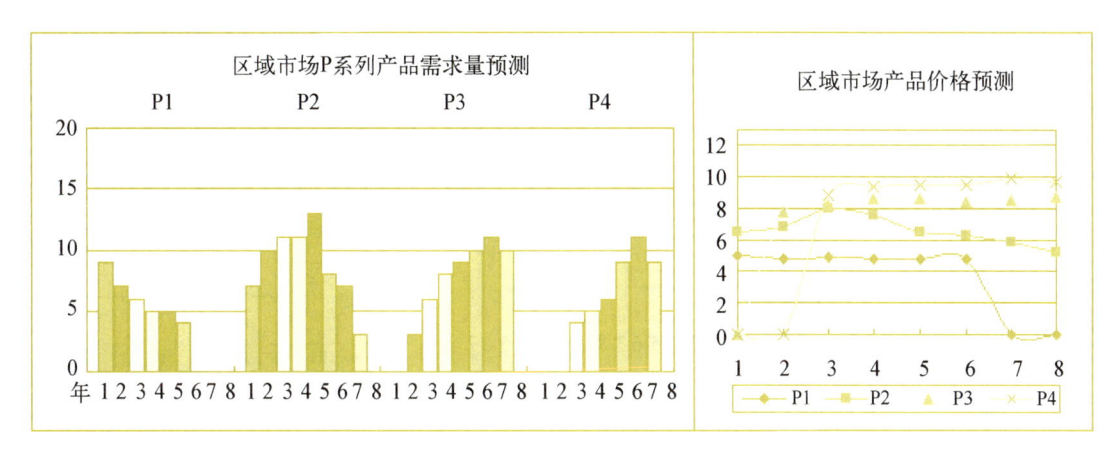

图 7-5 6 组电子沙盘区域市场预测

区域市场的客户相对稳定,对 P 系列产品的需求变化比较平稳。因为紧邻本地市场,所以产品需求量的走势可能与本地市场相似,价格趋势也大致一样。该市场容量有限,对高端产品的需求也可能相对较小,但客户会对产品的 ISO9000 认证和 ISO14000 认证有更多的要求。

三、分析国内市场预测

6 组电子沙盘国内市场预测如图 7-6 所示。

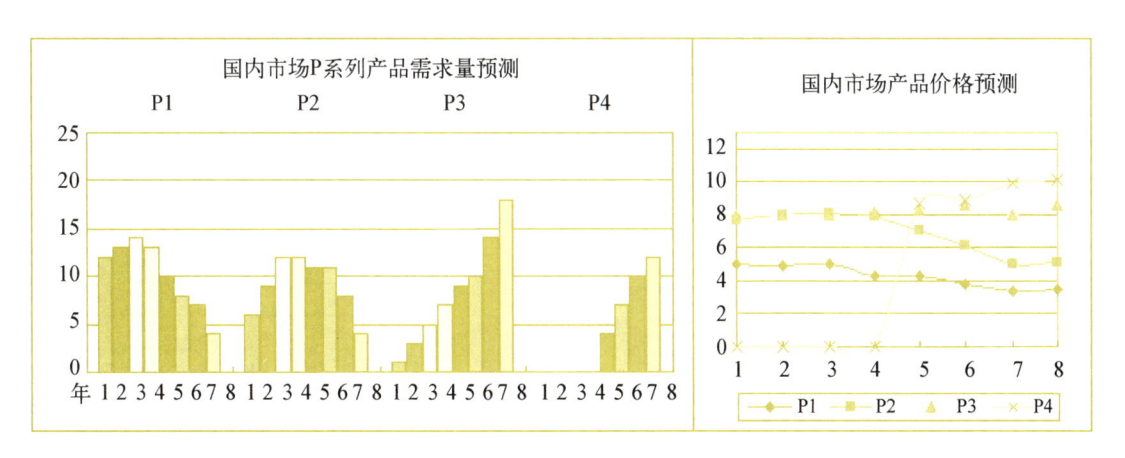

图 7-6 6 组电子沙盘国内市场预测

因 P1 产品地域特征较鲜明,估计国内市场对 P1 产品不会有持久的需求。P2 产品因更适合于国内市场,需求一直比较平稳。随着对 P 系列产品的逐渐认同,估计对 P3 产品的需求会发展较快,但对 P4 产品的需求就不一定像 P3 产品那样旺盛了。当然,对高价值的产品来说，客户一定会更注重产品的质量认证。

四、分析亚洲市场预测

6 组电子沙盘亚洲市场预测如图 7-7 所示。

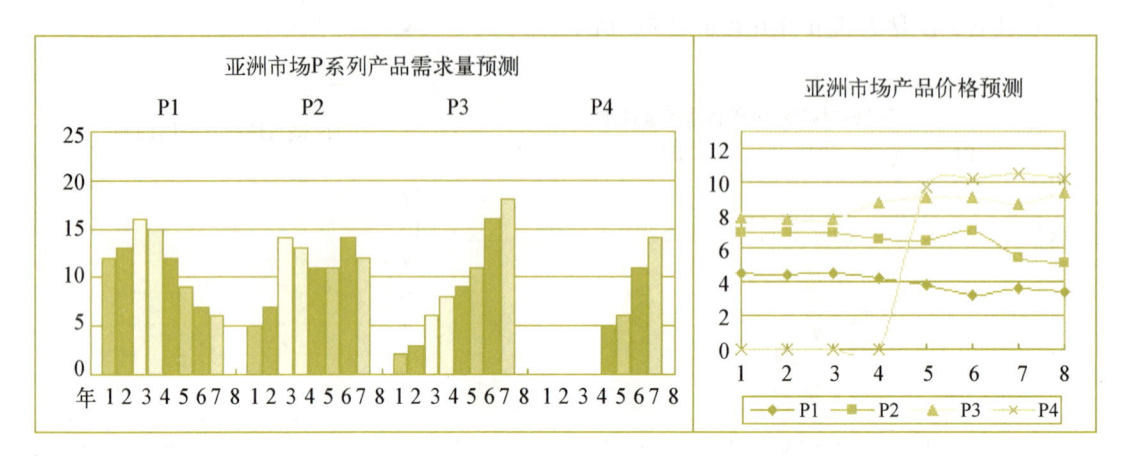

图 7-7 6 组电子沙盘亚洲市场预测

这个市场一向波动较大，对 P1 产品的需求可能有较大起伏，估计 P2 产品的需求走势与 P1 相似。该市场对新产品很敏感，因此，对 P3、P4 产品的需求会较快发展，其价格也可能居高不下。另外，这个市场的消费者很看重产品的质量，故没有 ISO9000 认证和 ISO14000 认证的产品可能很难销售。

五、分析国际市场预测

6 组电子沙盘国际市场预测如图 7-8 所示。

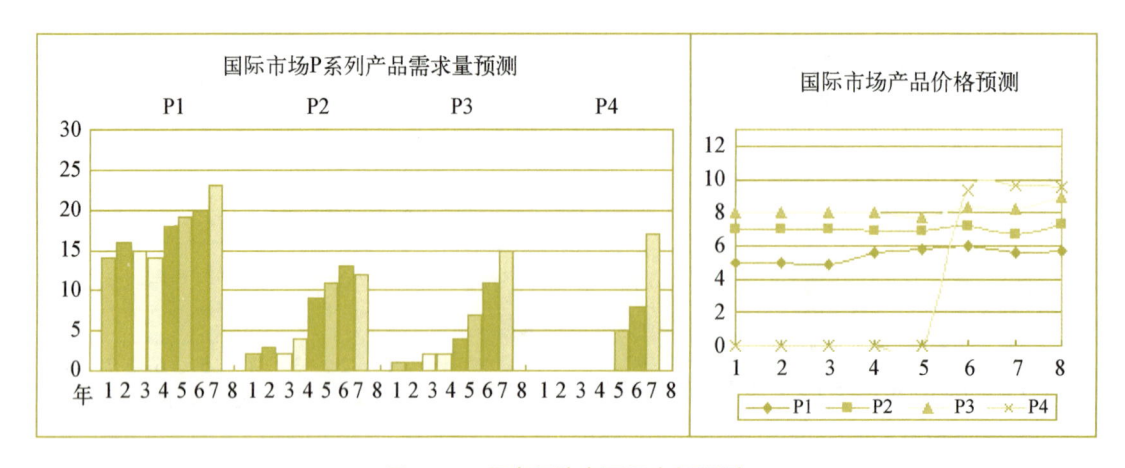

图 7-8 6 组电子沙盘国际市场预测

P 系列产品可能需要一个较长的时期方可进入国际市场。有迹象表明，人们对 P1 产品已经有所认同，但还需要一段时间才能被大范围接受。同理，对 P2、P3 和 P4 产品也会很谨慎地接受。需求发展较慢。当然，国际市场的客户也会关注具有 ISO 认证的产品。

任务五　学习用友"新创业者"企业模拟经营系统学生端的操作

有过企业行为模拟ERP手工沙盘推演企业经营经历的受训者,都希望再有机会展现自我,他们会希望将已经感受到的经验在未来的经营中加以应用,已经认识到的问题在新一轮的实践中加以克服。"新创业者"电子沙盘就给了受训者一次新的机会,电子沙盘彻底弥补了时间不可倒流的难题,即所有的运作环节一经执行,便不能悔改。这样就迫使受训者们像真正经营企业一样负责任地做好每一项决定,认真执行好每一个工作。

本任务讲述"新创业者"企业模拟经营系统学生端的操作方法,引导学生熟悉利用企业行为模拟电子沙盘推演企业运营的基本流程和特殊流程。

一、登录系统

进入系统需要按照下列步骤进行:

(1)打开网络浏览器。

(2)在地址栏输入服务器地址或服务器机器名,进入新创业者系统。

(3)点击新创业者标志图,进入学生端登录窗口。

(4)用户名为公司代码U01、U02、U03等,首次登录的初始密码为"1"。

用户登录界面如图7-9所示。

二、首次登录填写信息

注意:登录者只有在第一次登录时需要填写。

(1)公司名称(必填)。

(2)所属学校(必填)。

图7-9　用户登录界面

(3)各职位人员姓名(如有多人,可以在一个职位中输入两个以上的人员姓名)(必填)。

(4)登记确认后不可更改。

(5)重设密码。

"用户注册"界面如图7-10所示。

三、操作窗口

模拟企业经营操作界面如图7-11所示,共分为四部分。

(一)用户信息和信息栏

通过用户信息部分(如图7-11中左边方框内所示)可以了解用户所在组别、公司资料、企业组织结构、企业信息(如图7-12所示)、用户状态、用户现金、当前时间、市场开拓、ISO认证、生产资格等情况,还可以通过信息栏与裁判取得联系。

116　项目七　企业行为模拟电子沙盘推演

微课：
新创业者沙盘系统主界面介绍

图 7-10　"用户注册"界面

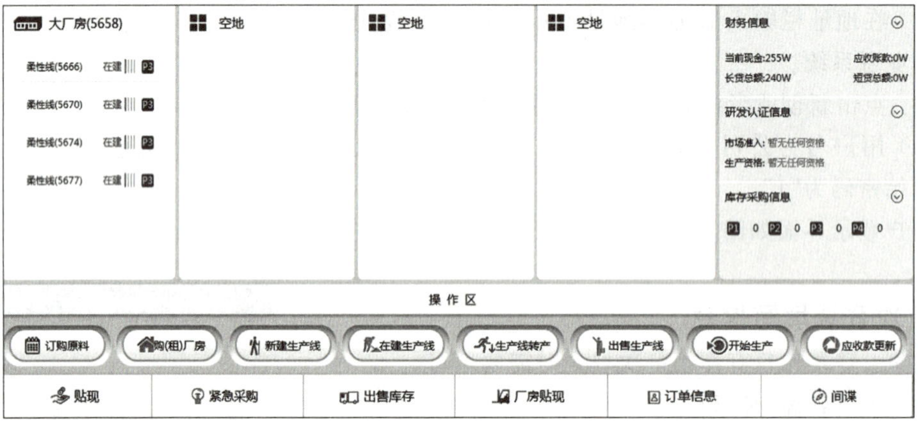

图 7-11　模拟企业经营操作界面

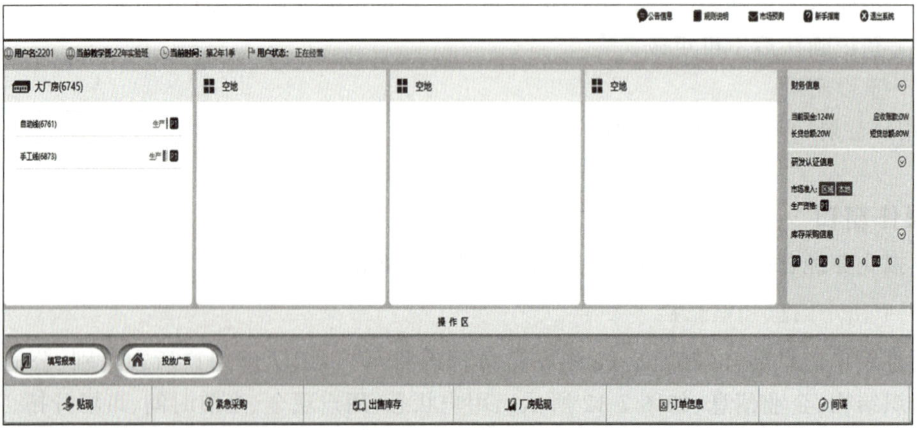

图 7-12　企业信息界面

（二）年初操作部分

年初操作部分（如图 7-11 中右边上方框内所示）：其中包括投放广告、参加订货会和申请长期贷款。此部分只有在每年年初时才可以操作，当点击"当季开始"按钮后，在当年便不能再进行操作。

（三）1～4 季度操作部分

1～4 季度操作部分（如图 7-11 中右边中方框内所示）：其中包括申请短期贷款、更新原材料库、下原料订单、购置厂房、新建生产线、在建生产线、生产线转产、变卖生产线、下一批生产、应收款更新、按订单交货、产品研发、厂房处理、市场开拓和 ISO 投资。其中"市场开拓"和"ISO 投资"两部分只有在每年的第 4 季度才可以操作。

（四）随时可操作部分

随时可操作部分（如图 7-11 中右边下方框内所示）：其中包括厂房贴现、紧急采购、出售库存、贴现、间谍、查看广告、订单信息、关于我们、规则说明和市场预测。以上几项除"查看广告"外，在第一年第一季开始以后，都可以随时进行操作；"查看广告"只能在每年年初自己投放完广告后才可以操作，全部用户投放完广告后才会出现其他用户的广告投放情况，订货会结束后便不能再进行操作。

四、基本流程的运行任务

系统中的操作流程分为基本流程和特殊流程，基本流程应按照一定的顺序依次执行，其顺序不允许改变。

基本流程包括：

（1）年初任务，主要包括投放广告、订货会、长期贷款等。

（2）季度任务，主要包括贷款及采购、生产任务、交货及开发等。

（3）年末任务，主要包括年末付款、关账等。

（一）年初任务

1. 新年度规划会议

（1）召开新年度会议。

每年年初，企业中高层管理者应召开新年度的规划会议，根据往年的数据确定新年度的方案。

（2）制订新年度计划。

财务总监根据新年度规划会议讨论结果填写对应年度的现金预算表，判断本年度内现金是否能够维持企业的正常运转。

2. 投放广告

双击系统中操作界面"投放广告"按钮，"投放广告"界面如图 7-13 所示。

（1）企业在没有获得任何市场准入证时不能投放广告（系统默认其投放金额只能为 0）。

（2）企业在不需要对 ISO 认证单独投广告。

（3）在投放广告窗口中，市场名称为红色表示尚未开发完成，不可投放广告。

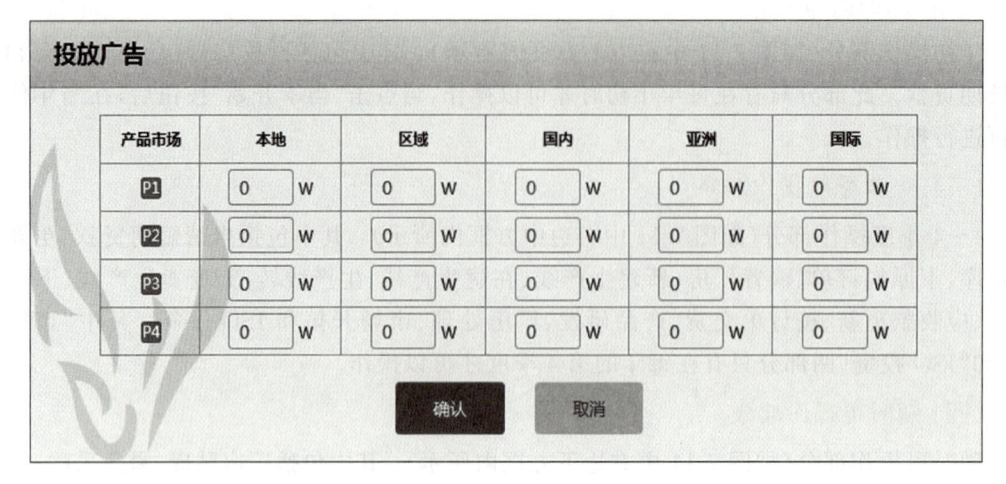

图 7-13 "投放广告"界面

(4) 在所有市场投放产品后,选择"确认投放"退出,退出后不能返回更改。

(5) 投放完成后,我们可以通过"广告查询",查看已经投放广告的其他公司的广告投放情况。

(6) 广告投放确认后,长期贷款本息及税金同时被自动扣除。

3. 选单顺序规则

电子沙盘与手工沙盘投广告选单的规则一样:投入 1W 广告费用,取得一次选单机会,此后每增加 2W 广告费用,多获得一次选单机会。

系统自动依据以下规则确定选单顺序。

(1) 上年市场销售第一名(无违约)为"市场老大",优先选单;多队市场销售并列第一,则"市场老大"由系统随机决定,可能为其中某队,也可能轮空。

(2) 本市场本产品广告额多的先选单。

(3) 本市场广告总额多的先选单。

(4) 本市场上年销售排名靠前者先选单。

(5) 若仍不能判定,先投广告者先选单。

4. 选单信息

系统将某市场某产品的选单过程称为回合(最多 20 回合),每回合可能有若干轮选单,每轮中,各队按照排定的顺序,依次选单,但只能选一张订单。当所有队都选完一次后,若再有订单,开始进行第二轮选单,各队行使第二次选单机会,以此类推,直到所有订单被选完或所有队退出选单为止,本回合结束。当轮到某一公司选单时,"系统"以倒计时的形式给出本次选单的剩余时间,每次选单的时间上限为系统设置的选单时间,企业在规定的时间内必须做出选择(选择订单或选择放弃),否则自动视为放弃。无论是主动放弃还是超时系统放弃,都将视为退出本回合选单。参加订货会界面如图 7-14 所示。

(1) 选单权限依系统自动传递。

(2) 有权限的队伍必须在倒计时以内选单,否则视为放弃本回合,在倒计时大于 10 秒时选单,出现确认框后,要在 3 秒内确定,否则选单无效。

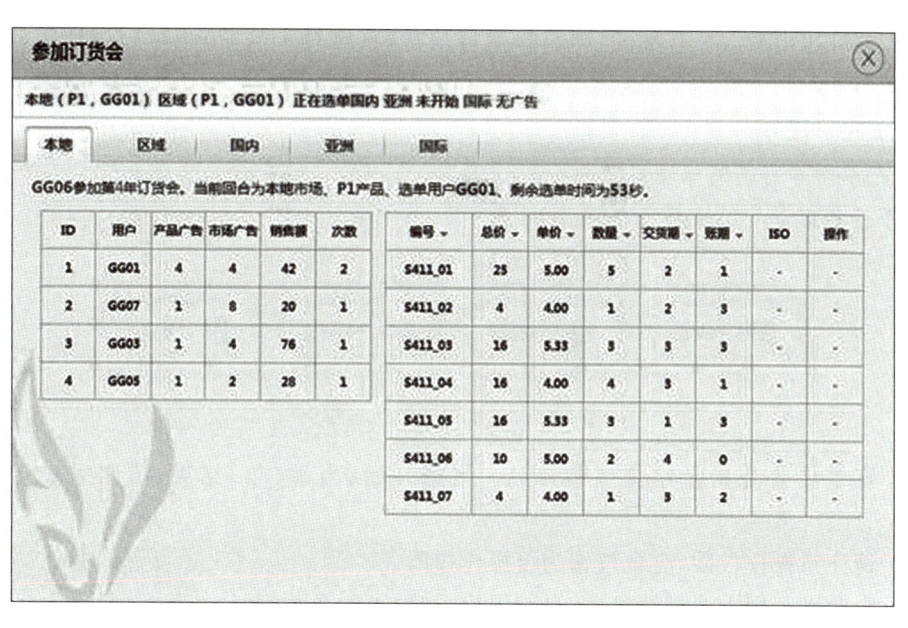

图 7-14　参加订货会界面

（3）可借助右上角三个排序按钮辅助选单。
（4）系统自动判定是否拥有 ISO 资格。
（5）选单时，订单呈白色。
（6）不可选订单为红色，代表企业不具备相应资质。
（7）企业可放弃本回合选单，但仍可查看其他队选单。

5. 申请长期贷款

"申请长贷"界面如图 7-15 所示。

图 7-15　"申请长贷"界面

（1）选单结束后方可操作，一年只此一次，但可以申请不同年份的若干笔贷款。
（2）此操作必须在"当季开始"之前进行，"当季开始"之后，将不可再操作。
（3）可选择贷款年限在确认后不可更改。

(4) 贷款额应为 10 的倍数。

(5) 不可超出最大贷款额度,即长短期贷款总额(已贷+欲贷)不可超过上年权益规定的倍数。

(二) 四季任务

1. 四季任务启动与结束

四季任务启动与结束界面如图 7-16 所示。

图 7-16 四季任务启动与结束

(1) 每季经营开始及结束需要确认:当季开始、当季(年)结束,第四季显示为当年结束。

(2) 请注意操作权限,亮色按钮为可操作权限。

(3) 企业破产则无法继续经营,自动退出系统,可联系裁判。

(4) 现金不够时可以紧急融资(出售库存、贴现、厂房贴现)。

(5) "更新原料库"和"更新应收款"为每季必备流程。

(6) 操作顺序并无严格要求,但建议按流程执行。

(7) 选择操作请双击。

2. 当季开始

年初操作结束时,操作者应点击系统界面左边的"当季开始"按钮,系统会自动完成还本付息、更新短期贷款、更新生产、完工入库、生产线完工和转产完工步骤,"当季开始"界面如图 7-17 所示。

(1) 选单结束或长期贷款后当季开始。

图 7-17 "当季开始"界面

（2）开始新一季经营需要当季开始。

（3）系统自动扣除短期贷款本息。

（4）系统自动完成更新生产、产品入库及转产操作。

3. 当季结束

（1）一季经营完成需要当季结束确认。

（2）系统自动扣除行政管理费（标准为 1W/季）及租金并检测产品开发完成情况，"当季结束"界面如图 7-18 所示。

图 7-18 "当季结束"界面

4. 申请短期贷款

"申请短贷"界面如图 7-19 所示，应注意：

（1）一季只能操作一次。

（2）申请额应为 20 的倍数。

（3）长短期贷款总额（已贷＋欲贷）不可超过上年权益规定的倍数。

图 7-19 申请短贷

5. 原材料入库

（1）系统自动提示需要支付的现金（不可更改），"更新原料"界面如图 7-20 所示。

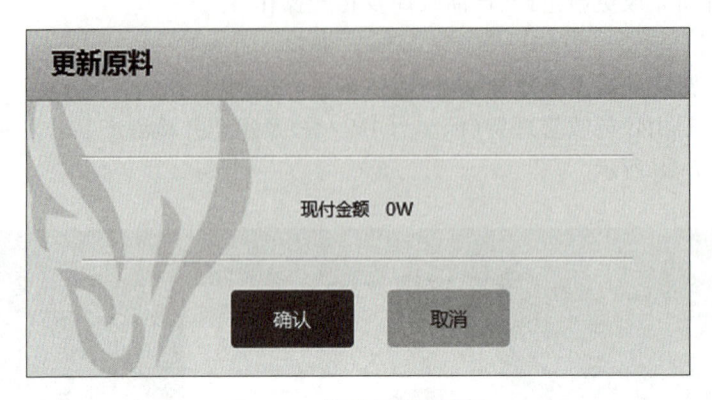

图 7-20 "更新原料"界面

（2）选择"确认"按钮即可。

（3）系统自动扣减现金。

（4）确认更新后，后续的操作权限方可开启（"下原料订单"更新应收款等），前面操作权限关闭。

（5）一季只能操作一次。

6. 订购原料

（1）输入所有需要的原料数量，然后按"确认订购"按钮，一季只能操作一次，"订购原料"界面如图 7-21 所示。

（2）确认订购后不可退订。

（3）企业可以不下订单。

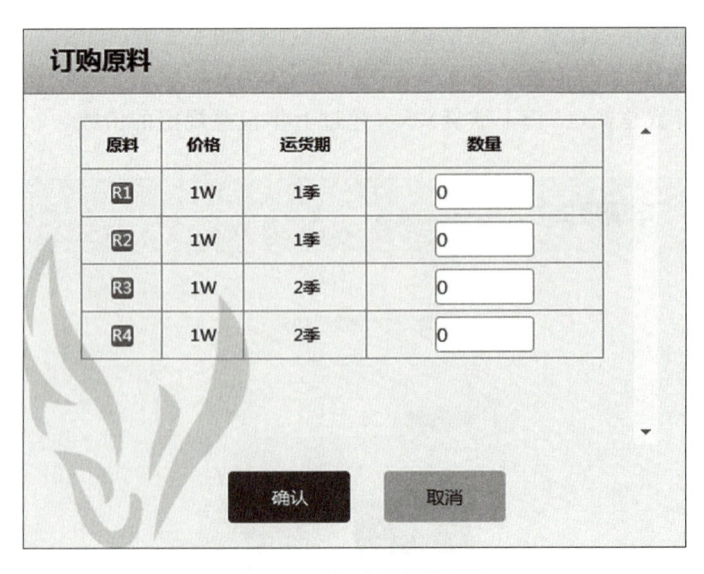

图 7-21 "订购原料"界面

7. 购置厂房

厂房租入后,一年后可作"租转买""退租"等处理,续租系统自动处理,"购租厂房"界面如图 7-22 所示。

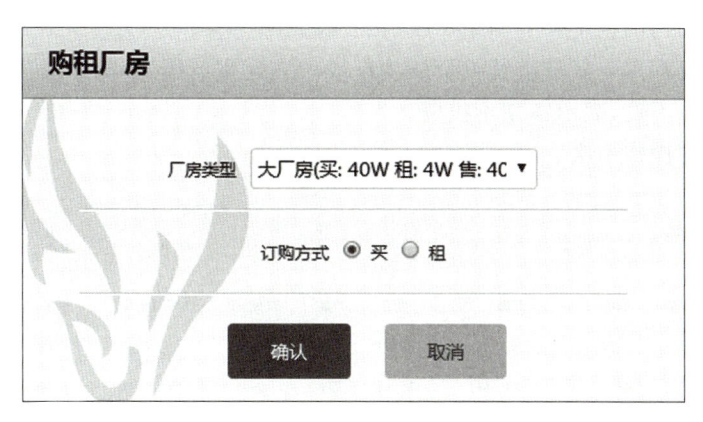

图 7-22 "购租厂房"界面

(1) 企业若要建生产线,必须购买或租用厂房,未租用或购买厂房就不能新建生产线。

(2) 厂房可买可租,租用或购买可以在任何季度进行。企业如果决定租用厂房或者将厂房买转租,租金应在开始租用的季度交付。

(3) 如果厂房中没有生产线,企业可以选择退租,系统将删除该厂房。

(4) 企业最多只可使用一大一小两个厂房。

(5) 生产线不可在不同厂房中移动。

8. 新建生产线

(1) 在系统中新建生产线,需要先选择厂房,然后再选择生产线的类型,特别的是要确定生产产品的类型;生产产品一经确定,本生产线所生产的产品便不能更换,如需更换,须在建成后,进行转产处理。"新建生产线"界面如图 7-23 所示。

图 7-23 "新建生产线"界面

(2) 每次操作可建一条生产线,同一季度可重复操作多次,直至生产线位置全部铺满。

(3) 新建生产线一经确认,即刻进入第一期在建,当季便自动扣除现金;投资生产线的支付不一定需要连续,企业可以在投资过程中中断投资,也可以在中断投资之后的任何季度继续投资。在系统中,企业可以不选择生产线投资,即表示本期不投资。

9. 在建生产线

(1) 系统自动列出投资未完全生产线。

(2) 每个季度都需要复选继续投资的生产线,"在建生产线"界面如图 7-24 所示。

(3) 企业可以不选,表示本期不投资。

(4) 一季只可操作一次。

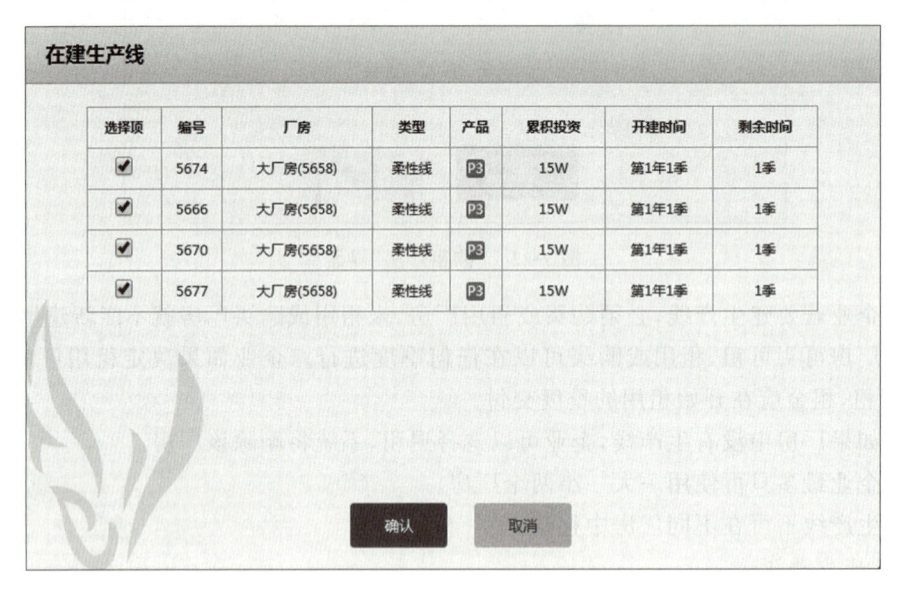

选择项	编号	厂房	类型	产品	累积投资	开建时间	剩余时间
✔	5674	大厂房(5658)	柔性线	P3	15W	第1年1季	1季
✔	5666	大厂房(5658)	柔性线	P3	15W	第1年1季	1季
✔	5670	大厂房(5658)	柔性线	P3	15W	第1年1季	1季
✔	5677	大厂房(5658)	柔性线	P3	15W	第1年1季	1季

图 7-24 "在建生产线"界面

10. 生产线转产

(1) 系统自动列出符合转产要求的生产线(已经建成且没有在产品任务的生产线),"生产线转产"界面如图 7-25 所示。

(2) 单选一条生产线,选择转产的生产产品。

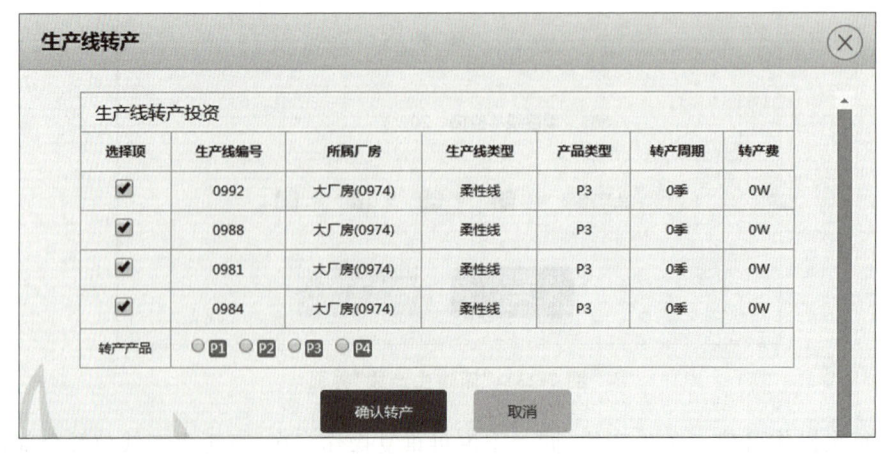

选择项	生产线编号	所属厂房	生产线类型	产品类型	转产周期	转产费
✔	0992	大厂房(0974)	柔性线	P3	0季	0W
✔	0988	大厂房(0974)	柔性线	P3	0季	0W
✔	0981	大厂房(0974)	柔性线	P3	0季	0W
✔	0984	大厂房(0974)	柔性线	P3	0季	0W

转产产品 ○P1 ○P2 ○P3 ○P4

图 7-25 "生产线转产"界面

(3)可多次操作。

11. 出售生产线

(1)系统自动列出可出售的生产线(已经建成且没有在产品任务的空置生产线,转产过程中,生产线也可卖),"出售生产线"界面如图 7-26 所示。

图 7-26 "出售生产线"界面

(2)单选操作生产线后,按"确认"按钮。
(3)企业可重复操作,也可放弃操作。
(4)出售后,从价值中按残值收回现金,高于残值的部分记入当年费用的损失项目。

12. 开始下一批生产

(1)系统自动列出可以进行生产的生产线,"开始下一批生产"界面如图 7-27 所示。

图 7-27 "开始下一批生产"界面

(2) 自动检测原料、生产资格、加工费。
(3) 依次点击"开始生产"按钮。
(4) 系统自动扣除原料及加工费。
(5) 可以停产。

13. 应收款更新

(1) 系统不提示本期到期的应收款。

(2) 企业需要自行填入到期应收款的金额，多填则不允许操作，少填则按实际填写的金额收现，少收部分转入下一期应收款，"应收款更新"界面如图 7-28 所示。

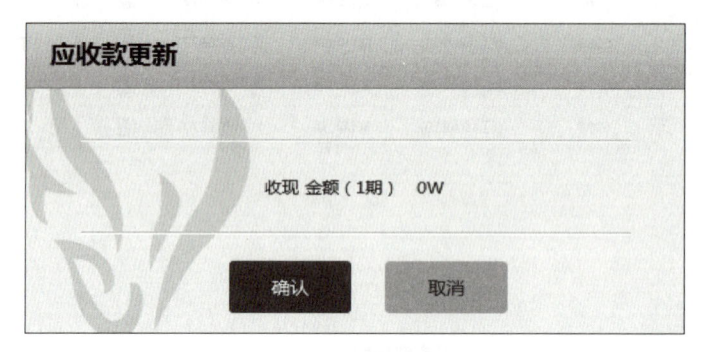

图 7-28 "应收款更新"界面

(3) 完成以上操作后，前面的各项操作权限关闭（不能返回以前的操作任务），开启以后的操作任务，包括按订单交货、产品开发、厂房处理权限。

14. 按订单交货

(1) 系统自动列出当年未交订单，"交货订单"界面如图 7-29 所示。

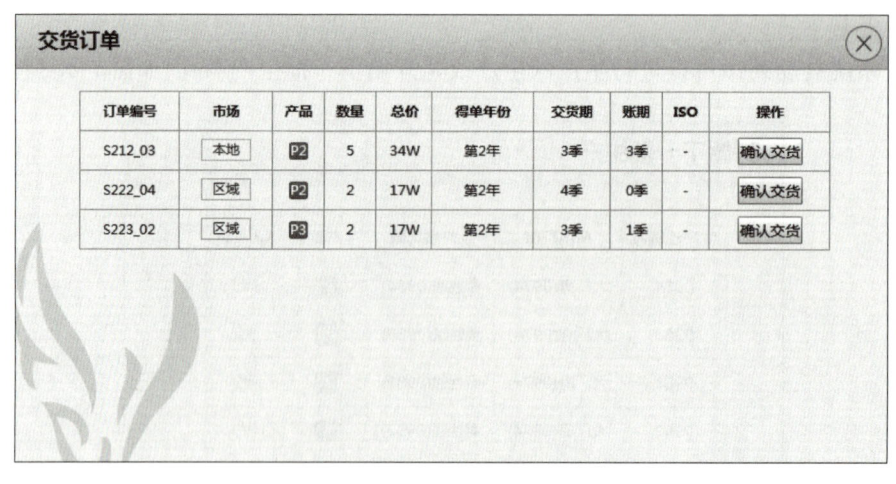

订单编号	市场	产品	数量	总价	得单年份	交货期	账期	ISO	操作
S212_03	本地	P2	5	34W	第2年	3季	3季	-	确认交货
S222_04	区域	P2	2	17W	第2年	4季	0季	-	确认交货
S223_02	区域	P3	2	17W	第2年	3季	1季	-	确认交货

图 7-29 "交货订单"界面

(2) 系统自动检测成品库存是否充足，交单时间是否到期。

(3) 按"确认交货"按钮，系统会自动增加应收款或现金数据。

(4) 超过交货期则不能交货，系统会收回违约订单，并在年底扣除违约金（列支在损失项目中）。

15. 产品研发投资

(1) 复选操作,同时选定要开发的所有产品,一季只允许一次,"产品研发"界面如图 7-30 所示。

图 7-30 "产品研发"界面

(2) 按"确认"按钮,退出本窗口,一旦退出,本季度不能再次进入。
(3) 当季结束,系统检测开发是否完成。

16. 厂房处理

该操作步骤主要为企业拥有厂房后的处理,包括厂房的卖出、买转租、退租和租转卖,"厂房处理"界面如图 7-31 所示。

图 7-31 "厂房处理"界面

(1) 如果拥有厂房且无生产线,可卖出,增加 4Q 应收款,并删除厂房。
(2) 如果拥有厂房但有生产线,卖出后增加 4Q 应收款,自动转为租,并扣当年租金,记录租入时间。
(3) 已租入厂房:如果离上次付租金满一年,可以转为购买(租转买),并立即扣除现金;如果无生产线,可退租删除厂房;租入厂房如果离上次付租金满一年,如果不执行本操作,视为续租,并在当季结束时自动扣减下一年租金。

17. 市场开拓投资

营销总监根据企业的发展战略选择不同的市场加以开拓并进行 ISO 资格投资。

(1) 复选操作，选择所有要开发的市场，然后按"确认"按钮，"市场开拓"按钮如图 7-32 所示。

图 7-32 "市场开拓"界面

(2) 只有在第 4 季可操作一次。
(3) 第 4 季结束，系统会自动检测市场开拓工作是否完成。

18. ISO 投资

(1) 复选操作，选择所有要开发的市场，然后按"确认"按钮，"ISO 投资"界面如图 7-33 所示。

图 7-33 "ISO 投资"界面

(2) 只有在第 4 季可操作一次。
(3) 第 4 季结束，系统会自动检测开拓工作是否完成。

(三) 年末任务——当年结束

(1) 第 4 季经营结束，则需要进行"当年结束"操作，确认一年经营完成。
(2) 点击"当年结束"按钮后，系统均自动处理如图 7-34 右边所示的任务，并在后台生成三张报表。
(3) 在电子沙盘中，以下 3 项内容会由系统自动处理。
① 缴纳违约订单罚款。所有订单应在本年度完成（按订单上的产品数量和交货期交货）。如果订单没有完成，则视为违约订单并加以处罚。

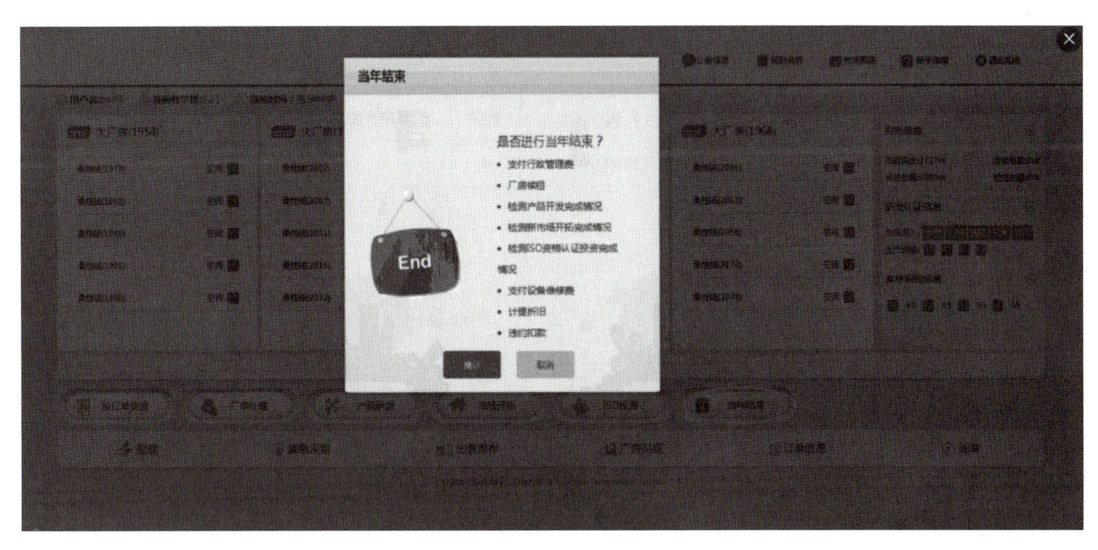

图 7-34 "当年结束"界面

② 支付设备维护费。必须缴纳维护费的情况：生产线安装完成，不论是否开工生产，企业都必须在当年缴纳维护费；正在进行转产的生产线企业也必须缴纳维护费。免交维护费的情况：凡已出售的生产线和新购正在安装的生产线均不缴纳维护费。

③ 计提折旧。当年建成的生产线不计提折旧，当净值等于残值时，生产线不再计提折旧，但可以继续使用。

微课：电子沙盘系统操作之年末经营

五、特殊运行任务

特殊运行任务是指不受正常流程运行顺序的限制，在需要时就可以进行操作的任务。此类操作分为两类，第一类为运行类操作，这类操作改变企业资源的状态，如将固定资产变为流动资产；第二类为查询类操作，这类操作不改变任何企业资源的状态，只能为操作者提供查询服务。

（一）厂房贴现

"厂房贴现"界面如图 7-35 所示。

（1）任意时间可操作。

（2）将厂房卖出可获得现金。

（3）系统自动全部贴现，不允许部分贴现。

（4）如果无生产线，厂房按原值售出后，所有售价按四季应收款全部贴现。

（5）如果有生产线，除按售价贴现外，还要再扣除租金。

（二）紧急采购

"紧急采购"界面如图 7-36 所示。

（1）可在任意时间操作。

（2）单选需购买的原料或产品，填写购买数量后确认订购。

（3）原料及产品的价格列示在右侧栏中。

图 7-35 "厂房贴现"界面

图 7-36 "紧急采购"界面

(4) 立即扣款到货。

(5) 购买的原料和产品均按照标准价格计算,高于标准价格的部分,记入损失项。

(三) 出售库存

"出售库存"界面如图 7-37 所示。

图 7-37 "出售库存"界面

(1) 可在任意时间操作。
(2) 填入售出原料或产品的数量,然后确认出售。
(3) 原料、成品按照系统设置的折扣率回收现金。
(4) 售出后的损失部分记入费用的损失项。
(5) 所取现金向下取整。

(四)贴现

"贴现"界面如图 7-38 所示。

图 7-38 "贴现"界面

(1) 1季、2季与3季、4季分开，贴现率不同。
(2) 1季、2季(3季、4季)应收款可加总贴现。
(3) 可在任意时间操作，次数不限，填入贴现额应小于等于应收款。
(4) 输入贴现额乘对应贴现率，求得贴现费用(向上取整)，贴现费用计入财务支出，其他部分计增现金。

(五) 商业情报收集

在市场竞争中，信息的价值不言而喻，系统中设置了商业情报收集功能，企业支付一定的信息费(或免费)，即可在在规定时间内查看其他企业产品开发、市场开发、ISO认证开发、生产线建设等情况。

(1) 任意时间可操作。
(2) 可查看任意一家企业的信息，查看总时间为10分钟(可调整)，第二次查看必须在50分钟后(可调整)进行。
(3) 企业需要缴纳一定的费用。
(4) 可以查看厂房、生产线、市场开发、ISO认证开发、产品研发的情况，"间谍"界面如图7-39所示。

图 7-39 "间谍"界面

(六) 订单信息

"订单信息"界面如图7-40所示。
(1) 任意时间可操作。
(2) 可查所有订单信息及状态。

(七) 组间交易

各组协商一致后，可以到管理员处进行组间交易，管理员双击组间交易按钮，选择出货方(卖方)、入货方(买方)、交易产品、数量及总价，确认即完成组间交易。
(1) 出货方(卖方)账务处理视同销售，入货方视同紧急采购。
(2) 只允许现金交易，并且只能交易产成品(P1,P2,P3,P4)。
(3) 管理员需要判断双方系统时间是否符合逻辑，杜绝合谋。
(4) 交易双方必须在同一年份。

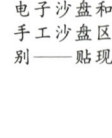

图 7-40　查询"订单信息"界面

(八) 破产检测

(1) "广告投放完毕""当季(年)开始""当季(年)结束""更新原料库"等处,系统会自动检测已有现金加上最大贴现及出售所有库存及厂房贴现,是否足够本次支出,如果不够,则破产退出系统。

(2) 如需继续经营,操作者应联系管理员(教师)进行处理。

(3) 当年结束,若权益为负,则破产,退出系统,如需继续经营,则联系管理员(教师)进行处理。

(九) 其他

(1) 涉及付现操作时,系统均会自动检测,若现金不够,则无法进行下去。
(2) 请注意"更新原料库"及"更新应收款"两个操作,这是其他操作之"开关"。
(3) 对操作顺序并无严格要求,但建议参与者按顺序操作。
(4) "市场开拓"与"ISO 投资"仅第 4 季可操作。
(5) 广告投放完毕后,我们可以通过查看广告了解其他企业广告投放情况。
(6) 发生显示不当的事项,操作者应立即按"F5"键刷新或重新登录。

任务六　学会使用现金预算表

企业为了合理组织和安排生产,应当在年初编制"产品生产及材料需求计划",明确企业在计划期内根据产能所能生产的产品的数量。营销总监可以根据年初库存的产品数量和计划年度的完工产品数量确定可接订单数量,根据确定的可接订单数量参加产品订货会。

订货会结束后,企业应根据确定的计划年度产品销售数量安排生产。为了保证材料的供应,生产总监应根据确定的生产计划编制"材料需求计划",采购总监应根据生产总监编制的材料需求计划编制材料采购计划。

财务总监应根据企业规划确定的费用预算、生产预算和材料需求预算编制资金预算表,明确企业在计划期内的资金使用计划和筹集计划,填写现金预算表,判断这一年中各个季度的资金是否可以不断流,确定投资计划、交货的先后顺序等。最后根据预算现金状况,首席执行官应带领全体小组成员确定模拟企业的经营方案。电子沙盘现金预算表如表 7-9 所示。

表 7-9　　　　　　　　　　电子沙盘现金预算表

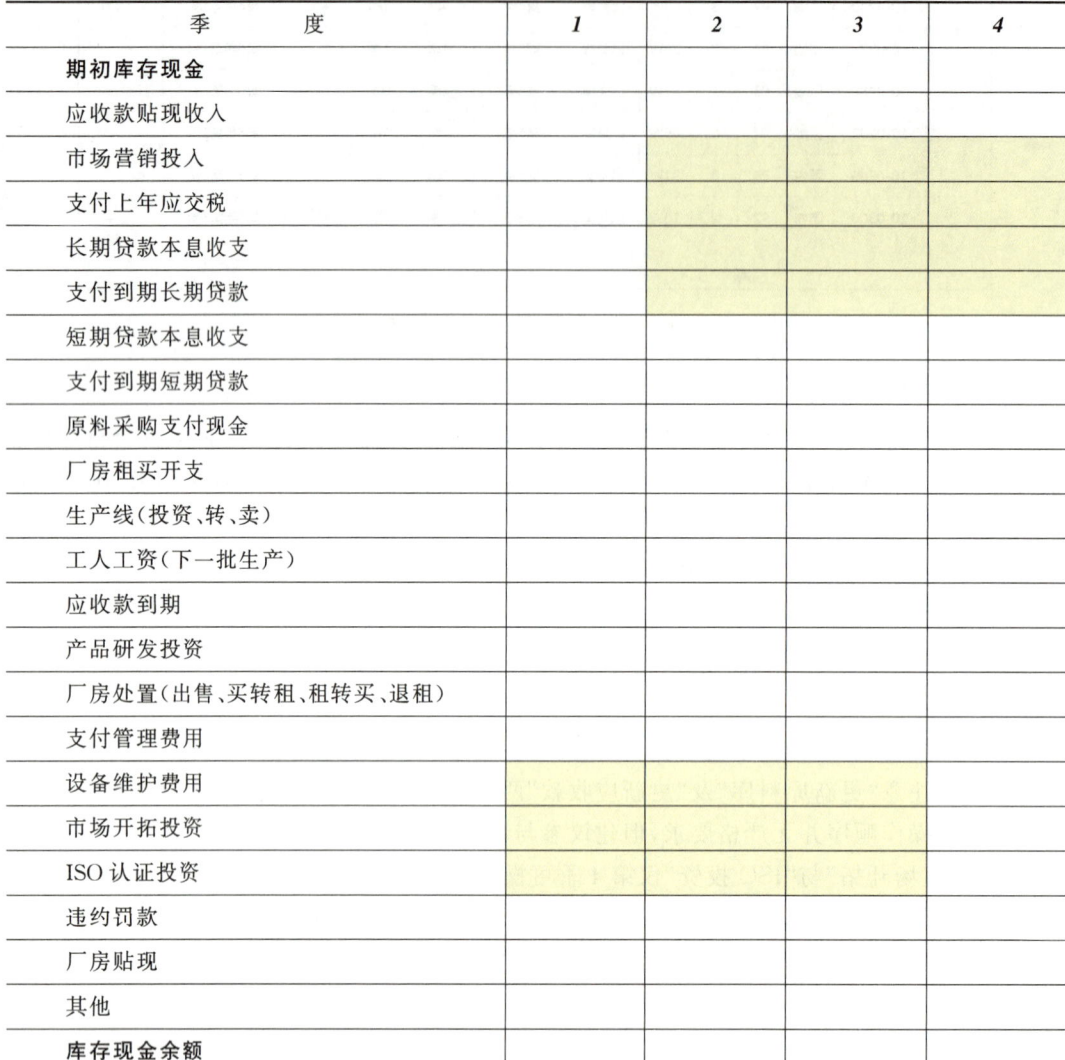

季　　度	1	2	3	4
期初库存现金				
应收款贴现收入				
市场营销投入				
支付上年应交税				
长期贷款本息收支				
支付到期长期贷款				
短期贷款本息收支				
支付到期短期贷款				
原料采购支付现金				
厂房租买开支				
生产线(投资、转、卖)				
工人工资(下一批生产)				
应收款到期				
产品研发投资				
厂房处置(出售、买转租、租转买、退租)				
支付管理费用				
设备维护费用				
市场开拓投资				
ISO 认证投资				
违约罚款				
厂房贴现				
其他				
库存现金余额				

微课:
如何编制
现金预算表

要点记录

第 1 季度:

第 2 季度:

第 3 季度:

第 4 季度:

年底小结：
_____
_____
_____

注意：开始运营之前，我们一定要汲取手工沙盘实战过程中的经验和教训，学会用数据说话！请思考以下问题：
（1）要研发什么产品？
（2）要开拓哪些市场？
（3）要研发 ISO 认证吗？何时认证比较合适？
（4）选择大厂房还是小厂房，买还是租？
（5）要购买什么样的生产线？什么时间买？买几条？买来生产哪些产品？
（6）企业是否需要订购原材料？
（7）企业是否需要向银行借款？办理长期贷款还是短期贷款？贷多少为宜？

任务七　掌握"新创业者"电子沙盘模拟企业运营流程

电子沙盘的企业运营流程须按照电子沙盘企业运营流程表中列示的流程严格执行。首席执行官按照经营记录表中指示的顺序发布执行指令，每项任务完成后，均须在任务后对应的方格中打钩。每年经营结束后，各经营企业需提交综合费用明细表、利润表和资产负债表。

在进行企业行为模拟电子沙盘推演时，每组模拟企业中必须指定专员负责任务清单的核查，每步都需要全体成员集中精力去听、去做，不能出一点差错，否则会直接导致本年报表不平或是下一年的任务混乱。

微课：
日常经营

一、企业运营流程表

电子沙盘企业运营流程表如表 7-10 所示。

表 7-10　　　　　　　电子沙盘企业运营流程表

用户_____　　　　第_____年经营

操作顺序	企业经营流程	每执行完一项操作，CEO 请在相应的方格内打钩。	
	手工操作流程	系 统 操 作	手 工 记 录
年初	新年度规划会议		
	广告投放	输入广告费确认	
	参加订货会选订单/登记订单	选单	
	支付应付税（25%）	系统自动	
	支付长期贷款利息	系统自动	
	更新长期贷款/长期贷款还款	系统自动	
	申请长期贷款	输入贷款数额并确认	

续 表

操作顺序	企业经营流程		每执行完一项操作,CEO请在相应的方格内打勾。				
		手 工 操 作 流 程	系 统 操 作	手 工 记 录			
1	季初盘点(请填余额)		产品下线,生产线完工(自动)				
2	更新短期贷款/短期贷款还本付息		系统自动				
3	申请短期贷款		输入贷款数额并确认				
4	原材料入库/更新原料订单		需要确认金额				
5	下原料订单		输入并确认				
6	购买/租用——厂房		选择并确认,自动扣现金				
7	更新生产/完工入库		系统自动				
8	新建/在建/转产/变卖——生产线		选择并确认				
9	紧急采购(随时进行)		随时进行输入并确认				
10	开始下一批生产		选择并确认				
11	更新应收款/应收款收现		需要输入到期金额				
12	按订单交货		选择交货订单确认				
13	产品研发投资		选择并确认				
14	厂房——出售(买转租)/退租/租转买		选择确认,自动转应收款				
15	新市场开拓/ISO资格投资		仅第四季允许操作				
16	支付管理费/更新厂房租金		系统自动				
17	出售库存		输入并确认(随时进行)				
18	厂房贴现		随时进行				
19	应收款贴现		输入并确认(随时进行)				
20	季末收入合计						
21	季末支出合计						
22	季末数额对账[(1)+(20)-(21)]						
年末	缴纳违约订单罚款(25%)		系统自动				
	支付设备维护费		系统自动				
	计提折旧		系统自动			( )	
	新市场/ISO资格换证		系统自动				
	结账						

为了让受训者更快地掌握电子沙盘企业运营流程表的使用方法,我们为同学们制作了一张手工沙盘与电子沙盘操作对照表,如表 7-11 所示。

表 7-11　　　　　　　　　　手工沙盘与电子沙盘操作对照表

手工操作流程	系统操作对应按钮	系统操作要点	系统操作次数限制
投放广告	投放广告	输入广告费确认	1 次/年
选订单/登记订单	参加订货会	选单	1 次/年
支付应付税	投放广告	系统自动	
支付长期贷款利息	投放广告	系统自动	
更新长期贷款/长期贷款还款	投放广告	系统自动	
申请长期贷款	申请长期贷款	输入贷款数额并确认	不限,须当季开始前
季初盘点(请填余额)	当季开始	完工产品下线(自动)	1 次/季
更新短期贷款/短期贷款还本付息	当季开始	系统自动	1 次/季
申请短期贷款	申请短期贷款	输入贷款数额并确认	1 次/季
原材料入库/更新原料订单	更新原料库	需要确认付款金额	1 次/季
下原料订单	下原料订单	输入并确认	1 次/季
购买/租用厂房	购置厂房	选择并确认,自动扣现金	不限
更新生产/完工入库	当季开始	系统自动	1 次/季
新建/在建/转产/变卖生产线	新建、在建、转产、变卖分别操作	选择并确认	新建、转产、变卖:不限,在建:1 次/季
紧急采购(随时进行)	紧急采购	随时进行输入并确认	不限
开始下一批生产	下一批生产	选择并确认	不限
应收款更新/收现	应收款更新	需要输入到期金额	1 次/季
按订单交货	按订单交货	选择交货订单确认	不限
产品研发投资	产品研发	选择并确认	1 次/季
厂房出售(买转租)/退租/租转买	厂房处理	选择确认,自动转应收款	不限
新市场开拓/ISO 投资	市场开拓、ISO 投资	仅第四季允许操作	1 次/年
支付管理费/更新厂房租金	当季(年)结束	系统自动	1 次/季
出售库存	出售库存	输入并确认(随时进行)	不限
厂房贴现	厂房贴现	选择并确认(随时进行)	不限
应收款贴现	贴现	输入并确认(随时进行)	不限
—	间谍	选择并确认(随时进行)	不限
缴纳违约订单罚款	当年结束	系统自动	1 次/年

续 表

手工操作流程	系统操作对应按钮	系统操作要点	系统操作次数限制
支付设备维修费	当年结束	系统自动	1次/年
计提折旧	当年结束	系统自动	1次/年
新市场/ISO资格换证	当年结束	系统自动	1次/年
结账	当年结束	系统自动（裁判核对报表）	1次/年

二、综合费用明细表

综合管理费用明细表用于记录企业在日常运营过程中发生的各项费用，各项目数据可参考手工沙盘综合费用明细表来填写。综合费用明细表如表7-12所示。

表 7-12　　　　　　　　　　综合费用明细表

项　　目	金　　额
管理费	
广告费	
设备维护费	
损　失	
转产费	
厂房租金	
新市场开拓	
ISO资格认证	
产品研发	
信息费	
合　计	

三、利润表

年末，财务总监须编制利润表，核算企业当年的经营成果，各项目数据及钩稽关系可参考手工沙盘的思路来填写。利润表如表7-13所示。

表 7-13　　　　　　　　　　利　润　表

项　　目	金　　额
销售收入	
直接成本	
毛　利	

续　表

项　目	金　额
综合费用	
折旧前利润	
折　旧	
支付利息前利润	
财务费用	
税前利润	
所得税费用	
年度净利润	

四、资产负债表

在编制利润表的基础上,财务总监还要负责编制资产负债表,各项目数据及钩稽关系可参考手工沙盘的思路来填写,资产负债表如表 7-14 所示。

电子沙盘经营可以作为课程进行,也可以由学生社团组织比赛的形式开展,特别是学生社团组织比赛,在层层比赛的过程中,让学生们可有更多的时间和更好的氛围,反复地进行体验训练。在这一过程中,学生得以"熟能生巧"。

表 7-14　　　　　　　　　资　产　负　债　表

项　目	金　额	项　目	金　额
现　金		长期负债	
应收款		短期负债	
在制品		应交所得税	
产成品		—	—
原材料		—	—
流动资产合计		负债合计	
厂　房		股东资本	
生产线		利润留存	
在建工程		年度净利	
固定资产合计		所有者权益合计	
资产总计		负债和所有者权益总计	

项目小结

本项目主要介绍了"新创业者"ERP企业经营模拟电子沙盘,重新对学生进行了角色定位,安排了教学组织准备工作,详细解析了ERP电子沙盘的推演运营规则、"新创业者"电子沙盘学生端的操作方法以及ERP企业经营模拟电子沙盘运营流程的操作,使受训者对ERP模拟企业的运营能够有更深刻的认识,将课堂所学的"知"应用于实际操作中的"行",学会解决问题的思路与方法,将理论联系实际,达到企业行为模拟实训目的。

问题与思考

1. 企业破产的判断标准是什么?
2. 在企业经营过程中,哪些经营活动会直接减少经营团队的当年权益?
3. 为什么频繁贴现是财务状况不健康的表现?
4. 怎样来调节订单的交货顺序以保障现金流的通畅?
5. 怎样进行市场预测?
6. 电子沙盘与手工沙盘的区别是什么?
7. 怎样理解"产能为王"?

素养提升

《周易》中提到:"天行健,君子以自强不息。"意思是说,天的运动刚强劲健,君子也应效法天的刚健不息的特性,追求人生的进步,自我地发奋向上,即使艰难险阻,也要不屈不挠。

电子沙盘的推演要比手工沙盘更加严格,要严格遵守系统约定的规则。要正确操作系统,避免因少下原料、现金不充足等决策而无法经营,避免因系统操作失误而使企业经营陷入困境。同时,在经营中要发挥自强不息的精神,勇于克服困难,养成严谨细致、一丝不苟、精益求精的工作作风,于细微之处见精神,于细微之处见境界,于细微之处见水平,及时发现问题并改正。

项目八　解密企业经营之道

沙盘论道

孙子曰：夫用兵之法，全国为上，破国次之；全军为上，破军次之；全旅为上，破旅次之；全卒为上，破卒次之；全伍为上，破伍次之。是故百战百胜，非善之善者也；不战而屈人之兵，善之善者也。故上兵伐谋，其次伐交，其次伐兵，其下攻城。

1. 结合上文，谈一谈何为企业经营的"用兵之法"。
2. 正所谓"上兵伐谋"，你认为企业经营过程中最高级的谋略是什么？
3. 我们的沙盘实训即将走向尾声，几千年前，孙子总结经验做兵法，现在，完成沙盘实训后，你对于过去"6年"的模拟企业竞争又可以总结出什么经验？

◇ **项目综述**

在企业行为模拟ERP沙盘推演实战之后，大家一定要抽丝剥茧，解析、反思企业的经营之道。我们首先需要从解密企业经营本质、解读企业经营基本业务流程以及分析企业经营成果等方面对企业进行全面的解析，然后针对每一年的经营成果进行分析、点评和总结。

◇ **学习目标**

1. 领悟企业经营本质；
2. 了解企业经营规划；
3. 了解市场分析与定位的方法；
4. 理解生产与运营管理的机制；
5. 理解全面预算管理。

◇ **重点难点**

1. 选择适合企业的发展战略；
2. 了解市场营销分析方法与技巧；
3. 掌握财务预算的编制方法以及财务控制方法；
4. 理解企业综合绩效考核的思路。

任务一　解密企业经营的本质

"路漫漫其修远兮,吾将上下而求索。"企业经营没有套路,只有思路。对于模拟企业经营沙盘而言,过程不是最重要的,结果也不是最重要的,重要的是通过参与,我们可以体验企业的经营流程,感悟企业经营的艰辛。

在几"年"的经营中,也许你懵懵懂懂、跌跌撞撞,也许你已经破产,却不知道原因,虽然能讲出一点道理,但零星散乱。也许你盈利了,但可能很大程度上是运气使然。和很多管理者一样,你也许自觉地进行了"哥伦布式管理":

➤ 走的时候,不知道去哪儿;
➤ 到的时候,不知道在哪儿;
➤ 回的时候,不知道去过哪儿。

下面就让我们抽丝剥茧,解析企业经营的本质吧!

一、企业经营目标

企业是营利性组织,其出发点和归宿是获利。企业一旦成立,就会面临竞争,并始终处于生存和倒闭、发展和萎缩的矛盾之中。企业必须生存下去才能获利,只有不断发展才能求得生存。因此,企业经营的目标可以概括为生存、发展和获利。

(一) 生存

企业只有在维系生存的基础上才可能获利。企业在市场中生存下去的基本条件有两个:

(1) 以收抵支。企业从市场获得的货币至少要等于付出的货币,以便维持继续经营,这是企业得以长期存续的基本条件。

(2) 到期偿债。企业如果不能偿还到期债务,就可能被债权人接管或被法院责令破产。

因此,企业生存的威胁主要来自两个方面:

(1) 长期亏损,这是企业终止的内在原因。

(2) 不能偿还到期债务,这是企业终止的直接原因。

亏损企业为维持运营被迫进行偿债性融资,借新债还旧债,若不能扭亏为盈,迟早会借不到钱而无法周转,从而不能偿还到期债务。盈利企业也可能出现"无力支付"的情况,它可以正在举债以扩大业务规模,冒险失败,为偿债必须出售不可缺少的厂房和设备,使生产经营无法持续。

(二) 发展

企业是在发展中求得生存的。企业的生产经营如逆水行舟,不进则退。企业的发展集中表现为扩大收入。扩大收入的根本途径是提高产品的质量,扩大销售的数量,这就要求企业不断更新设备、技术和工艺,并不断提高各种人员的素质,也就是投入更多、更好的物资资源、人力资源,改进技术和管理制度。在市场经济背景下,取得各种资源都需要付出货币,企业的发展离不开资金。

(三) 获利

企业只有在能够获利的情形下,才有存在的价值,建立企业的目的就是盈利。盈利不仅是企业的出发点和归宿,而且可以概括其他目标的实现程度,并有助于其他目标的实现。从财务上看,盈利就是使资产获得超过其投资的回报。在市场经济背景下,没有"免费使用"的资金,各种来源的资金都有其成本。每项资产都是需要投资的,都应当是生产性的,都可以带来回报。

二、企业经营本质

企业是利用一定的经济资源,通过向社会提供产品和服务,获取利润的经济组织,目的是股东权益最大化。经营者要牢牢记住这句话,这就是企业经营的本质,是一切行动的指南,企业经营的本质结构如图8-1所示。

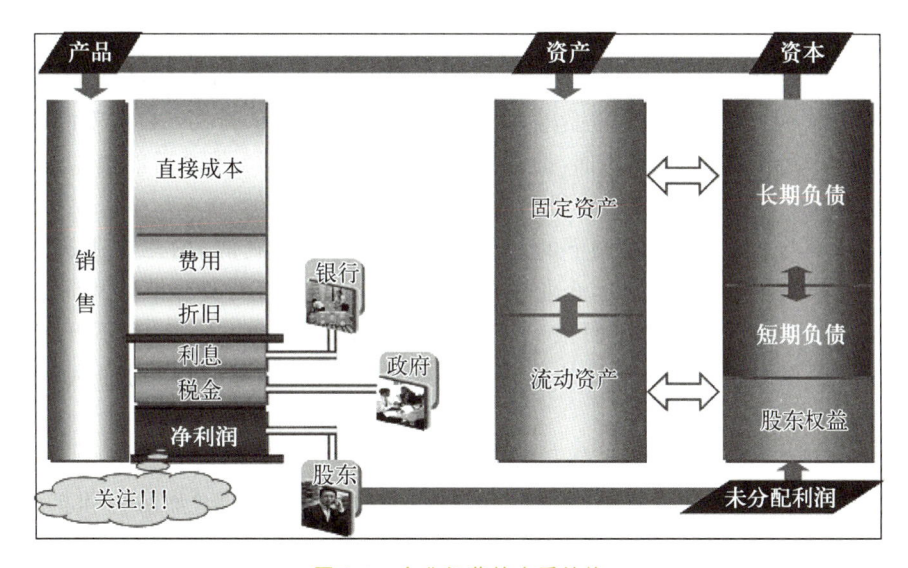

图 8-1　企业经营的本质结构

(一) 企业资本的两大来源

1. 负债

负债包括:长期负债,一般是指企业从银行获得的长期贷款;短期负债,一般是指企业从银行获得的短期贷款。

2. 所有者权益

所有者权益:一部分是企业创建之初时,所有股东的集资,即股东资本,这个数字在本实训过程中是不会变的;一部分是未分配利润。

(二) 未分配利润是引发所有者权益增加的最重要原因

企业在经营中产生的利润,除了支付银行利息和国家税款之外,当然归股东所有,如果股东不分配,参加企业下一年的经营,就形成未分配利润,这可以看成是股东的投资,成为权益的重要组成部分。

(三) 会计恒等式的应用

会计恒等式为:

$$资产 = 负债 + 所有者权益$$

企业在筹集资本之后，就会采购厂房和设备，引进生产线，购买原材料，生产加工产品，余下的资本（资金）就是企业的流动资金。企业的资产就是资本等值转化过来的。通俗地讲，资产描述企业的"钱"花在哪儿了，资本（负债＋所有者权益）回答"钱"是属于谁的这一问题。两者从价值上讲必然是相等的，反映在财务的资产负债表中，左边与右边一定是相等的。

（四）净利润增加的途径

企业经营的目的是股东权益最大化，本实训中所有者权益增加的来源只有一个，即净利润。净利润来自何处呢？只有销售，但销售所得不全都是利润。

在拿回销售款之前，企业必须采购原材料、支付工人工资和其他生产加工时必需的费用，最终生产出产品。当你把产品卖掉，拿回销售额时，收入当然要抵扣这些直接成本；还要抵扣掉企业为形成这些销售收入而支付的各种费用，包括：产品研发费用、广告投入费用、市场开拓费用、设备维修费用、管理费等，这些费用也是在企业拿到收入之前就已经支付的；机器设备在生产运作后会贬值（比如：价值10万元的一辆汽车，3年之后能卖5万元），资产缩水了，这部分损失应当从销售额中得到补偿，这就是折旧。

经过以上三个方面的抵扣，剩下的部分即为支付利息前利润，归三方所有。① 资本中有很大一部分来自银行的贷款，企业在很大程度上是靠银行的资金产生利润的，而银行贷款给企业，当然需要收取利息回报，产生财务费用；② 企业的运营，离不开国家的"投入"（如道路、环境、安全等），所得的一部分归国家，即税收；③ 最后的净利润，才是股东的。

如何才能扩大净利润？无非就是"开源"和"节流"，我们可以考虑其中一种，也可以考虑两者同时并用。开源就是努力扩大销售，通过开拓市场、增加品种和扩大产能等措施来增加企业的净利润；节流就是尽力降低成本，通过降低直接成本、间接成本和增加毛利等措施来增加企业的净利润。"开源"示意图如图8-2所示，节流示意图如图8-3所示。

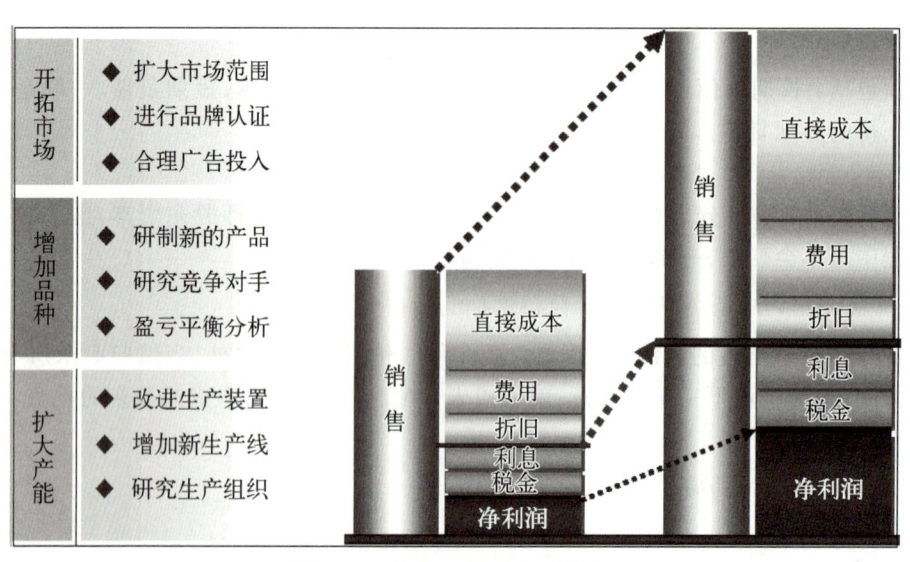

图8-2　开源——努力扩大销售

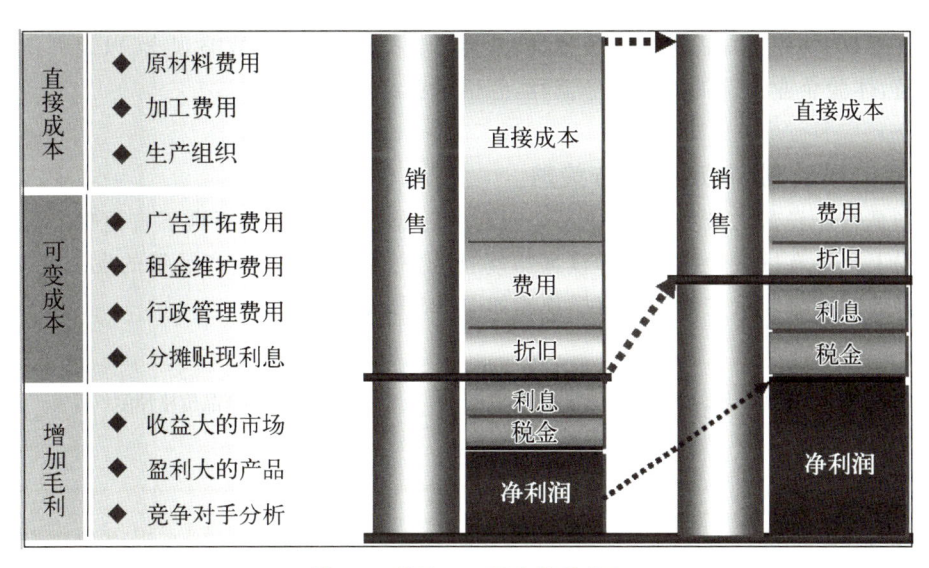

图 8-3　节流——尽力降低成本

任务二　解读企业经营基本业务流程

企业行为模拟 ERP 沙盘推演的是一家典型的制造型企业的业务流程，采购、生产、销售构成了该企业经营的基本业务流程，企业经营基本业务流程图如图 8-4 所示。

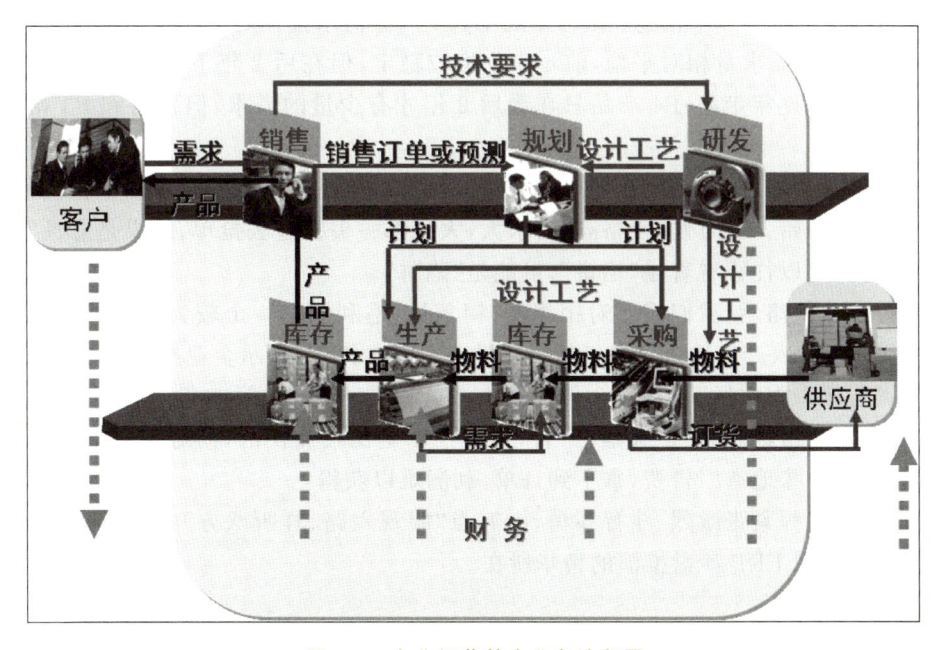

图 8-4　企业经营基本业务流程图

企业经营基本业务流程是一个科学决策的过程,整个流程中,有几个关键的问题需要管理者好好解读,将相关知识进行归类整理,学会用数据说话,树立战略观念,以期真正地参与企业经营,体验企业经营的基本业务流程,感悟企业经营的艰辛。

一、读懂市场预测,制定好广告策略

市场是企业经营的最大变数,也是企业利润的最终源泉,其重要性不言而喻。营销总监可以算得上是最有挑战性的岗位。读懂市场预测图,弄清楚市场、产品等的发展趋势,对于广告策略的制定是非常关键的。市场预测如图 8-5 所示。

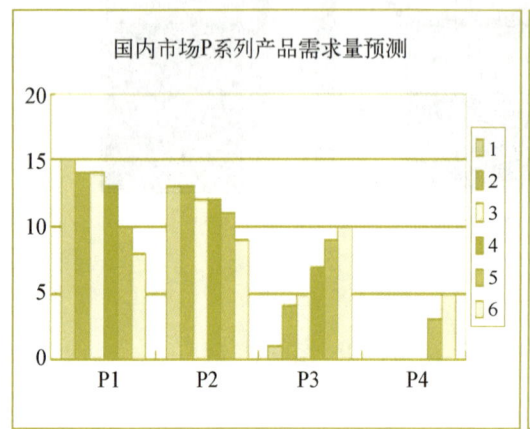

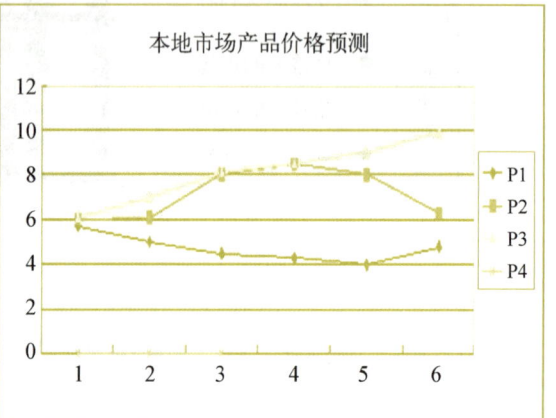

图 8-5　市场预测

从图 8-5 中可了解以下信息:国内市场中,P1 产品需求量在后 2 年快速下降,其价格也逐年走低;P2 产品需求量相对平稳,前 4 年价格较稳定,但在后 2 年下降迅速;P3 产品需求量发展较快,价格逐年走高;P4 产品只在最后 2 年才有少量的需求,但价格和 P3 相比并没有特别的吸引力。

读懂了市场预测,还不足以制定广告策略。营销总监还要对竞争对手加以正确的评估,知己知彼,百战不殆。有时候,价格高,需求大,大家都一头扎进去抢单,结果是恶性竞争,便宜了广告公司,所以往往看看是"馅饼",可能是"陷阱"。

制定好广告策略后,我们需要对销售额、销售量、毛利制定一个较为明确的目标。最直接的指标:广告投入产出比=订单销售额合计÷总广告投入,表示企业投入 1M 广告费用可以拿到的销售额。根据经验值,前 2 年比值在 5 左右是合理的,第 3 年后,8~10 元是合理的。一味地抢作"市场老大","狠砸"广告,当时下手是比较痛快的,但对企业整体经营是有害的;但也不能一味地省广告费,拿不到订单,利润难以获得?

总之,选单过程紧张激烈、斗智斗勇,没有点"眼观六路、耳听八方"的本事还真不行,这正是企业行为模拟 ERP 沙盘推演的精华所在。

二、准确计算产能,做好选单准备

读懂了市场预测,还必须准确计算产能,推算出各种产品的可承诺接单量,才能制定好广告策略,为选对订单做好一切准备,企业产能计算表如表 8-1 所示。

表 8-1　　　　　　　　　　　企业产能计算表

生产线类型	年初在制品状态	各季度完工情况 1 2 3 4	年末在制品状态	产能
手工生产线	○ ○ ○	□ □ □ ■	● ○ ○	1
	● ○ ○	□ □ ■ □	○ ● ○	1
	○ ● ○	□ □ ■ □	○ ○ ●	1
	○ ○ ●	□ □ ■ ■	● ○ ○	2
半自动生产线	○ ○	□ □ ■ □	○ ●	1
	● ○	□ ■ ■ □	○ ●	2
	○ ●	■ □ □ ■	● ○	2
全自动/柔性线	○	□ ■ ■ ■	●	3
	●	■ ■ ■ ■	●	4

注意：表 8-1 中实心圆图标表示在制品的位置；实心正方形图标表示产品完工下线，同时开始新的下一批生产。

上表列出了所有可能的产能状态。按照上面提供的方法，结合本企业的生产线及库存情况，我们可以计算出可承诺产量，这是选择订单的坚实后盾。值得注意的是，可承诺量并不是一个定数，而是一个区间，我们可以转产，紧急采购，紧急加建生产线，向其他企业采购。比如，意外丢了某产品订单，则需要考虑多拿其他产品订单，可能需要用转产；再比如，某张订单利润特别高，可以考虑紧急采购、紧急加建生产线或向其他企业采购产品来满足市场需要。总之，产能的计算是选单的基础。

三、综合考虑产能计划与采购计划，避免停工待料情况出现

获取订单后，就可以编制生产计划和原料订购计划。两者可以同时编制，企业首先应明确产品在各条生产线上的投产时间，然后根据各生产线的生产周期推算每条生产线的产能及下材料订单的时间和数量。

以在手工沙盘规则下生产 P3 为例，其物料清单（BOM）为"2R2＋R3"，其中 R2 订购提前期为 1 季，R3 订购提前期为 2 季；年初每条生产线均有在制品，且在"1Q"位置。

如表 8-2 所示，可知手工线第三季开始下一批生产，则第 2 季订 2 个 R2，第 1 季订 1 个 R3；第 2 年第 2 季开始新一批生产，需要在第 2 年第 1 季订 2 个 R2，第 1 年第 4 季订 1 个 R3。

以此类推，可以根据生产线类型及所生产产品类型计算出订购时间与订购数量。当然，实际操作的时候还要考虑原料库存、转产、停产、加工费、原料到货付款等。切记不可出现停工待料的失误操作。

第 2 年第 2 季没有推算原材料订单情况，是由于第 2 年第 3 季度和第 4 季度生产何种产品未知，如果第 2 年的订单、生产计划已制订好，生产计划与原料订购计划如表 8-2 所示。

表 8-2　　　　　　　　　　生产计划与原料订购计划

状态		时间					
		1	2	3	4	1	2
手工线	产品下线并开始新生产			■			■
	原材料订购	R3	2R2			R3	2R2
半自动	产品下线并开始新生产		■		■		■
	原材料订购	2R2	R3	2R2	R3	2R2	
全自动线（柔性）	产品下线并开始新生产	■	■	■	■	■	■
	原材料订购	2R2+R3	2R2+R3	2R2+R3	2R2+R3	2R2	
原材料订单合计		4R2+2R3	4R2+2R3	4R2+R3	2R2+3R3	6R2	

四、编制现金预算表，保证企业命脉

看到现金库资金不少，心中就比较放心。

还有不少现金，可是却破产了。

能借钱的时候就尽量多借点，以免第 2 年借不到。

以上几种情况，是 ERP 沙盘模拟情形中经常看到的，说明对资金管理的理解存在一定的偏差。下面我们来一一解答。

（一）库存资金越多越好吗？

错！资金如果够用，越少越好。资金可能是银行贷款，这是要付利息的，短期贷款利率最低，也要 5%；也可能是股东投资，股东是要经营者拿钱去生钱的，放在企业里是闲置，不会生新钱；也可能是销售回款，放在家里白白浪费，放银行至少还可以产生利息。

（二）现金不少，破产了，很多同学这个时候会一脸茫然

破产有两种情况，一是权益为负；二是资金断流。此时破产，必是权益为负。权益和资金是两个概念，千万不要混淆，这两者之间有什么关系呢？从短期看，两者是矛盾的，资金越多，需要付出的资金成本也越多，反而会降低本年权益；长期看，两者又是统一的，权益高了，就可以从银行借更多的钱，要知道，在模拟情境中，银行最大的特点是"嫌贫爱富"。企业经营，特别在初期，在这两者间相当纠结，要想发展，做大做强，必须得借钱、投资，但这时候受制于权益，借钱受到极大限制。可借不到钱，又如何发展呢？这是企业经营之初的"哥德巴赫猜想"，破解了这个难题，经营也就成功了一大半。

（三）在权益较大的时候多借点，以免来年权益降了借不到

这个观点有一定道理。但是也不能盲目借款，否则庞大的财务费用会给企业造成沉重的负担，甚至到期无法偿还本金。

通过以上分析，我们可以看出资金管理对企业经营重要性。资金是企业日常经营的"血液"，断流一天都不可以。如果将可能涉及资金流入流出的业务加以汇总，基本上可以涵盖全部业务。如果将来年可能的发生额填入表中，就自然形成了资金预算表。如果出现断流，

须及时调整,利用资金流入,及时补充。

经过分析现金预算表,发现影响现金流入的项目比较少,其中对权益没有损伤的仅有"应收款到期"。而其他流入项目对权益均有"负面"影响。长短期贷款、贴现——增加财务费用;出售生产线——损失生产线的净值;虽然出售厂房不影响权益,但是购置厂房的款项是一次性付清的,而出售后得到的只能是四期应收款,损失了一年的时间。

通过以上的分析,可以看出现金预算的意义包括两个方面:首先保证企业正常运作,资金不发生断流,否则破产出局;其次,合理安排资金,降低资金成本,使股东权益最大化。

现金预算和销售计划、开工计划、原料订购计划综合使用,既保证各计划正常执行,又不出现浪费,如库存积压、生产线停产、盲目超前投资等。如果市场形势、竞争格局发生改变,现金预算就必须加以动态调整,适应外部要求。资金是企业正常运作的命脉,现金的合理安排,能够为其他部门的正常运转供强有力的保障。

(四) 财务预算编制实例

在编制预算之前,模拟企业的首席执行官要会同财务经理、销售经理、物资供应经理、生产经理等相关部门的负责人召开新年度会议,这也是工作流程表的第一步,结合过往年度情况对市场进行预测、分析,并结合上年度的实际生产销售情况、库存情况,定出新年度的销售目标。销售目标一旦确定,与之相配套的生产采购预算、资金预算等的编制就应紧跟着落实,这是一整套有顺序且环环相扣的预算计划编制流程。

以企业经营模拟沙盘实际操作为例,假设在召开第 3 年新年度会议时,模拟企业的情况为:

自有大厂房一间,内设四条生产线,分别为手工线、半自动线、两条全自动线,加工产品情况如图 8-6 所示。

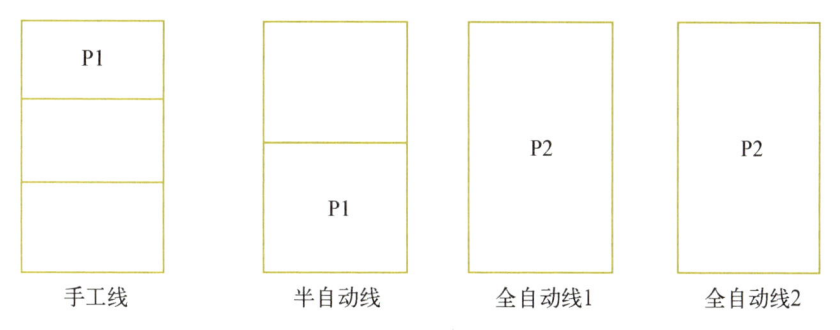

图 8-6　第 2 年第 4 季生产状况

原材料库存有 1 个 R1,2 个 R2。产成品库有 3 个 P1 产品,1 个 P2 产品。有 R1、R2 原材料订货各 1 个。财务方面:现金库有现金 21M,应收账款 9M,账期为 2Q,长期贷款 20M,3 年,没有短期贷款,根据财务报表数据,公司权益为 40M。市场方面:企业已经获得了 P1、P2 产品的生产资格,本地和区域市场已开拓,ISO9000 资格刚刚取得,ISO14000 已投资 1 年。

在这样的情况下,企业应该怎样编制财务预算?

我们要明确:财务预算是独立编制的,但不是孤立的,要与相关的生产、销售、采购计划相配套。

首先,仔细分析公司现实情况,制订销售计划,以目前的生产能力以及在制品的情况看,新年度如果不转产,原材料能及时供应,则最多生产 P1 产品 3 个,分别是手工线产出 1 个,半自动线产出 2 个;P2 产品能产出 8 个,即由 2 条全自动线各生产出 4 个。连同产成品库已有的 3 个 P1 和 1 个 P2,则模拟企业到年底最多能供应 6 个 P1 和 9 个 P2。这样,在接销售订单时,一定要慎重,了解企业是否有能力按时交货。盲目接订单,导致不能交货,是要接受处罚的。假如本年度接到 7 个 P1 产品的订单,企业是很难如期完工交货的。

在预测销售目标以后,按照工作流程,是投放广告开始与其他模拟企业竞争销售订单的步骤。假设企业投放 7M 的广告费,竞得 4 张订单(不考虑广告费误投和订单不足的情况),则第 3 年的订单列表如表 8-3 所示。

表 8-3　　　　　　　　　　　第 3 年的订单列表

区　　域	本地市场	区域市场	本地市场	区域市场
数　　量	2	3	3	5
销售额/M	10	18	21	40
账　期/Q	2	1	3	2

一共要交 5 个 P1 产品和 8 个 P2 产品,在企业能力范围之内,这样就明确了企业本年的销售任务。此时,在此基础上召开会议,重点是根据明确的销售任务调整和制订切实的计划。为了不出现"停工待料"或库存原材料占用资金的情况,要制订相应的生产计划和原材料采购计划。假设不转产,则第 3 年第 1 季生产情况如图 8-7 所示。

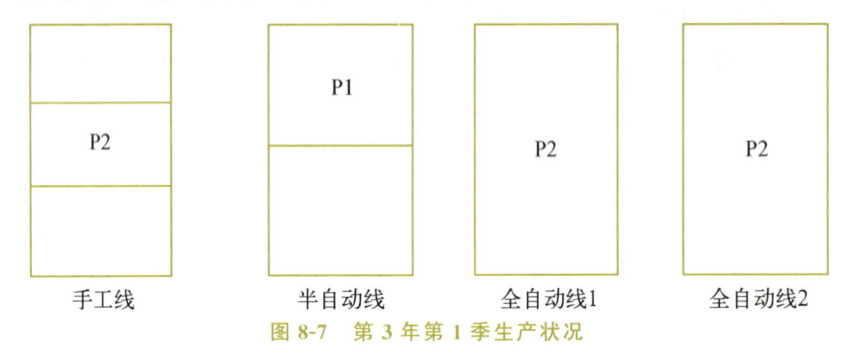

图 8-7　第 3 年第 1 季生产状况

进行生产更新,由两条全自动线产出 2 个 P2 产品,入库,加上原有的 1 个 P2 产品,共有 3 个 P2 产品,可以交货(第三张订单)。成品库原有 3 个 P1 产品,比较(1)和(2)两张销售订单,第(2)张订单只有 1 账期,更易使应收款变现,故先交第(2)张订单,此时可以收到 18M 的应收款,第 3 年第 1 季应收款情况如图 8-8 所示。

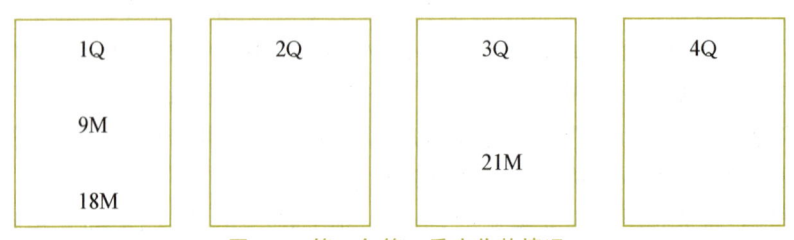

图 8-8　第 3 年第 1 季应收款情况

然后,空置的两条全自动线有新 P2 产品上线,需要(R1,R2)×2=(2R1,2R2)的原材料。第 3 年第 2 季生产状况如图 8-9 所示。

P1	P1	P2	P2
手工线	半自动线	全自动线1	全自动线2

图 8-9　第 3 年第 2 季生产状况

进行生产更新,产出 2 个 P1 和 2 个 P2,此时共有 2 个 P1 和 2 个 P2,可以按订单交货(第一张订单),交货后库存为 2 个 P2 产成品。应收款情况发生变化,如图 8-10 所示。

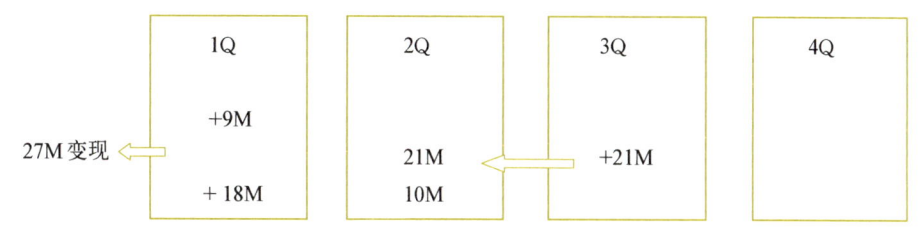

1Q +9M +18M	2Q 21M 10M	3Q +21M	4Q

27M 变现 ←

图 8-10　第 3 年底季应收款情况

第 3 年第 3 季的生产情况如图 8-11 所示。

P1	P1	P2	P2
手工线	半自动线	全自动线1	全自动线2

图 8-11　第 3 年第 3 季生产状况

进行生产更新,产出 2 个 P2 产品,入库,此时库存更新为 4 个 P2。第 3 年第 3 季应收款情况则如图 8-12 所示。

1Q 31M	2Q +21M +10M	3Q	4Q

图 8-12　第 3 年第 3 季应收款情况

第 3 年第 4 季生产状况如图 8-13 所示。

进行生产更新,产出 1 个 P1 和 2 个 P2,可以交第(4)订单,全部如期交货,此时库存为 1 个 P1 和 1 个 P2 产成品。第 3 年第 4 季期末应收款情况图 8-14 所示。

```
┌─────────┐    ┌─────────┐    ┌─────────┐    ┌─────────┐
│         │    │   P1    │    │         │    │         │
│   P1    │    │         │    │   P2    │    │   P2    │
│         │    │         │    │         │    │         │
└─────────┘    └─────────┘    └─────────┘    └─────────┘
   手工线         半自动线        全自动线1       全自动线2
```

图 8-13　第 3 年第 4 季生产状况

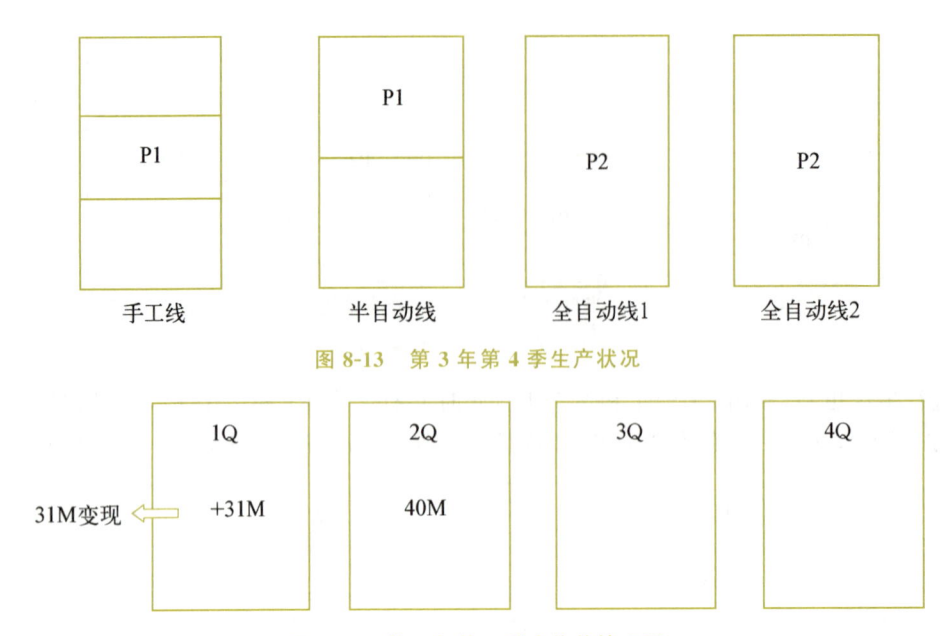

```
           ┌────────┐  ┌────────┐  ┌────────┐  ┌────────┐
           │   1Q   │  │   2Q   │  │   3Q   │  │   4Q   │
31M变现 ←──│  +31M  │  │  40M   │  │        │  │        │
           │        │  │        │  │        │  │        │
           └────────┘  └────────┘  └────────┘  └────────┘
```

图 8-14　第 3 年第 4 季应收款情况图

销售任务、生产计划和原材料采购计划已经基本确立,财务预算要配套编制。企业的发展是有规划的,每个企业的发展规划不同,资金预算计划也不同。

情况一:保持现状。如果不考虑发展业务,即不开拓市场、不研发新产品、不新建生产线,完全保持现状,财务预算就很简单。新年初的现金 21M,扣除订货会投放的 7M 广告费,则年初有 21M－7M＝14M 的资金。根据上述的销售、生产、原材料采购计划,所需资金没有超过 14M,并且在第 2 季和第 4 季分别有 27M 和 31M 的应收账款到账变现,因此,财务方面无须考虑申请贷款、应收账款贴现等安排。

情况二:拓展企业。大家明白企业仅仅维持现状是不行的,必须考虑发展。但不能盲目发展,资金要合理安排。本案例目前的情况是:该模拟企业还没有研发 P3、P4 产品;尚未开拓国内、亚洲、国际市场;ISO14000 还差一年投资期。根据市场趋势表分析,从第 3 年开始,本地市场的购买力下降,P1 等低端产品需求量不仅减少,利润也将下降。新市场要开拓,新产品也要研发,这不仅需要资金,还需要时间。再分析企业自身情况,大厂房能容纳六条生产线,现在只建了四条,其中还有一条是落后的手工线。目前权益为 40M,比初始状态的 66M 下降了 26M,说明要考虑提高利润,20M 的长期贷款(以下简称长期贷款)3 年后才有归还的能力。现假设企业决定在新年的第一季度就开展以上工作,模拟企业的总体预算如下:

第 1 季:在 21M－7M＝14M 的资金情况下,企业准备投资一条全新的柔性线,好处在于能效高、无转产周期和费用。柔性线价格为 24M,安装周期为 4Q,则每季度投资 24÷4＝6M;企业同时开始研发 P3 产品,这样,第一季度需要支出 6M(建柔性生产线)＋2M(P3 产品研发)＋2M(新产品上线生产)＋1M(管理费)＝13M,而现金收入为零,到本季末,只有 1M 的资金可以用。第 2 季一开始就要买原材料、更新生产等,资金不够生产经营,财务人员应该在新年初申请贷款。此时,企业最多能贷 40M(权益)×2－20M(已经贷的长期贷款)＝60M,又因为长期贷款只能在年末借出或归还,所以只能借短期贷款,并在下年年初需要还本付息共计 60M＋60×5％＝63M。那年末是否有偿还能力呢?可以结合现金预算表加以分析,现金预算表如表 8-4 所示。

表 8-4　　　　　　　　　　　　　现 金 预 算 表

流　程	季度			
	1	2	3	4
采购原材料	2	5	6	4
更新生产	2	4	2	3
投资生产线	6	6	6	6
借短期贷款(收入)	+60	0	0	0
应收账款变现收入	0	27	0	31
产品研发	2	2	2	2
管理费	1	1	1	1
维护费	0	0	0	4
长期贷款利息	0	0	0	2
ISO14000	0	0	0	1
开拓国内市场	0	0	0	1
还短期贷款本息	0	0	0	0
收入小计	60	27	0	31
支出小计	13	18	17	87
明年初需要偿还的短期贷款和利息	63			
收入合计	118			
支出合计	135			

从上表可以清晰分析出，经营决策是不可行的，支出比收入多 17M，预计在下年初的时候因为无法偿还 63M 的短期贷款和利息而断流。可能有些经营者很不解："我们的订单很棒，销售额很高啊！"他们没有注意到，订单(4)的 40M 要等到下个年度的第 2 季方可变现，除非企业愿意应收款贴现而损失贴现利息。此时，财务人员应该及时将预测情况报告首席执行官，在年初就及时调整计划，推迟建立新柔性生产线，避免"哥伦布式"经营模式，否则资金断流就来不及了。

五、制定合理的战略规划，确保企业立于不败之地

企业经营的成败，很大程度上与自身的战略规划密切相关。制定规划的目的，从某程度上来说，就是使自己的团队知道自己要做什么，什么时候做，怎样做，做或不做对企业有什么影响。

以下几个情景是我们在企业行为模拟 ERP 沙盘推演中经常碰到的情形：

(1) 盲目建了 3 条，甚至 4 条自动性生产线，建成后发现流动资金不足，只好停产。

(2) 好不容易抢来"市场老大"，第 2 年拱手相让。

(3) 在某个市场"狠砸"一通广告，却发现并没有什么竞争对手，造成极大浪费。

(4) 获得了产品资格、开发了市场产品，却自始至终没有用上。

(5) 还没有搞清楚要生产什么产品，就匆忙采购了一堆原料。

(6) 销售量不错，利润却得不到增长。

很多经营者，一直是"糊里糊涂"的。这是缺乏战略布署的表现。所谓战略，用迈克

尔·波特的话说就是"企业各项运作活动之间建立的配称"。企业所拥有的资源是有限的，分配这些资源，使企业价值最大化的过程就是配称，目标和资源必须是匹配的。不然目标再远大，实现不了，只能沦为空想。

在企业行为模拟 ERP 沙盘推演过程中，我们必须在经营之初就思考如下几个战略问题：

企业的经营目标——核心是盈利目标，还包括市场占有率、无形资产占用等目标。

企业想开发什么市场？何时开发？

企业想开发什么产品？何时开发？

企业是否需要 ISO 认证？何时开发？

企业想建设什么生产线？何时建设？

企业的融资策略是什么？融资规则又是什么？

企业今年的市场投入（广告）策略是什么？

……

在企业行为模拟 ERP 沙盘推演中，为了实现战略规则，我们最有效的工具是长期资金规则，预先将 6 年的资金预算一并做出，就形成了资金规则，同时完成 6 年的预测财务报表、生产计划、采购计划，形成一套可行的战略。当然仅一套战略是不够的，事先需要形成数套战略，这就可以在执行的过程中做动态调整。企业经营战略规划调整思路如图 8-15 所示。

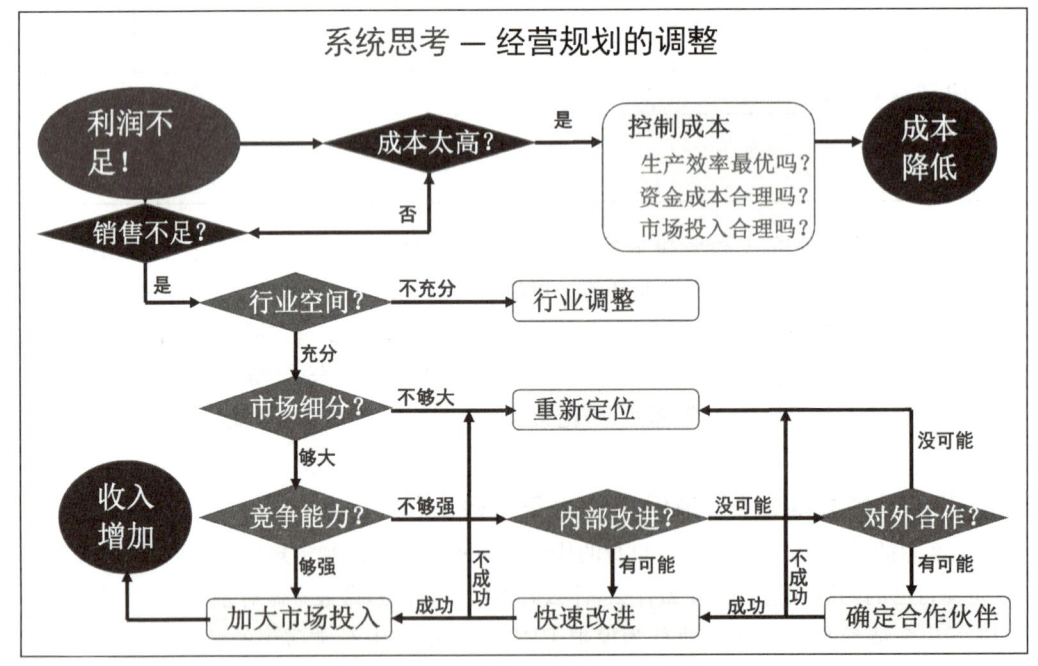

图 8-15　企业经营战略规划调整思路

注意：

（1）在战略的制定和执行过程中，永远不要忘记你的对手，对手的一举一动都会对你产生重要影响。

（2）前 3 年是经营的关键，此时企业资源较少，战略执行必须步步为营，用好每一分钱。而且前期若是被对手拉开差距，后期想追赶是很难的。一年浪费 1M，可能会导致第 6 年权益相差巨大，这就是"蝴蝶效应"，防微杜渐、居安思危是企业经营中必不可少的。

任务三　分析企业经营成果

在企业行为模拟 ERP 沙盘推演过程中，几家起始状态完全一样的企业，经过几年的经营，会出现一定的差异，有的甚至已经破产倒闭，为什么会产生这样的结果？这是受训者们在模拟企业经营过程中自始至终都在考虑的一个问题。在 ERP 沙盘推演的 6 年经营过程中，指导教师应根据受训者的年度经营情况，进行有效的点评。

本任务从系统的角度将某企业六年综合费用表和利润表展示出来，分别从全成本分析、产品贡献度、本量利分析、市场占有率和杜邦分析体系等方面进行分析，让受训者们学会"用数据说话"，分析企业经营成果，找出影响企业利润的关键因素，进而一探企业经营的成功之道。

某企业六个年度的综合费用表（数据来源于电子沙盘，初始现金为 60W）如表 8-5 所示。

表 8-5　　　　　　　　　　　综合费用表　　　　　　　　　　　单位:W

项目	第1年	第2年	第3年	第4年	第5年	第6年
管理费	4	4	4	4	4	4
广告费	0	6	9	8	12	14
维修费	0	3	5	5	5	5
损失	0	7	0	0	0	0
转产费	0	0	0	0	0	0
厂房租金	5	5	5	5	5	5
新市场开拓	3	1	0	0	0	0
ISO资格认证	1	1	0	0	0	0
产品研发	4	3	3	0	0	0
信息费	0	0	0	0	0	0
合计	17	30	26	22	26	28

六个年度的利润表如表 8-6 所示。

表 8-6　　　　　　　　　　　利润表　　　　　　　　　　　单位:W

项目	第1年	第2年	第3年	第4年	第5年	第6年
销售收入	0	39	85	113	163	137
直接成本	0	18	33	46	75	67
毛利	0	21	52	67	88	70
综合费用	17	30	26	22	26	28
折旧前利润	−17	−9	26	45	62	42
折旧	0	0	10	16	16	16
支付利息前利润	−17	−9	16	29	46	26
财务费用	0	4	12	17	10	12
税前利润	−17	−13	4	12	36	14
所得税	0	0	0	0	5	3
年度净利润	−17	−13	4	12	31	11

从表 8-6 中可以看出，除第 5 年以外，该企业业绩平平，从第 3 年起，销售收入增长较快，但利润增长乏力。

一、综合市场占有率——谁拥有市场主动权

谁拥有市场，谁就拥有主动权。市场的获得又与各企业的市场分析与营销计划有关。

市场占有率是企业能力的一种体现，只有拥有了市场，企业才有获得更多收益的机会。

市场占有率指标可以按销售数量统计，也可以按销售收入统计，这两个指标全面地评定了企业在市场中销售产品的能力和获取利润的能力。

综合第 3 年市场占有率是指某企业在某个市场上全部产品的销售数量（收入）与该市场全部产品的销售数量（收入）之比，第 3 年市场占有率如图 8-16 所示。

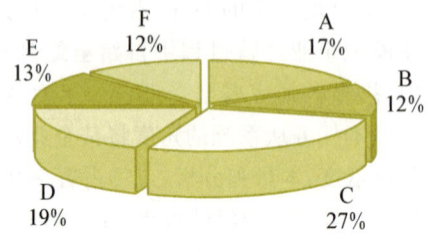

图 8-16 第 3 年市场占有率

某市场某企业的综合市场占有率＝该企业在该市场上全部产品的销售数量（收入）÷全部企业在该市场上各类产品总销售数量（收入）×100％

从图 8-16 中可以看出，在该市场中，C 企业因为拥有最大的市场份额而成为市场领导者，遥遥领先于其他 5 个企业。在后面几年里，C 企业的广告费就可以得到很大程度的节约，营销规划也更容易制定了，这对于沙盘模拟中较为艰难的第 3 年和第 4 年无疑是一个好消息。

二、全成本分析——钱花在哪里了

全成本分析属于企业盈利能力的分析指标，分析各项费用占销售收入的比重，我们应从比例较高的那些费用支出入手，分析其发生的原因，提出控制费用的有效办法。

考虑到第 1 年没有销售活动发生，列出的数据从第 2 年起。经营费用等于综合费用减去管理费和广告费后的余额。

该企业各年度成本汇总，1 代表当年的销售额，各方块表示各类成本的分摊比例。当年各方块累加高度大于 1，表示亏损，低于 1，表示盈利。

从表 8-15 和图 8-17 中的数据分析发现第 2 年经营费用较高，主要因为出现 7M 损失，查找经营记录，原来是高价向其他企业采购 3 个 P2 所致，看来选单发生了重要失误或者生产和销售没有衔接好。直接成本也较高，主要是因为订单的利润也不好。

第 3 年、第 4 年经营基本正常，也开始略有盈利，企业逐步走上正轨，但是财务费用较高，看来资金把控能力还不足。

第 5 年利润较好，但直接成本较高，毛利率不理想，看来对市场研究还不透。

第 6 年广告有问题，其效果还不如第 5 年，毛利率也不理想。

三、产品贡献度——生产什么产品划算

一个经营多种产品的企业来说，应该定期对其产品进行贡献分析。对企业产品进行贡献分析，可以使企业清晰地看到每一种产品对企业效益贡献的大小，在资源有限的条件下，企业可以据此调整其产品结构，尽可能地将资源投入到对企业贡献大的产品上，实现企业效

图 8-17　各年度成本汇总

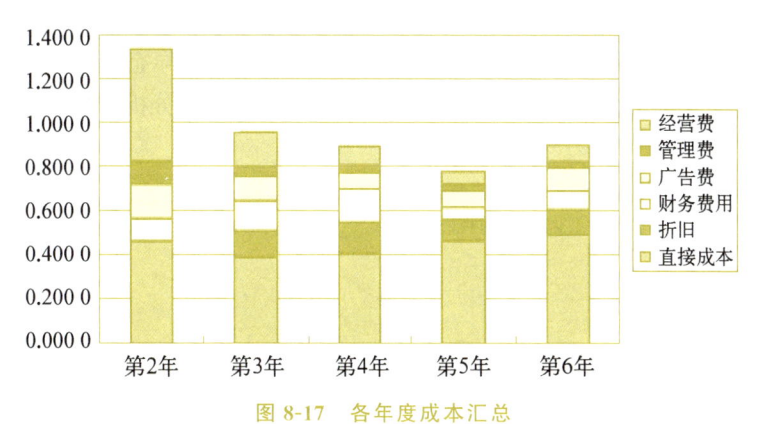

益最大化。

我们将各类成本按产品分类,将每种产品涉及的费用归类统计,并计算出每个产品的各项成本分摊比例,按照前面全成本的计算原理,累计成总成本。这里要注意,经营费、财务费用的分摊比例并不是非常明确,可以根据经验来确定。产品贡献度如图 8-18 所示。

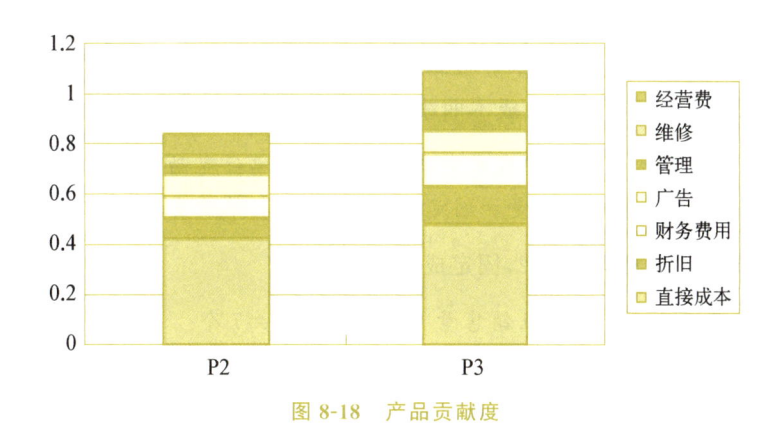

图 8-18　产品贡献度

从图 8-18 中的数据可见:P2 的获利能力比 P3 更强,P3 的直接成本高,看来产品的毛利润不理想;同时分摊的折旧比例较高,主要是因为生产 P3 生产线的建成时机不好,选在第 3 年四季建成,导致无形中多了一年折旧,可以考虑缓建一季,省一年折旧。

产品贡献分析法,是对企业经营效果的事后分析,这种"事后分析"虽然不能改变已经发生的现实,但它可以让企业经营者知道原先的努力是否取得应有的成效,还可以告诉企业经营者哪些产品是获利的,哪些产品是不获利的,进而让企业经营者通过对企业内部资源的调整(产品调整),努力去实现企业效益的最大化。因此,产品贡献分析是一项非常重要的工作。

四、本量利分析——销售多少才能获利

本量利分析法,全称为产量成本利润分析,也叫保本分析或盈亏平衡分析法,它是根据成本、业务量(产量、销售量、销售额)、利润三者之间的关系,用来预测利润、控制成本的一种数学分析方法,是企业经营决策中常用的一种定量确定型决策方法。

本量利分析法的核心是盈亏平衡点的分析。在盈亏平衡点对应的销售量下,企业的销售

收入等于总成本,即利润为零。以盈亏平衡点为界,销售收入高于此点则企业盈利,反之企业亏损。因此,在企业经营活动中,应掌握盈亏变化的规律,进而指导企业选择能够以最小的成本生产最多的产品并可使企业获得最大利润的经营方案。本量利分析图如图8-19所示。

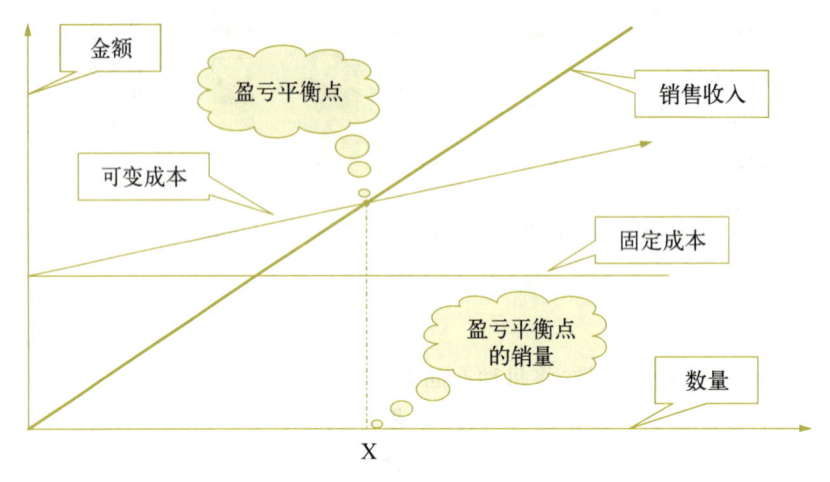

图 8-19 本量利分析图

销售额和销售数量成正比;而企业成本分为固定成本和变动成本,固定成本和销售数量无关,如综合费用、折旧、利息等;成本曲线和销售金额曲线交点即盈亏平衡点。

利润＝销售额－变动成本－固定成本＝单价×数量－单位变动成本×数量－固定成本

盈亏临界点销售量＝固定成本÷(单价－单位变动成本)

例:P1销售单价5,直接成本2,固定成本21,则:

临界点销售量＝21÷(5－2)＝7个

以上计算结果表明:如果P1产品销量不足7个,本产品本年度就亏损了。

从图8-19可见,盈利不佳是因为成本过高或产量不足,企业在从事经营活动过程中,应最大限度地缩小盈亏平衡点的销量或销售收入,尽量提高盈利销量,实现企业利润最大化的目标。

五、杜邦分析体系——找出影响利润的因素

杜邦分析体系是一种比较实用的财务比率分析体系。企业经营的根本目的是盈利,那应当如何衡量经营的好坏呢?有两个最关键的指标,即资产收益率和净资产收益率(股东权益收益率),而净资产收益率是股东最为关心的指标。

净资产收益率＝销售净利率×总资产周转率×权益乘数

杜邦体系分析法的基本思想就是将企业的净资产收益率逐级分解为多项财务比率的乘积,综合地分析和评价企业盈利能力和股东权益回报水平,有助于深入分析、比较企业的经营业绩。杜邦体系分析涉及图8-20、图8-21、图8-22。

杜邦体系分析图告诉我们,净资产收益率是杜邦分析的核心指标,这是因为,任何一个投资人投资某一特定企业,其目的都在于希望该企业能给他带来更多的回报。因此,投资人最关心这个指标,同时,这个指标也是企业管理者制订各项财务决策的重要参考依据。

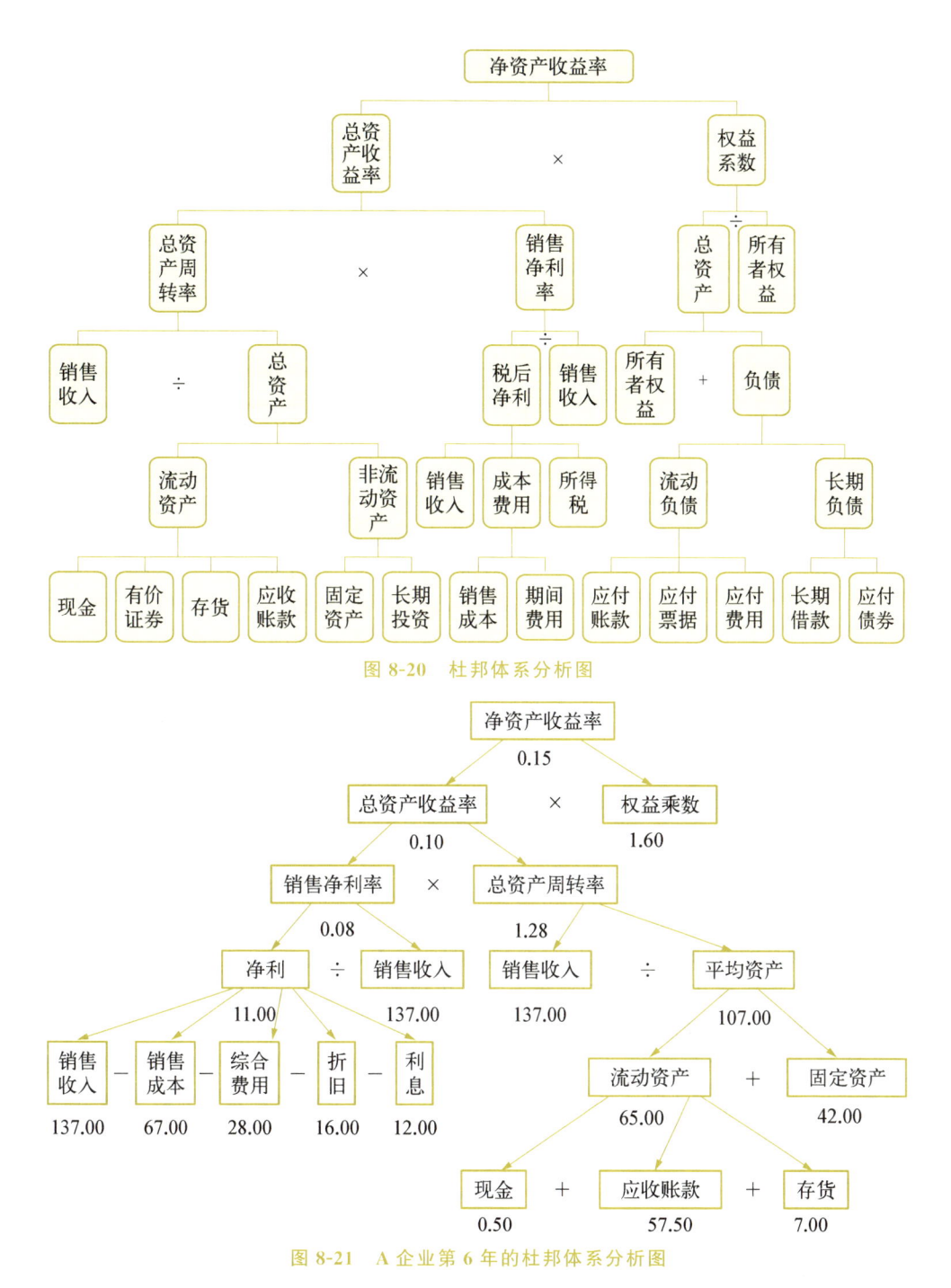

图 8-20　杜邦体系分析图

图 8-21　A 企业第 6 年的杜邦体系分析图

从图 8-21 和图 8-22 的数据可以看出,A 企业的净资产收益率为 15％,C 企业的净资产收益率为 48％。很明显,经营 6 年之后,C 企业发展态势要比 A 企业好很多。那么,究竟是什么因素影响了我们对企业的综合评价呢?

杜邦分析将影响净资产收益率指标的三个因素从"幕后"推向"前台",使我们能够目睹他们的"庐山真面目",让我们能够真正地解密出企业经营的成功之道。

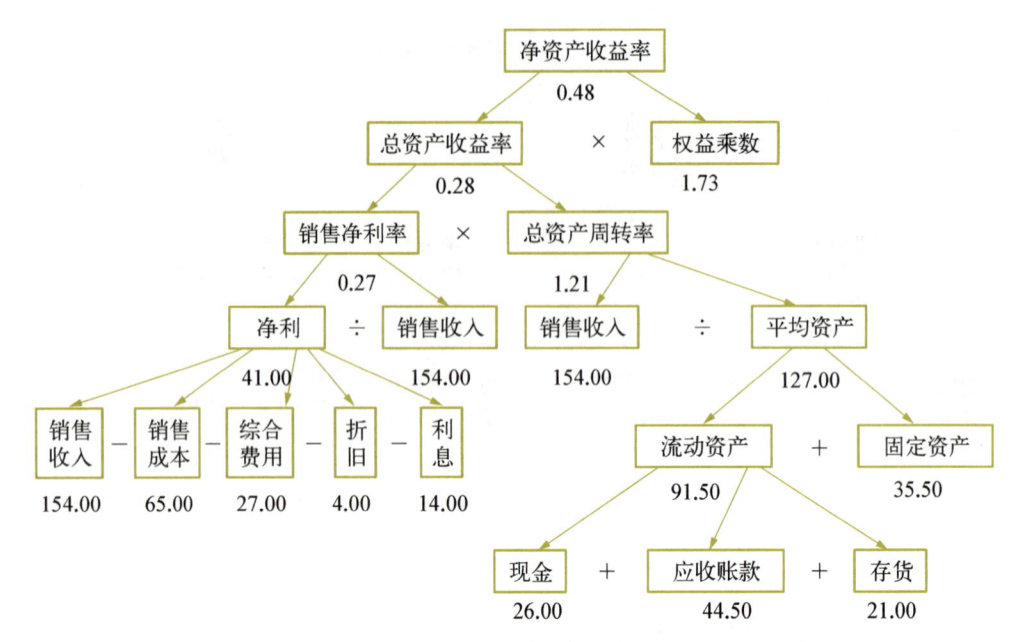

图 8-22　C 企业第 6 年的杜邦体系分析图

(一) 销售净利率

销售净利率反映了企业利润总额与销售收入的关系。提高销售净利率是提高企业盈利能力的关键所在。

$$销售净利率 = \frac{净利润}{销售收入} \times 100\%$$

从图 8-21 和图 8-22 上的数据可以看出，A 企业的销售净利率为 8%，C 企业的销售净利率为 27%。A 企业的销售收入为 137，净利润为 11；C 企业的销售收入为 154，净利润为 41。A 企业销售的产品的利润空间没有 C 企业销售的产品大。

经过以上分析可得知，一个企业要想提高销售净利率，主要有两个途径：
(1) 扩大销售收入（开源）。
(2) 降低成本费用（节流）。

降低各项成本费用开支是企业财务管理工作的一项重要内容。对各项成本费用开支加以列示，有利于企业进行成本费用进行结构分析，加强成本控制，以便为寻求降低成本费用的途径提供依据。

(二) 总资产周转率

总资产周转率揭示企业资产总额实现销售收入的综合能力，反映了企业资产的营运能力，既关系着企业的获利能力，又关系着企业的偿债能力。

$$总资产周转率 = \frac{销售收入}{资产总额} \times 100\%$$

从图 8-21 和图 8-22 上的数据可以看出，A 企业的总资产周转率为 128%，C 企业的总资产周转率为 121%。A 企业的销售收入为 137，平均资产总额为 107；C 企业的销售收入为

154,平均资产总额为127。即A企业总资产周转率略高于C企业总资产周转率,主要因为C企业产品积压严重,大量应收款未能变现,库存现金也留用过多。

经过以上分析,可得知一个企业要想提高总资产周转率,应当结合销售收入分析企业资产的使用是否合理,资产总额中的流动资产和非流动资产的结构安排是否适当。一般而言,流动资产体现企业的偿债能力和变现能力;非流动资产体现企业的经营规模和发展潜力。两者应当保持一个合理的结构比率,如果企业持有的现金超过业务需要,就可能影响企业的获利能力;如果企业占用过多的存货和应收账款,则既会影响获利能力,又要影响偿债能力。因此,就要进一步分析各项资产的占用数额和周转速度。对流动资产应重点分析存货是否积压、货币资金是否闲置;对应收账款要分析客户的付款能力和有无变为坏账的可能;对非流动资产则应重点分析企业固定资产是否得到了充分的利用。

(三) 权益乘数

权益乘数主要受资产负债率的影响,反映企业的负债能力。

(1) 权益乘数 $= \dfrac{1}{1-资产负债率}$

(2) 资产负债率 $= \dfrac{负债总额}{资产总额} \times 100\%$

从图8-21和图8-22上的数据可以看出,A企业的权益乘数为1.60,C企业的权益乘数为1.73。通过公式的计算可算出A企业的资产负债率为37.5%;C企业的资产负债率为42.2%。即C企业的财务风险比较大,财务杠杆效应也比较明显,进而推出C企业的资金结构比较合理。

经过以上分析,可得知一个企业的权益乘数指标值较高,说明该企业资产总额中的大部分是通过负债形成的,这样的企业将会面临较高的财务风险。权益乘数指标值较低,说明企业的财务政策比较稳健、负债较少、风险也小,但获得超额收益的机会也不会很多。因此,企业既要合理使用全部资产,又要妥善安排资本结构。

通过对以上三个因素的学习,我们发现:杜邦分析体系既涉及企业获利能力方面的指标(净资产收益率、销售利润率),又涉及营运能力方面的指标(总资产周转率),同时还涉及举债能力指标(权益乘数),可以说,杜邦分析法是一个"三足鼎立"的财务分析方法。

在手工沙盘和在电子沙盘的后台经营分析中,都可以直接查看各企业不同年份的杜邦体系分析图,进而帮助企业行为模拟ERP沙盘推演的企业做出更好的经营决策。

六、企业行为模拟课程评判

在"ERP沙盘模拟实训"课程中,企业评价如何相近企业的真实价值,并且反映企业未来的发展和成长性,这离不开总成绩计算算法。在综合考虑各方面因素的基础上,我们定义了企业的决胜算法,列如下:

$$总成绩 = 所有者权益 \times (1+企业综合发展潜力 \div 100) - 罚分$$

1. "成绩评价"思考的逻辑框架

对沙盘各小组加以比较"公正"的评价应当考虑两个方面的因素。

(1) "利润"。盈利的"多与少"是各组沙盘经营综合决策的客观结果。但也有许多学习者在经营的最后一年结束时,将生产线全部卖掉,由此增加了"额外收入",计入"利润"之中,从而使积分加大。此时若仅考虑"利润"就产生了偏差。

(2) 综合考虑企业的未来发展。企业的固定资产（生产线、厂房等），现金流状况（应收款、应付款、当前现金），市场份额（总市场占有率、各个分市场占有率），ISO认证，产品开发等因素应当加以综合考虑。

依据实践经验，归纳ERP沙盘推演评价体系框架，如图8-23所示。

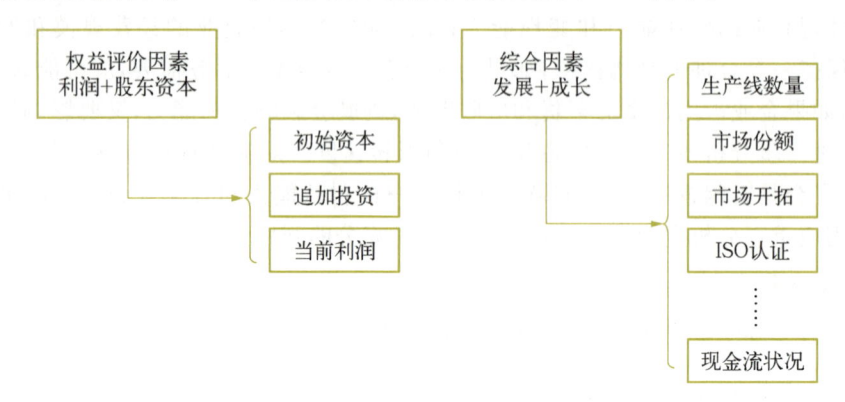

图 8-23 ERP沙盘推演评价体系框架

2. 权益评价因素分析

沙盘中各企业的权益结构很简单，所有者权益等于股东资本与利润之和。

(1) 利润是"利润留存"（以前年度未分配利润）与"当年净利润"之和。当然，利润越大，意味着"赚钱越多"。

(2) 股东资本是企业经营之初所有股东投入的资金。但在训练中，有些小组由于决策失误，资不抵债（权益为负）且"现金资本断流"，出于训练的"延续性"考虑，需要对其进行"股东资本追加"。此时，该小组股东资本＝股东原始资本＋追加股东资本。追加了股东资本后，权益加大。此时如果还按照权益去计算积分，显然对于未追加资本的小组而言是很不公平的。

(3) 变卖生产线增加的"额外收入"可以提高当年的"利润"，如此提高"积分"属于"投机取巧"。

由以上分析可以看出仅仅依赖"权益"进行考评，确实存在着"消极"和"不公正"因素。

3. 综合因素评价分析

对各小组的综合因素评价因素，主要考虑企业未来发展的潜力，此时评价的前提当然是以企业下年继续经营为假设，考虑企业已存在的各种有形资产和无形资产。

(1) 生产线数量。生产线数量决定了生产能力，生产线越多、越先进，企业未来的产能越大。

(2) 自主厂房（已购买）数量。自主厂房越多，意味着企业固定资产规模越大，未来生产经营中"租金"费用越低，盈利能力越强。

(3) ISO认证。ISO认证可以认为是一种投资回报。未来有ISO认证需要的订单在价格和应收款期限上一般都比较合宜，广告成本小，盈利能力强。

(4) 市场开拓数量。可以认为其是一种投资回报。未来市场宽广，拿订单易于达到"最大可销售量"数量，降低库存，而且可以更好地定位于价格高的市场，加快资金周转，降低广告费用，盈利能力强。

(5) 产品开发种类。可以认为产品开发是一种投资回报。产品市场选择宽广，拿订单易于达到"最大可销售量"数量，降低库存，而且可以更好地定位于价格高、毛利大的产品，加大"毛利率"，降低广告费用分摊比率，盈利能力强。

(6) 市场销量。"销量最大"意味着在该市场占有主导地位,可以认为是一种优势,在有"市场老大"规则的情况下,可以降低广告费用成本,盈利能力强。

(7) 未借高利贷为贴现。这方面体现的是以往的运营过程中"现金流"控制得当,财务预算与执行能力较强,财务成本较低。这样对未来的财务费用控制能力也可以有较高的预期。

项目小结

本项目归纳了企业行为模拟 ERP 沙盘推演的精髓所在,解密企业经营本质,旨在使受训者掌握企业经营基本业务流程,学会用数据说话,学会树立战略观念,不做"拍脑袋"决策;学会透彻分析企业经营成果,掌握企业经营成功之道,彻底明白获利才是企业经营最根本的目的。当然,环境保护、社会责任也是企业必须留意的,沙盘实训不涉及,但同学们在今后的工作中都要积极践行。

问题与思考

1. 哪些原因会导致企业破产?
2. 企业创造价值的原理及关键任务是什么?
3. 第 1 年为什么都会亏损?第 2 年又会在哪些地方亏损?
4. 第 2 年企业的订单为什么会减少?
5. 企业经营的本质是什么?
6. 如何制定产品战略?利用半自动线生产 P4 产品可以获利吗?
7. 如何利用杜邦体系衡量企业的经营状况?

素养提升

宋代诗人苏轼在《题西林壁》中写道:"横看成岭侧成峰,远近高低各不同,不识庐山真面目,只缘身在此山中。"他告诉世人,要认清事物的本质,就必须从各个角度去观察,既要客观,又要全面。

经营企业也应该全面分析,认清企业经营的本质,学会从企业经营的多个角度进行分析,从不同的经营指标中提取有用的信息,并能认真思考总结,为企业的经营决策提供数据支撑,为企业经营提供新的思路。在未来的生活和工作中,遇到任何事情要学会全面分析,多从几个角度去看待问题、理解问题,从而正确识别机遇和挑战,做出更加明智的决策和行动。

附　录　ERP 沙盘实训推演过程记录表

　　这是企业管理者经营理念的"实验田",这是管理者变革模式的"检验场",即便失败,也不会给企业和个人带来任何伤害!

　　这是一场商业实战,"六年"的辛苦经营将把每个团队的经营潜力发挥得淋漓尽致,在这里可以看到激烈的市场竞争、部门间的密切协作、新掌握的经营理念迅速应用以及团队的高度团结。

　　在模拟训练过程中,胜利者自会有诸多经验与感叹,而失败者则更会在遗憾中体悟和总结。人生能有几回搏,请您把它记录下来吧,这将是您人生中值得回味的一段记忆。

学　　号:＿＿＿＿＿＿＿

班　　级:＿＿＿＿＿＿＿

姓　　名:＿＿＿＿＿＿＿

担任角色:＿＿＿＿＿＿＿

指导教师:＿＿＿＿＿＿＿

实训目的：_____

_____

_____

_____

实训时间：_____

实训地点：_____

教师评语：_____

_____

_____

_____

_____

_____

_____

_____

_____

实训成绩：_____

教师签名：_____

_____年_____月_____日

附录一 手工沙盘实训推演过程记录表

手工沙盘 6 组市场预测图

这是由一家权威的市场调研机构对未来六年里各个市场的需求的预测,应该说这一预测有着很高的可信度。但根据这一预测进行企业的经营运作,其后果将由各企业自行承担。

P1 产品是目前市场上的主流产品,P2 作为 P1 的技术改良产品,也比较容易获得大众的认同。

P3 和 P4 产品是 P 系列产品里的高端产品,各个市场上对他们的认同度不尽相同,需求量与价格也会有较大的差异。手工沙盘 6 组本地市场预测图如附图 1-1 所示。

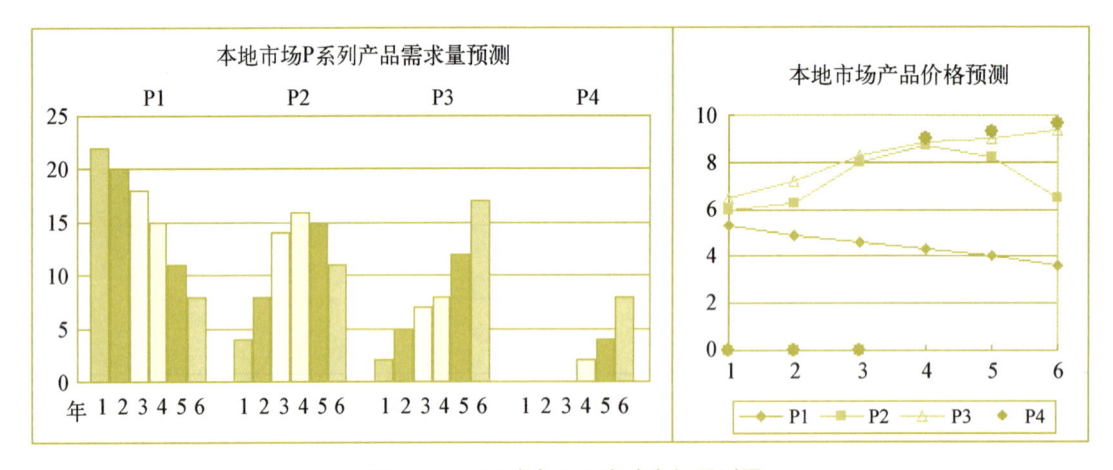

附图 1-1 手工沙盘 6 组本地市场预测图

本地市场将会持续发展,客户对低端产品的需求可能要下滑。伴随着需求的减少,低端产品的价格很有可能会逐步走低。后几年,随着高端产品的成熟,市场对 P3、P4 产品的需求将会逐渐增大。同时,随着时间的推移,客户的质量意识将不断提高,后几年可能会对厂商是否通过了 ISO9000 认证和 ISO14000 认证有更多的要求。手工沙盘 6 组区域市场预测图如附图 1-2 所示。

区域市场的客户对 P 系列产品的喜好相对稳定,因此市场需求量的波动也很有可能会比较平稳。因为其紧邻本地市场,所以产品需求量的走势可能与本地市场相似,价格趋势也应大致一样。该市场的客户比较乐于接受新的事物,因此对于高端产品也会比较有兴趣,但由于受到地域的限制,该市场的需求总量非常有限。并且这个市场上的客户相对比较挑剔,因此在后几年,客户会对厂商是否通过了 ISO9000 认证和 ISO14000 认证有较高的要求。手工沙盘 6 组国内市场预测图如附图 1-3 所示。

P1 产品带有较浓的地域色彩,估计国内市场对 P1 产品不会有持久的需求。P2 产品因为更适合于国内市场,所以预计其需求会一直比较平稳。随着对 P 系列产品新技术的逐渐认同,估计对 P3 产品的需求会发展较快,但这个市场上的客户对 P4 产品却并不是那么认同。当然,对于高端产品来说,客户一定会更注重产品的质量保证。手工沙盘 6 组亚洲市场预测图如附图 1-4 所示。

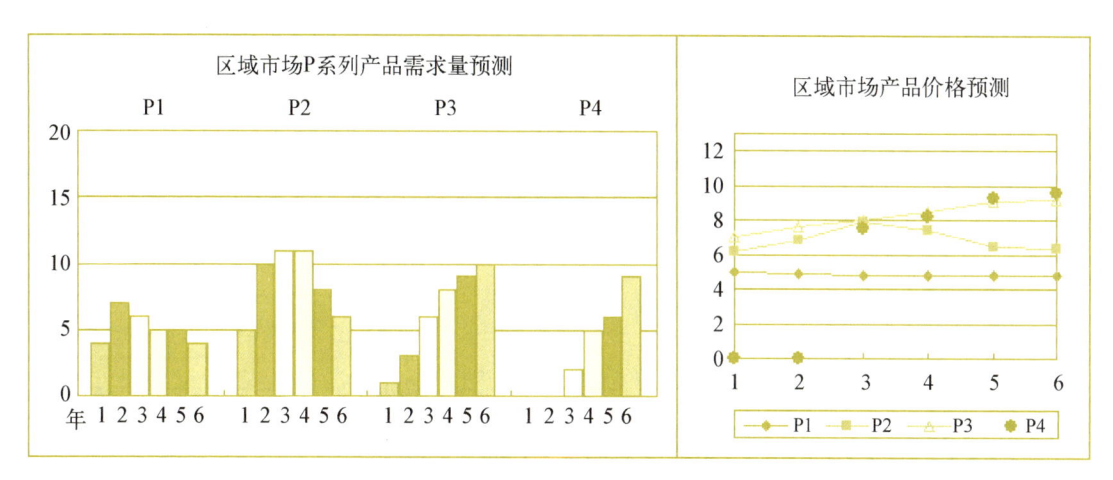

附图 1-2　手工沙盘 6 组区域市场预测图

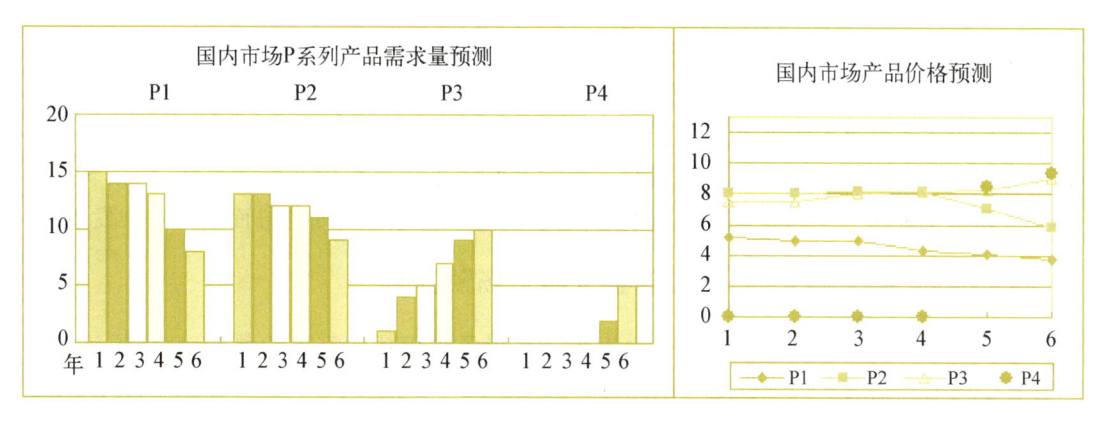

附图 1-3　手工沙盘 6 组国内市场预测图

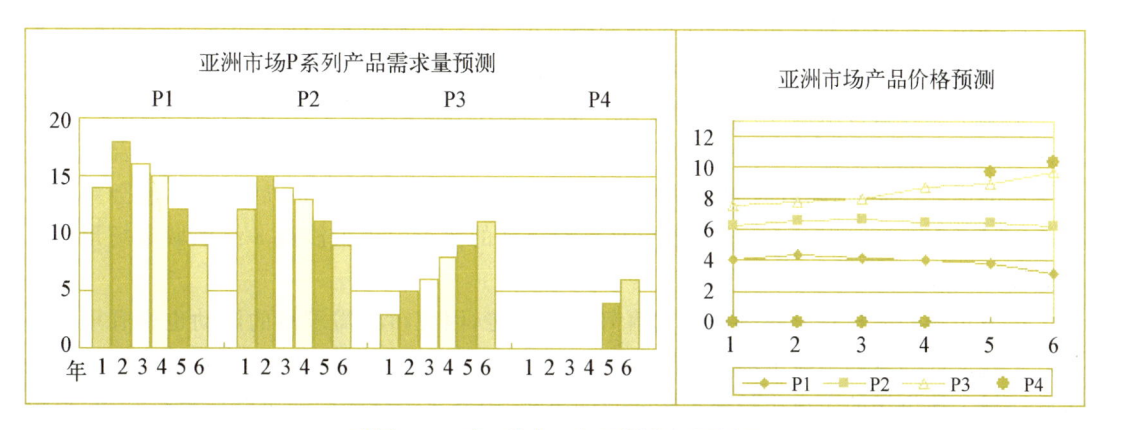

附图 1-4　手工沙盘 6 组亚洲市场预测图

这个市场上的客户的喜好一向波动较大,不易把握,因此,对 P1 产品的需求可能起伏较大,估计 P2 产品的需求走势也会与 P1 相似。但该市场对新产品很敏感,因此估计对 P3、P4 产品的需求会发展较快,价格也可能不菲。另外,这个市场的消费者很看重产品的质量,在后几年里,如果厂商没有通过 ISO9000 和 ISO14000 的认证,其产品可能很难销售。手工沙盘 6 组国际市场预测图如附图 1-5 所示。

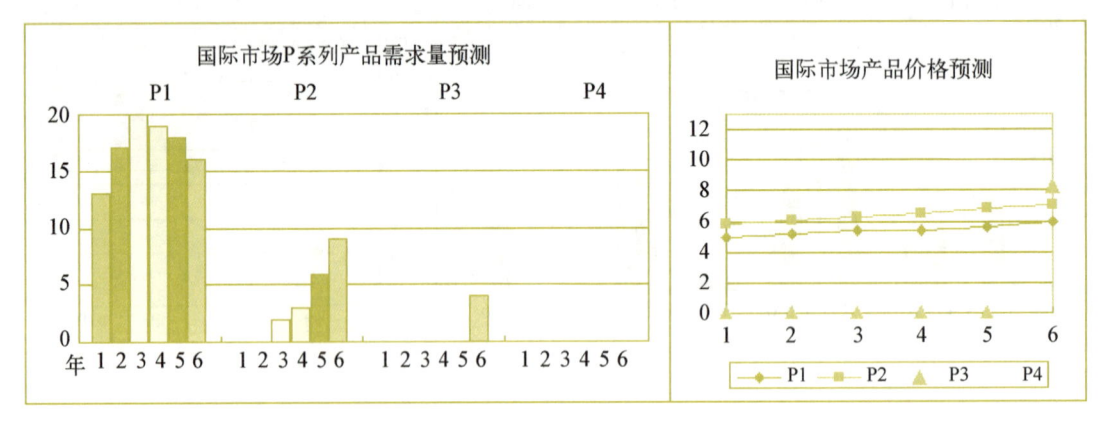

附图 1-5　手工沙盘 6 组国际市场预测图

进入国际市场可能需要一个较长的时期。有迹象表明,目前这一市场上的客户对 P1 产品已经有所认同,需求也会比较旺盛。对于 P2 产品,客户将会谨慎地接受,但 P2 产品仍需要一段时间才能被市场所接受。对于新兴的技术,这一市场上的客户将会以观望为主,因此对于 P3 和 P4 产品的需求将会发展极慢。因为产品需求主要集中在低端市场,所以客户对于 ISO 认证的要求并不如其他几个市场那么高,但也不排除在后期这方面的需求会发生。

手工沙盘 8 组市场预测图

这是由一家权威的市场调研机构对未来六年里各个市场的需求的预测,应该说这一预测有着很高的可信度。但根据这一预测进行企业的经营运作,其后果将由各企业自行承担。

P1 产品是目前市场上的主流产品,P2 作为 P1 的技术改良产品,也比较容易获得大众的认同。

P3 和 P4 产品作为 P 系列产品里的高端产品,各个市场对他们的认同度不尽相同,需求量与价格也会有较大的差异。手工沙盘 8 组本地市场预测图如附图 1-6 所示。

本地市场将会持续发展,客户对低端产品的需求可能要下滑。伴随着需求的减少,低端产品的价格很有可能会逐步走低。后几年,随着高端产品的成熟,市场对 P3、P4 产品的需求将会逐渐增大。同时,随着时间的推移,客户的质量意识将不断提高,后几年可能会对厂商是否通过了 ISO9000 认证和 ISO14000 认证有更多的要求。手工沙盘 8 组区域市场预测图如附图 1-7 所示。

区域市场的客户对 P 系列产品的喜好相对稳定,因此市场需求量的波动也很有可能会比较平稳。因其紧邻本地市场,所以产品需求量的走势可能与本地市场相似,价格趋势也应大致一样。该市场的客户比较乐于接受新的事物,因此对于高端产品也会比较有兴趣,但由于受到地域的限制,该市场的需求总量非常有限。并且这个市场上的客户相对比较挑剔,因此在后几年客户会对厂商是否通过了 ISO9000 认证和 ISO14000 认证有较高的要求。手工沙盘 8 组国内市场预测图如附图 1-8 所示。

P1 产品带有较浓的地域色彩，估计国内市场对 P1 产品不会有持久的需求。但 P2 产品

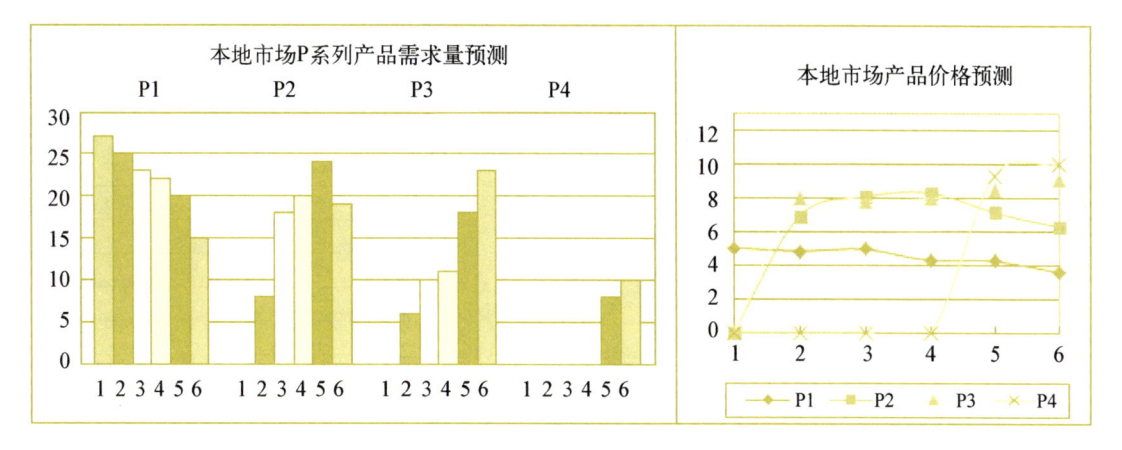

附图 1-6　手工沙盘 8 组本地市场预测图

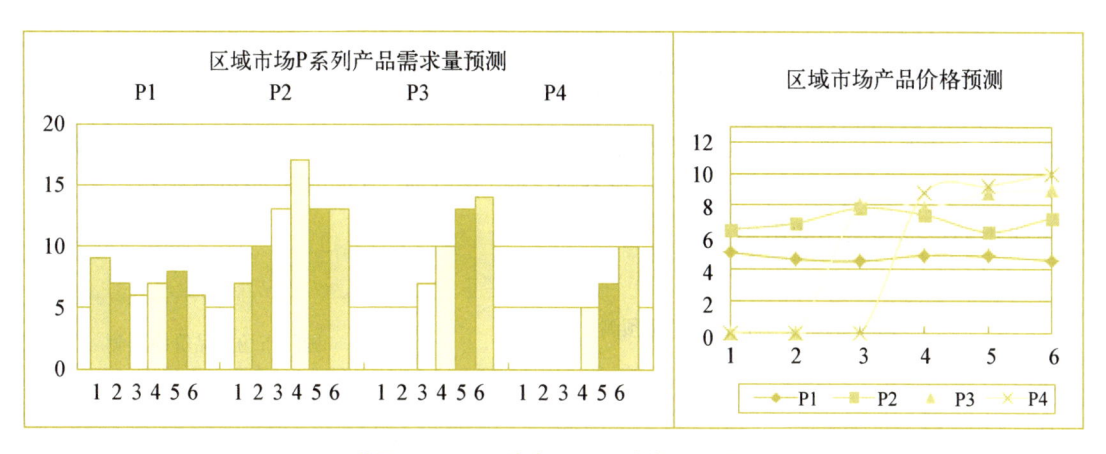

附图 1-7　手工沙盘 8 组区域市场预测图

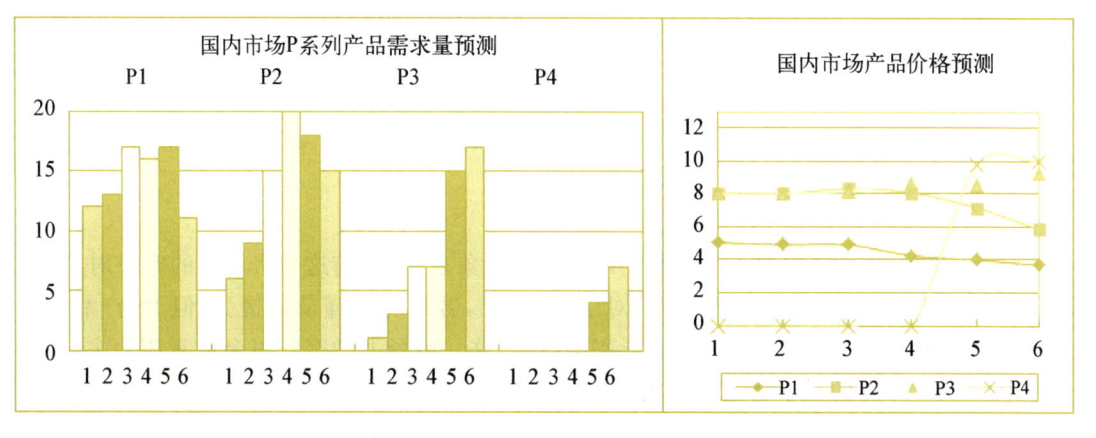

附图 1-8　手工沙盘 8 组国内市场预测图

更适合国内市场,估计需求会一直比较平稳。随着对 P 系列产品新技术的逐渐认同,对 P3 产品的需求估计会发展较快,但这个市场上的客户对 P4 产品却并不是那么认同。当然,对于高端产品来说,客户一定会更注重产品的质量保证。手工沙盘 8 组亚洲市场预测图如附图 1-9 所示。

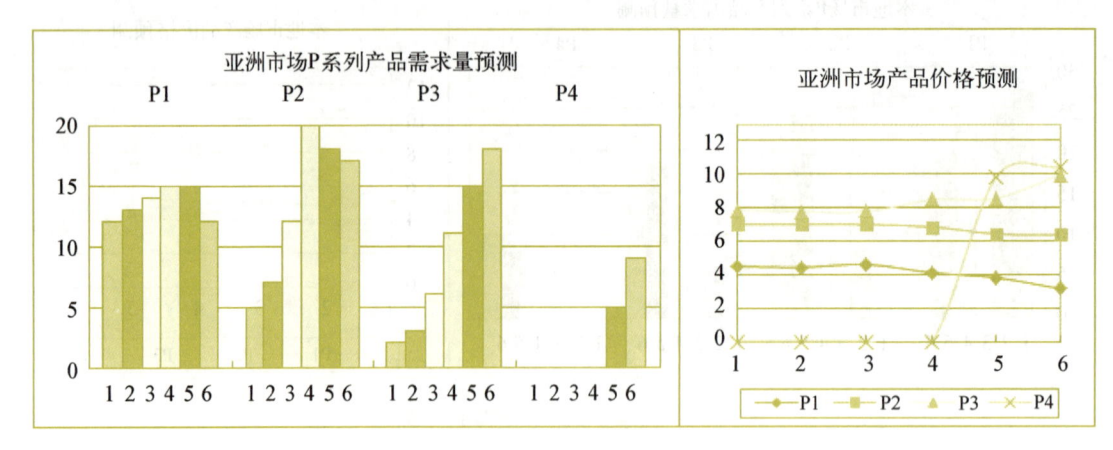

附图 1-9　手工沙盘 8 组亚洲市场预测图

这个市场上的客户的喜好一向波动较大,不易把握,故对 P1 产品的需求可能有较大起伏,估计 P2 产品的需求走势也会与 P1 相似。但该市场对新产品很敏感,因此估计对 P3、P4 产品的需求会发展较快,价格也可能不菲。另外,这个市场的消费者很看重产品的质量,在后几年里,如果厂商没有通过 ISO9000 和 ISO14000 的认证,其产品可能很难销售。手工沙盘 8 组国际市场预测图如附图 1-10 所示。

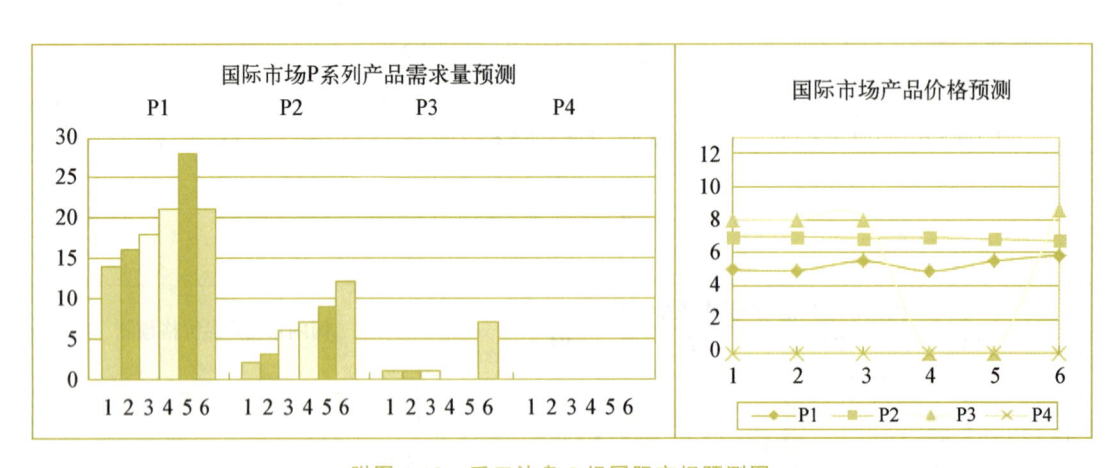

附图 1-10　手工沙盘 8 组国际市场预测图

进入国际市场可能需要一个较长的时期。有迹象表明,目前这一市场上的客户对 P1 产品已经有所认同,需求也会比较旺盛。对于 P2 产品,客户将会谨慎地接受,但 P2 产品仍需要一段时间才能被市场所接受。对于新兴的技术,这一市场上的客户将会以观望为主,因此对于 P3 和 P4 产品的需求将会发展极慢。因为产品需求主要集中在低端市场,所以客户对于 ISO 认证的要求并不如其他几个市场那么高,但也不排除在后期会有这方面的需求。

手工沙盘 10 组市场预测图

这是由一家权威的市场调研机构对未来六年里各个市场的需求进行的预测,应该说这一预测有着很高的可信度。但根据这一预测进行企业的经营运作,其后果将由各企业自行承担。

P1 产品是目前市场上的主流产品,P2 作为对 P1 的技术改良产品,也比较容易获得大众的认同。

P3 和 P4 产品作为 P 系列产品里的高端产品,各个市场上对他们的认同度不尽相同,需求量与价格也会有较大的差异。手工沙盘 10 组本地市场预测如附图 1-11 所示。

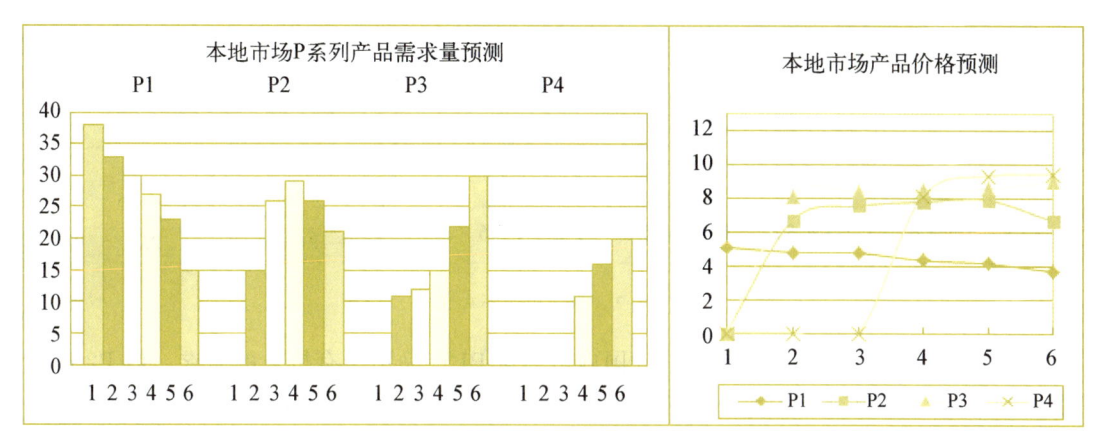

附图 1-11　手工沙盘 10 组本地市场预测图

本地市场将会持续发展,客户对低端产品的需求可能要下滑。伴随着需求的减少,低端产品的价格很有可能会逐步走低。后几年,随着高端产品的成熟,市场对 P3、P4 产品的需求将会逐渐增大。同时,随着时间的推移,客户的质量意识将不断提高,后几年可能会对厂商是否通过了 ISO9000 认证和 ISO14000 认证有更多的要求。手工沙盘 10 组区域市场预测如附图 1-12 所示。

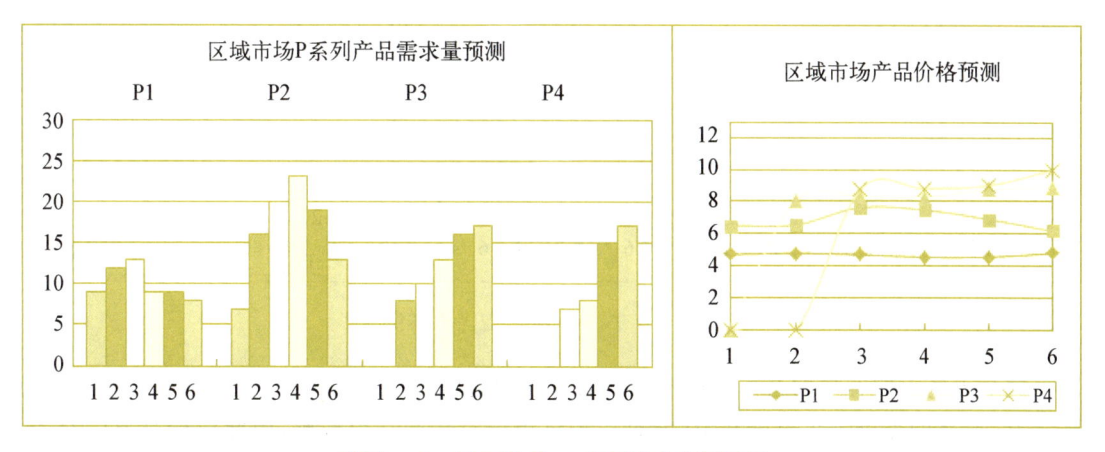

附图 1-12　手工沙盘 10 组区域市场预测图

区域市场的客户对 P 系列产品的喜好相对稳定,因此市场需求量的波动也很有可能会比较平稳。因为其紧邻本地市场,所以产品需求量的走势可能与本地市场相似,价格趋势也应大致一样。该市场的客户比较乐于接受新的事物,因此对于高端产品也会比较有兴趣,但由于受到地域的限制,该市场的需求总量非常有限。这个市场上的客户相对比较挑剔,因此,在后几年,客户会对厂商是否通过了 ISO9000 认证和 ISO14000 认证有较高的要求。手工沙盘 10 组国内市场预测如附图 1-13 所示。

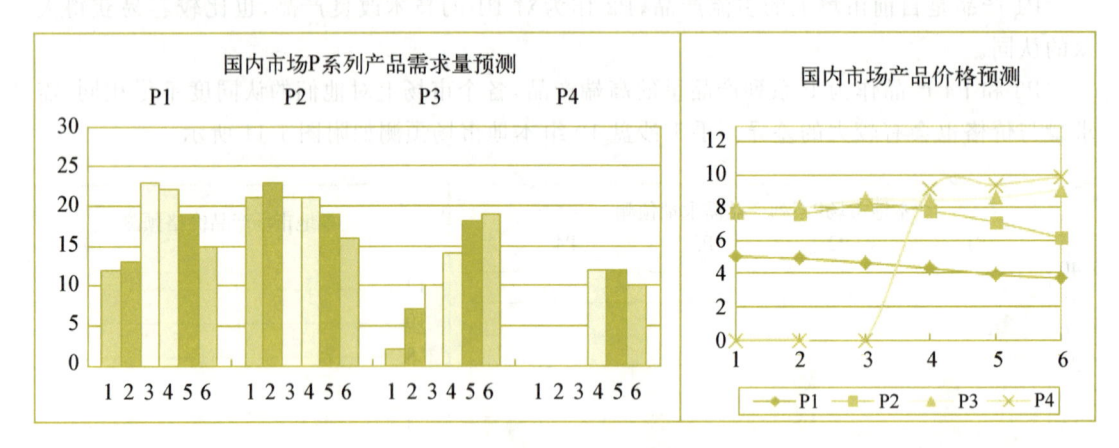

附图 1-13　手工沙盘 10 组国内市场预测图

P1 产品带有较浓的地域色彩,估计国内市场对 P1 产品不会有持久的需求。但 P2 产品因为更适合于国内市场,所以需求估计会一直比较平稳。随着对 P 系列产品新技术的逐渐认同,估计对 P3 产品的需求会较快发展,但这个市场上的客户对 P4 产品却并不是那么认同。当然,对于高端产品来说,客户一定会更注重产品的质量保证。手工沙盘 10 组亚洲市场预测如附图 1-14 所示。

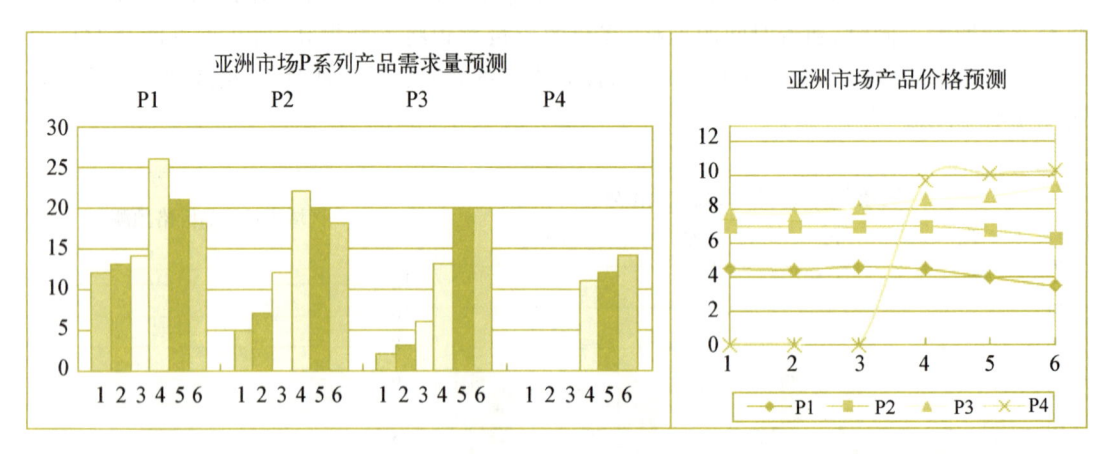

附图 1-14　手工沙盘 10 组亚洲市场预测图

这个市场上的客户的喜好一向有较大波动,不易把握,对 P1 产品的需求可能起伏较大,估计 P2 产品的需求走势也会与 P1 相似。但该市场对新产品很敏感,因此估计对 P3、P4 产品的需求会较快发展,价格也可能不菲。另外,这个市场的消费者很看重产品的质量,在后几年里,如果厂商没有通过 ISO9000 认证和 ISO14000 认证,其产品可能很难销售。手工沙盘 10 组国际市场预测如附图 1-15 所示。

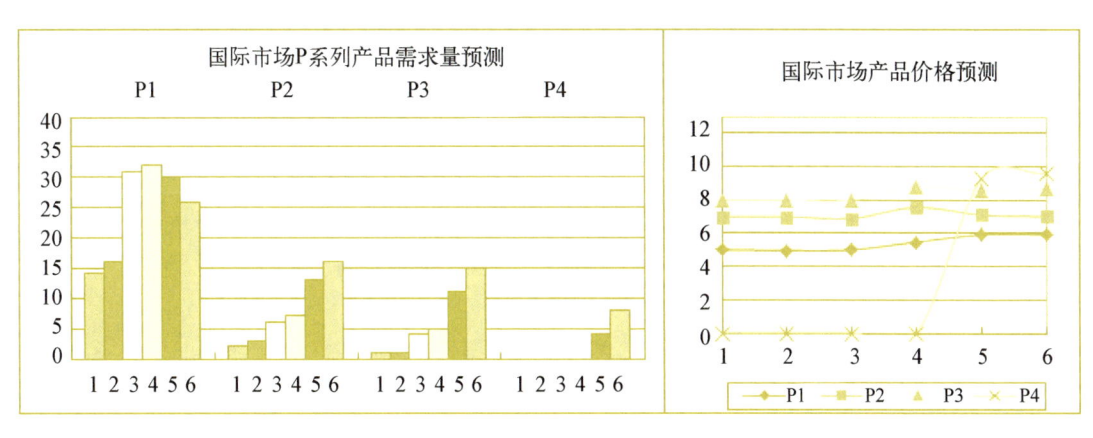

附图 1-15　手工沙盘 10 组国际市场预测图

进入国际市场可能需要一个较长的时期。有迹象表明,目前这一市场上的客户对 P1 产品已经有所认同,需求也会比较旺盛。对于 P2 产品,客户将会谨慎地接受,但仍需要一段时间才能被市场所接受。对于新兴的技术,这一市场上的客户将会以观望为主,因此对于 P3 和 P4 产品的需求的发展极慢。因为产品需求主要集中在低端市场,所以客户对于 ISO 认证的要求并不如其他几个市场那么高,但也不排除在后期会有这方面的需求。相关实训用表格如后续附表所示。

附表 1-1　　　　　　　各组竞单表(广告登记表)

组 第 0 年竞单表

产品	本地	区域	国内	亚洲	国际
P1	1				
P2					
P3					
P4					
9K					
14K					

组 实验第 1 年竞单表

产品	本地	区域	国内	亚洲	国际
P1					
P2					
P3					
P4					
9K					
14K					

组 实验第 2 年竞单表

产品	本地	区域	国内	亚洲	国际
P1					
P2					
P3					
P4					
9K					
14K					

组 实训第 1 年竞单表

产品	本地	区域	国内	亚洲	国际
P1					
P2					
P3					
P4					
9K					
14K					

组 实训第 2 年竞单表

产品	本地	区域	国内	亚洲	国际
P1					
P2					
P3					
P4					
9K					
14K					

组 实训第 3 年竞单表

产品	本地	区域	国内	亚洲	国际
P1					
P2					
P3					
P4					
9K					
14K					

(备注:实训时打广告费,可以撕下来。)

附表 1-2   **各组竞单表（广告登记表）**

组 实训第 4 年竞单表

产品	本地	区域	国内	亚洲	国际
P1					
P2					
P3					
P4					
9K					
14K					

组 实训第 5 年竞单表

产品	本地	区域	国内	亚洲	国际
P1					
P2					
P3					
P4					
9K					
14K					

组 实训第 6 年竞单表

产品	本地	区域	国内	亚洲	国际
P1					
P2					
P3					
P4					
9K					
14K					

组 实训第 1 年竞单表

产品	本地	区域	国内	亚洲	国际
P1					
P2					
P3					
P4					
9K					
14K					

组 实训第 2 年竞单表

产品	本地	区域	国内	亚洲	国际
P1					
P2					
P3					
P4					
9K					
14K					

组 实训第 3 年竞单表

产品	本地	区域	国内	亚洲	国际
P1					
P2					
P3					
P4					
9K					
14K					

（备注：实训时打广告费，可以撕下来。）

附表 1-3

实际模拟训练

每组中必须指定一人负责任务清单的核查。

每年年初： （请打勾）
- 准备好新的一年 ☐ ☐ ☐
- 准备好与客户见面/登记销售订单 ☐
- 支付应付税（根据上年度结果）

每个季度：
- 更新短期贷款/还本付息/申请短期贷款 ☐ ☐ ☐ ☐ ☐ ☐ ☐ ☐ ☐ ☐
- 更新应付款/归还应付款
- 原材料入库/更新原料订单
- 下原料订单
- 更新生产/完工入库
- 投资新生产线/变卖生产线/生产线转产
- 开始下一批生产
- 更新应收款/应收款收现
- 按订单交货
- 产品研发投资
- 支付行政管理费用

每年年末：
- 更新长期贷款/支付利息/申请长期贷款 ☐ ☐ ☐ ☐ ☐ ☐
- 支付设备维修费
- 支付租金（或购买建筑）
- 折旧
- 新市场开拓投资/ISO 资格认证投资
- 关账

附录一 手工沙盘实训推演过程记录表

第零年（教学年）现金收支明细表

下表供财务人员记录每期的现金收入和支出情况，便于进行现金流量的管理。

	1	2	3	4
新年度规划会议/制订新年度计划				
支付广告费（市场营销）				
支付上年应付税费				
季初现金盘点（请填余额）				
短期及贷款到期（高利贷）				
原料采购支付现金				
向其他企业购买/出售原材料				
向其他企业购买/出售成品				
变更费用（转产费用）				
生产线投资（一）/变卖生产线（十）				
工人工资				
应收款到期（十）/应收账贴现				
出售厂房				
产品研发投资				
支付行政管理费用				
更新（申请）长期贷款及支付利息				
支付生产线维护费				
支付厂房租金/购买新厂房				
计提生产线折旧				
市场开拓投资				
ISO认证投资				
其他现金收支情况登记				
现金收入总计				
现金支出总计				
净现金流量（NCF）				
期末现金对账（请填余额）				

第零年（教学年）订单

订单号					总数
市　场					
产　品					
数　量					
账　期					
订单销售额					
成　本					
毛　利					

任务清单

☐ 准备好新的一年（新年度会议/制订新计划）
☐ 准备好与客户见面/登记销售订单
☐ 支付应付税（根据上年度结果）
☐ 更新短期贷款/还本付息/申请短期贷款
☐ 更新应付款/归还应付款
☐ 原材料入库/更新原料应贷
☐ 下原料订单
☐ 更新生产/完工入库
☐ 投资新生产线/变卖生产线/生产线转产
☐ 开始下一批生产
☐ 更新应收款/应收款收现
☐ 按订单交货
☐ 产品研发投资
☐ 支付行政管理费用
☐ 更新长期贷款/支付利息/申请长期贷款
☐ 支付设备维修费
☐ 支付租金（或购买建筑）
☐ 折旧
☐ 新市场开拓投资/ISO资格认证投资
☐ 关账

第零年的财务报表

综合管理费用明细表（百万）

项目	行政管理	市场营销	设备维护	厂房租金	变更费用	市场开拓	ISO认证	产品研发	其他	合计
金额						□区域 □国内 □亚洲 □国际	□ISO9000 □ISO14000	P2（　） P3（　） P4（　）		

损益表
（百万）　　　起始年　　第零年

		起始年		第零年
销售收入	+	35		
直接成本	−	12		
毛利	=	23		
综合费用	−	11		
折旧前利润	=	12		
折旧	−	4		
支付利息前利润		8		
财务收入/支出	−	4		
额外收入/支出	+/−	0		
税前利润	=	4		
所得税	−	1		
净利润	=	3		

资产负债表
（百万）　　　起始年　　第零年

资产
流动资产：

		起始年		第零年
现金	+	20		
应收款	+	15		
在制品	+	8		
成品	+	6		
原料	+	3		
总流动资产	=	52		

固定资产：

		起始年		第零年
土地和建筑	+	40		
机器和设备	+	13		
在建工程	+	0		
总固定资产	=	53		
总资产	=	105		

负债加权益
负债：

		起始年		第零年
长期负债	+	40		
短期负债	+	0		
应付账款	+	1		
应交税费	+	0		
一年内到期的长期负债				
总负债	=	41		

权益：

		起始年		第零年
股东资本	+	50		
利润留存	+	11		
年度净利	+	3		
所有者权益	=	64		
负债加权益	=	105		

实验年第 1 年
要点记录：

现金预算表

	1	2	3	4
期初库存现金				
支付上年应交税费				
市场营销投入（广告费）				
折现费用（应收账款贴现费用）				
利息（短期贷款）				
支付到期短期贷款				
原料采购支付现金				
变更费用（转产费用）				
生产线投资				
工人工资				
产品研发投资				
收到现金前的所有支出				
应收款到期				
支付管理费用				
利息（长期贷款）				
支付到期长期贷款				
设备维护费用				
租金				
购买新建筑				
市场开拓投资				
ISO认证投资				
其他				
库存现金余额				

第 1 季度：

第 2 季度：

第 3 季度：

第 4 季度：

年底：

第 1 年（实验年）订单

订单号								总数
市　场								
产　品								
数　量								
账　期								
订单销售额								
成　本								
毛　利								

任务清单

☐ 准备好新的一年（新年度会议/制订新计划）
☐ 准备好与客户见面/登记销售结果
☐ 支付应付税（根据上年度结果）
☐ 更新短期贷款/还本付息/申请短期贷款
☐ 更新应付款/归还应付款
☐ 原材料入库/更新原料订单
☐ 下原料订单
☐ 更新生产中/完工入库
☐ 投资新生产线/变卖生产线/生产线转产
☐ 开始下一批生产
☐ 更新应收款/应收账款贴现
☐ 按订单交货
☐ 产品研发投资
☐ 支付行政管理费用
☐ 更新长期贷款/支付利息/申请长期贷款
☐ 支付设备维修费
☐ 支付租金（或购买建筑）
☐ 折旧
☐ 新市场开拓投资/ISO 资格认证投资
☐ 关账

实验年第 1 年现金收支明细表

下表供财务人员记录每期的现金收入和支出情况，便于进行现金流量的管理。

	1	2	3	4
新年度规划会议/制订新年度计划				
支付广告费（市场营销）				
支付上年应付税费				
季初现金盘点（请填余额）				
短期及贷款到期利息（高利贷）				
原料采购支付现金				
向其他企业购买/出售原材料				
向其他企业购买/出售成品				
变更费用（转产费用）				
生产线投资（一）/变卖生产线（+）				
工人工资				
应收款到期（+）/应收账款贴现				
出售厂房				
产品研发投资				
支付行政管理费用				
更新（申请长期贷款及支付利息）				
支付生产线维护费				
支付厂房租金/购买新厂房				
计提生产线折旧				
市场开拓投资				
ISO 认证投资				
其他现金支出情况登记				
现金收入总计				
现金支出总计				
净现金流量（NCF）				
期末现金对账（请填余额）				

实验年第 1 年的财务报表
综合管理费用明细表（百万）

项 目	行政管理	市场营销	设备维护	厂房租金	变更费用	市场开拓	ISO认证	产品研发	其 他	合 计
金额						□区域 □国内 □亚洲 □国际	□ISO9000 □ISO14000	P2（ ） P3（ ） P4（ ）		

损益表

（百万）	第零年	第 1 年
销售收入	+	
直接成本	−	
毛利	=	
综合费用	−	
折旧前利润	=	
折旧	−	
支付利息前利润	=	
财务收入/支出	−	
额外收入/支出	+/−	
税前利润	=	
所得税	−	
净利润	=	

资产负债表

（百万）	第零年	第 1 年
资产		
流动资产：		
现金	+	
应收款	+	
在制品	+	
成品	+	
原料	+	
总流动资产	=	
固定资产：		
土地和建筑	+	
机器和设备	+	
在建工程	+	
总固定资产	=	
总资产	=	

	第零年	第 1 年
负债加权益		
负债：		
长期负债	+	
短期负债	+	
应付账款	+	
应交税费	+	
一年内到期的长期负债	+	
总负债	=	
权益：		
股东资本	+	
利润留存	+	
年度净利	+	
所有者权益	=	
负债加权益	=	

实验年第 2 年

要点记录：

第 1 季度：

第 2 季度：

第 3 季度：

第 4 季度：

年底：

现 金 预 算 表

	1	2	3	4
期初库存现金				
支付上年应交税费				
市场营销投入（广告费）				
折现费用（应收账款贴现费用）				
利息（短期贷款）				
支付到期短期贷款				
原料采购支付现金				
变更费用（转产费用）				
生产线投资				
工人工资				
产品研发投资				
收到现金前的所有支出				
应收款到期				
支付管理费用				
利息（长期贷款）				
支付到期长期贷款				
设备维护费用				
租金				
购买新建筑				
市场开拓投资				
ISO 认证投资				
其他				
库存现金余额				

实验年第 2 年现金收支明细表

下表供财务人员记录每期的现金收入和支出情况，便于进行现金流量的管理。

	1	2	3	4
新年度规划会议/制订新年度计划				
支付广告费（市场营销）				
支付上年应付税费				
季初现金盘点（请填余额）				
短期及贷款到期利息（高利贷）				
原料采购支付现金				
向其他企业购买/出售原材料				
向其他企业购买/出售成品				
变更费用（转产费用）				
生产线投资（一）/变卖生产线（＋）				
工人工资				
应收款到期（＋）/应账款贴现				
出售厂房				
产品研发投资				
支付行政管理费用				
更新（申请长期贷款及支付利息				
支付生产线维护费				
支付厂房租金/购买新厂房				
计提生产线折旧				
市场开拓投资				
ISO 认证投资				
其他现金收支情况登记				
现金收入总计				
现金支出总计				
净现金流量（NCF）				
期末现金对账（请填余额）				

第 2 年（实验年）订单

订单号								
市　场								
产　品								
数　量								
账　期								
订单销售额								
成　本								
毛　利								
								总数

任务清单

☐ 准备好新的一年（新年度会议/制订新计划）
☐ 准备好与客户见面/登记销售结果）
☐ 支付应付税（根据上年度结果）
☐ 更新短期贷款/还本付息/申请短期贷款
☐ 更新应付款/归还应付款
☐ 原材料入库/更新原料入库
☐ 下原料订单
☐ 更新生产/完工入库
☐ 投资新生产线/变卖生产线/生产线转产
☐ 开始下一批生产
☐ 更新应收款/应收款收现
☐ 按订单交货
☐ 产品研发投资
☐ 支付行政管理费用
☐ 更新长期贷款/支付利息/申请长期贷款
☐ 支付设备维修费
☐ 支付租金（或购买建筑）
☐ 折旧
☐ 新市场开拓投资/ISO 资格认证投资
☐ 关账

实验年第 2 年的财务报表
综合管理费用明细表（百万）

项目	行政管理	市场营销	设备维护	厂房租金	变更费用	市场开拓	ISO 认证	产品研发	其他	合计
金额						□区域 □国内 □亚洲 □国际	□ISO9000 □ISO14000	P2（　） P3（　） P4（　）		

损益表

（百万）	第 1 年	第 2 年
销售收入		
直接成本	−	
毛利	=	
综合费用	−	
折旧前利润	=	
折旧	−	
支付利息前利润	=	
财务收入/支出	−	
额外收入/支出	+/−	
税前利润	=	
所得税	−	
净利润	=	

资产负债表

资产（百万）	第 1 年	第 2 年
流动资产：		
现金		
应收款	+	
在制品	+	
成品	+	
原料	+	
总流动资产	=	
固定资产：		
土地和建筑	+	
机器和设备	+	
在建工程	+	
总固定资产	=	
总资产	=	

负债加权益	第 1 年	第 2 年
负债：		
长期负债		
短期负债	+	
应付账款	+	
应交税费	+	
一年内到期的长期负债	+	
总负债	=	
权益：		
股东资本	+	
利润留存	+	
年度净利	+	
所有者权益	=	
负债加权益	=	

实训年开始了：实训年第 1 年
要点记录：

现金预算表

	1	2	3	4
第 1 季度：				
期初库存现金				
支付上年应交税费				
市场营销投入（广告费）				
折现费用（应收账款贴现费用）				
第 2 季度：				
利息（短期贷款）				
支付到期短期贷款				
原料采购支付现金				
变更费用（转产费用）				
生产线投资				
工人工资				
产品研发投资				
第 3 季度：				
收到现金前的所有支出				
应收款到期				
支付管理费用				
第 4 季度：				
利息（长期贷款）				
支付到期长期贷款				
设备维护费用				
租金				
购买新建筑				
市场开拓投资				
ISO 认证投资				
其他				
年底：				
库存现金余额				

第 1 年（实训年）订单

订单号								总数
市　场								
产　品								
数　量								
账　期								
订单销售额								
成　本								
毛　利								

任务清单

准备好新的一年（新年度会议/制订新计划）
准备好与客户见面/登记销售订单
支付应付税（根据上年度结果）
更新短期贷款/还本付息/申请短期贷款
更新应付款/归还应付款
原材料入库/更新原料订单
下原料订单
更新生产/完工入库
投资新生产线/变卖生产线/生产线转产
开始下一批生产
更新应收款/应收账款贴现
按订单交货
产品研发投资
支付行政管理费用
更新长期贷款/支付利息/申请长期贷款
支付设备维修费
支付租金（或购买建筑）
折旧
新市场开拓投资/ISO 资格认证投资
关账

实训年第 1 年现金收支明细表

下表供财务人员记录每期的现金收入和支出情况，便于进行现金流量的管理。

	1	2	3	4
新年度规划会议/制订新年度计划				
支付广告费（市场营销）				
支付上年应付税费				
季初现金盘点（请填余额）				
短期及贷款利息（高利贷）				
原材料采购支付现金				
向其他企业购买/出售原材料				
向其他企业购买/出售成品				
变更费用（转产费用）				
生产线投资（一）/变卖生产线（+）				
工人工资				
应收款到期（+）/应收账款贴现				
出售厂房				
产品研发投资				
支付行政管理费用				
更新（申请）长期贷款及支付利息				
支付生产线维护费				
支付厂房租金/购买新厂房				
计提生产线折旧				
市场开拓投资				
ISO 认证投资				
其他现金收支情况登记				
现金收入总计				
现金支出总计				
净现金流量（NCF）				
期末现金对账（请填余额）				

实训年第 1 年的财务报表
综合管理费用明细表（百万）

项 目	行政管理	市场营销	设备维护	厂房租金	变更费用	市场开拓	ISO 认证	产品研发	其 他	合 计
金额						□区域 □国内 □亚洲 □国际	□ISO9000 □ISO14000	P2（　） P3（　） P4（　）		

损益表

（百万）	第零年	第 1 年
销售收入	+	
直接成本	−	
毛利	=	
综合费用	−	
折旧前利润	=	
折旧	−	
支付利息前利润		
财务收入／支出	−	
额外收入／支出	+/−	
税前利润	=	
所得税	−	
净利润	=	

资产负债表

（百万）	第零年	第 1 年
资产		
流动资产：		
现金	+	
应收款	+	
在制品	+	
成品	+	
原料	+	
总流动资产	=	
固定资产：		
土地和建筑	+	
机器和设备	+	
在建工程	+	
总固定资产	=	
总资产	=	

	第零年	第 1 年
负债加权益		
负债：		
长期负债	+	
短期负债	+	
应付账款	+	
应交税费	+	
一年内到期的长期负债	+	
总负债	=	
权益：		
股东资本	+	
利润留存	+	
年度净利	+	
所有者权益	=	
负债加权益	=	

实训年第 2 年
要点记录：
第 1 季度：

第 2 季度：

第 3 季度：

第 4 季度：

年底：

现金预算表

	1	2	3	4
期初库存现金				
支付上年应交税费				
市场营销投入（广告费）				
折现费用（应收账款贴现费用）				
利息（短期贷款）				
支付到期短期贷款				
原料采购支付现金				
变更费用（转产费用）				
生产线投资				
工人工资				
产品研发投资				
收到现金前的所有支出				
应收款到期				
支付管理费用				
利息（长期贷款）				
支付到期长期贷款				
设备维护费用				
租金				
购买新建筑				
市场开拓投资				
ISO 认证投资				
其他				
库存现金余额				

实训年第 2 年现金收支明细表

下表供财务人员记录每期的现金收入和支出情况，便于进行现金流量的管理。

	1	2	3	4	总数
新年度规划会议/制订新年度计划					
支付广告费（市场营销）					
支付上年应付税费					
季初现金盘点（请填余额）					
短期及贷款利息（高利贷）					
原料采购支付现金					
向其他企业购买/出售原材料					
变更费用（转产费用）					
生产线投资（一）/变卖生产线（+）					
工人工资					
应收款到期（+）/应收账款贴现					
出售厂房					
产品研发投资					
支付行政管理费用					
更新（申请）长期贷款及支付利息					
支付生产线维护费					
支付厂房租金/购买新厂房					
计提生产线折旧					
市场开拓投资					
ISO 认证投资					
其他现金收支情况登记					
现金收入总计					
现金支出总计					
净现金流量（NCF）					
期末现金对账（请填余额）					

第 2 年（实训年）订单

订单号							
市　　场							
产　　品							
数　　量							
账　　期							
订单销售额							
成　　本							
毛　　利							

任务清单

准备好新的一年（新年度会议/制订新计划）
准备好与客户见面（根据上年销售结果）
支付应付税（还本付息/申请短期贷款）
更新短期贷款/归还应付款
更新应付款/更新原料订单
原材料入库/更新原材料
下原料订单
更新生产/完工入库
投资新生产线/变卖生产线/生产线转产
开始下一批生产
更新应收款应收款收现
按订单交货
产品研发投资
支付行政管理费用
更新长期贷款/支付利息/申请长期贷款
支付设备维修费
支付租金（或购买建筑）
折旧
新市场开拓投资/ISO 资格认证投资
关账

实训年第 2 年的财务报表
综合管理费用明细表（百万）

项　目	行政管理	市场营销	设备维护	厂房租金	变更费用	市场开拓	ISO 认证	产品研发	其　他	合　计
金额						□区　域 □国　内 □亚　洲 □国　际	□ISO9000 □ISO14000	P2（　） P3（　） P4（　）		

损益表

（百万）		第 1 年	第 2 年
销售收入			
直接成本	﹣		
毛利	＝		
综合费用	﹣		
折旧前利润	＝		
折旧	﹣		
支付利息前利润	＝		
财务收入/支出	﹣		
额外收入/支出	＋/﹣		
税前利润	＝		
所得税	﹣		
净利润	＝		

资产负债表

（百万）		第 1 年	第 2 年
资产			
流动资产：			
现金			
应收款	＋		
在制品	＋		
成品	＋		
原料	＋		
总流动资产	＝		
固定资产：			
土地和建筑	＋		
机器和设备	＋		
在建工程	＋		
总固定资产	＝		
总资产	＝		

负债加权益		第 1 年	第 2 年
负债：			
长期负债			
短期负债	＋		
应付账款	＋		
应交税费	＋		
一年内到期的长期负债	＋		
总负债	＝		
权益：			
股东资本	＋		
利润留存	＋		
年度净利	＋		
所有者权益	＝		
负债加权益	＝		

实训年第 3 年

要点记录：

第 1 季度：

第 2 季度：

第 3 季度：

第 4 季度：

年底：

现金预算表

	1	2	3	4
期初库存现金				
支付上年应交税费				
市场营销投入（广告费）				
折现费用（应收账款贴现费用）				
利息（短期贷款）				
支付到期短期贷款				
原料采购支付现金				
变更费用（转产费用）				
生产线投资				
工人工资				
产品研发投资				
收到款前的所有支出				
应收款到期				
支付管理费用				
利息（长期贷款）				
支付到期长期贷款				
设备维护费用				
租金				
购买新建筑				
市场开拓投资				
ISO 认证投资				
其他				
库存现金余额				

实训年第 3 年现金收支明细表

下表供财务人员记录每期的现金收入和支出情况，便于进行现金流量的管理。

	1	2	3	4
新年度规划会议/制订新年度计划				
支付广告费（市场营销）				
支付上年应付税费				
季初现金盘点（请填余额）				
短期及贷款利息（高利贷）				
原料采购支付现金				
向其他企业购买/出售原材料				
向其他企业购买/出售产成品				
变更费用（转产费用）				
生产线投资（一）/变卖生产线（＋）				
工人工资				
应收到期（＋）应收账款贴现				
出售厂房				
产品研发投资				
支付行政管理费用				
更新（申请）长期贷款及支付利息				
支付生产线维护费				
支付厂房租金/购买新厂房				
计提生产线折旧				
市场开拓投资				
ISO认证投资				
其他现金收支情况登记				
现金收入总计				
现金支出总计				
净现金流量（NCF）				
期末现金对账（请填余额）				

第 3 年（实训年）订单

订单号							
市　场							
产　品							
数　量							
账　期							
订单销售额							
成　本							
毛　利							

任务清单

- ☐ 准备好新的一年（新年度会议/制订新计划）
- ☐ 准备好与客户见面/签记销售结果）
- ☐ 支付应付税（根据上年度结果）
- ☐ 更新短期贷款/还本付息/申请短期贷款
- ☐ 更新应付款/归还应付款
- ☐ 原材料入库/更新原料订单
- ☐ 下原料订单
- ☐ 更新生产/完工入库
- ☐ 投资新生产线/变卖生产线/生产线转产
- ☐ 开始下一批生产
- ☐ 更新应收款/应收账收现
- ☐ 按订单交货
- ☐ 产品研发投资
- ☐ 支付行政管理费用
- ☐ 更新长期贷款/支付利息/申请长期贷款
- ☐ 支付设备维修费
- ☐ 支付厂租金（或购买建筑）
- ☐ 折旧
- ☐ 新市场开拓投资/ISO资格认证投资
- ☐ 关账

实训年第 3 年的财务报表
综合管理费用明细表（百万）

项 目	行政管理	市场营销	设备维护	厂房租金	变更费用	市场开拓	ISO 认证	产品研发	其 他	合 计
金额						□区域 □国内 □亚洲 □国际	□ISO9000 □ISO14000	P2（　） P3（　） P4（　）		

损益表

（百万）	第 2 年	第 3 年
销售收入	＋	
直接成本	－	
毛利	＝	
综合费用	－	
折旧前利润	＝	
折旧	－	
支付利息前利润	＝	
财务收入/支出	＋/－	
额外收入/支出	＋/－	
税前利润	＝	
所得税	－	
净利润	＝	

资产负债表

（百万）	第 2 年	第 3 年
资产		
<u>流动资产：</u>		
现金	＋	
应收款	＋	
在制品	＋	
成品	＋	
原料	＋	
总流动资产	＝	
<u>固定资产：</u>		
土地和建筑	＋	
机器和设备	＋	
在建工程	＋	
总固定资产	＝	
总资产	＝	
负债加权益		
<u>负债：</u>		
长期负债	＋	
短期负债	＋	
应付账款	＋	
应交税费	＋	
一年内到期的长期负债	＋	
总负债	＝	
<u>权益：</u>		
股东资本	＋	
利润留存	＋	
年度净利	＋	
所有者权益	＝	
负债加权益	＝	

实训年第 4 年
要点记录：

第 1 季度：

第 2 季度：

第 3 季度：

第 4 季度：

年底：

现金预算表

	1	2	3	4
期初库存现金				
支付上年应交税费				
市场营销投入（广告费）				
折现费用（应收账款贴现费用）				
利息（短期贷款）				
支付到期短期贷款				
原料采购支付现金				
变更费用（转产费用）				
生产线投资				
工人工资				
产品研发投资				
收到现金前的所有支出				
应收款到期				
支付管理费用				
利息（长期贷款）				
支付到期长期贷款				
设备维护费用				
租金				
购买新建筑				
市场开拓投资				
ISO 认证投资				
其他				
库存现金条余额				

实训年第 4 年现金收支明细表

下表供财务人员记录每期的现金收入和支出情况，便于进行现金流量的管理。

	1	2	3	4
新年度规划会议/制订新年度计划				
支付广告费（市场营销）				
支付上年应付税费				
季初现金盘点（请填余额）				
短期及贷款利息（高利贷）				
原料采购支付现金				
向其他企业购买/出售原材料				
向其他企业购买/出售成品				
变更费用（转产费用）				
生产线投资（一）/变卖生产线（十）				
工人工资				
应收款到期（十）/应收账款贴现				
出售厂房				
产品研发投资				
支付行政管理费用				
更新（申请）长期贷款及支付利息				
支付生产线维护费				
支付厂房租金（或购买新厂房）				
计提生产线折旧				
市场开拓投资				
ISO认证投资				
其他现金收支情况登记				
现金收入总计				
现金支出总计				
净现金流量（NCF）				
期末现金对账（请填余额）				

第 4 年（实训年）订单

订单号							
市　场							
产　品							
数　量							
账　期							
订单销售余额							
成　本							
毛　利							

任务清单

☐ 准备好新的一年（新年度会议/制订新计划）
☐ 准备好与客户见面/登记销售订单
☐ 支付应付税（根据上年度结果）
☐ 更新短期贷款/还本付息/申请短期贷款
☐ 更新应付款/归还应付款
☐ 原材料入库/更新原料订单
☐ 下原料订单
☐ 更新生产/完工入库
☐ 投资新生产线/变卖生产线/生产线转产
☐ 开始下一批生产
☐ 更新应收款/应收款收现
☐ 按订单交货
☐ 产品研发投资
☐ 支付行政管理费用
☐ 更新长期贷款/支付利息/申请长期贷款
☐ 支付设备维修费
☐ 支付租金（或购买建筑）
☐ 折旧
☐ 新市场开拓投资/ISO资格认证投资
☐ 关账

实训年第 4 年的财务报表
综合管理费用明细表（百万）

项　目	行政管理	市场营销	设备维护	厂房租金	变更费用	市场开拓	ISO 认证	产品研发	其他	合　计
		第 3 年	第 4 年							
金额						□区域 □国内 □亚洲 □国际	□ISO9000 □ISO14000	P2（　　） P3（　　） P4（　　）		

损益表

（百万）　　　　　　　　第 3 年　　　　第 4 年

销售收入　　　　　＋

直接成本　　　　　－

毛利　　　　　　　＝

综合费用　　　　　－

折旧前利润　　　　＝

折旧　　　　　　　－

支付利息前利润　　＝

财务收入/支出　　　－

额外收入/支出　　　＋/－

税前利润　　　　　＝

所得税　　　　　　－

净利润　　　　　　＝

资产负债表

（百万）　　　　　　　　第 3 年　　　　第 4 年

资产

流动资产:

现金　　　　　　　＋

应收款　　　　　　＋

在制品　　　　　　＋

成品　　　　　　　＋

原料　　　　　　　＋

总流动资产　　　　＝

固定资产:

土地和建筑　　　　＋

机器和设备　　　　＋

在建工程　　　　　＋

总固定资产　　　　＝

总资产　　　　　　＝

负债加权益

_负债:_

长期负债　　　　　＋

短期负债　　　　　＋

应付账款　　　　　＋

应交税费　　　　　＋

一年内到期的长期负债　＋

总负债　　　　　　＝

_权益:_

股东资本　　　　　＋

利润留存　　　　　＋

年度净利　　　　　＋

所有者权益　　　　＝

负债加权益　　　　＝

实训年第 5 年
要点记录：
第 1 季度：

第 2 季度：

第 3 季度：

第 4 季度：

年底：

现 金 预 算 表

	1	2	3	4
期初库存现金				
支付上年应交税费				
市场营销投入（广告费）				
折现费用（应收账款贴现费用）				
利息（短期贷款）				
支付到期短期贷款				
原料采购支付现金				
变更费用（转产费用）				
生产线投资				
工人工资				
产品研发投资				
收到现金前的所有支出				
应收款到期				
支付管理费用				
利息（长期贷款）				
支付到期长期贷款				
设备维护费用				
租金				
购买新建筑				
市场开拓投资				
ISO 认证投资				
其他				
库存现金余额				

实训年第 5 年现金收支明细表

下表供财务人员记录每期的现金收入和支出情况，便于进行现金流量的管理。

	1	2	3	4
新年度规划会议/制订新年度计划				
支付广告费（市场营销）				
支付上年应付税费				
季初现金盘点（请填余额）				
短期及贷款利息（高利贷）				
原料采购支付现金				
向其他企业购买/出售原材料				
向其他企业购买/出售成品				
变更费用（转产）				
生产线投资（一）/变卖生产线（+）				
工人工资				
应收账款到期（+）/应收账款贴现				
出售厂房				
产品研发投资				
支付行政管理费用				
更新（申请）长期贷款及支付利息				
支付生产线维护费				
支付厂房租金/购买新厂房				
计提生产线折旧				
市场开拓投资				
ISO认证投资				
其他现金收支情况登记				
现金收入总计				
现金支出总计				
净现金流量（NCF）				
期末现金对账（请填余额）				

第 5 年（实训年）订单

订单号							
市 场							
产 品							
数 量							
账 期							
订单销售额							
成 本							
毛 利							

任务清单

- ☐ 准备好新的一年（新年度会议/制订新计划）
- ☐ 准备好与客户见面/登记销售订单
- ☐ 支付应付税（根据上年度结果）
- ☐ 更新短期贷款/还本付息/申请短期贷款
- ☐ 更新应付贷款/归还应付款
- ☐ 原材料入库/更新原料订单
- ☐ 下原料订单
- ☐ 更新生产/完工入库
- ☐ 投资新生产线/变卖生产线/生产线转产
- ☐ 开始下一批生产
- ☐ 更新应收款/应收款收现
- ☐ 按订单交货
- ☐ 产品研发投资
- ☐ 支付行政管理费用
- ☐ 更新长期贷款/支付利息/申请长期贷款
- ☐ 支付设备维修费
- ☐ 支付厂租金（或购买建筑）
- ☐ 折旧
- ☐ 新市场开拓投资/ISO资格认证投资
- ☐ 关账

实训年第 5 年的财务报表

综合管理费用明细表（百万）

项 目	行政管理	市场营销	设备维护	厂房租金	变更费用	市场开拓	ISO 认证	产品研发	其 他	合 计
金额						□区 域 □国 内 □亚 洲 □国 际	□ISO9000 □ISO14000	P2（ ） P3（ ） P4（ ）		

损益表

（百万）	第 4 年	第 5 年
销售收入	+	
直接成本	−	
毛利	=	
综合费用	−	
折旧前利润	=	
折旧	−	
支付利息前利润	=	
财务收入／支出	−	
额外收入／支出	+／−	
税前利润	=	
所得税	−	
净利润	=	

资产负债表

（百万）	第 4 年	第 5 年
资产		
<u>流动资产：</u>		
现金	+	
应收款	+	
在制品	+	
成品	+	
原料	+	
总流动资产	=	
<u>固定资产：</u>		
土地和建筑	+	
机器和设备	+	
在建工程	+	
总固定资产	=	
总资产	=	

负债加权益

<u>负债：</u>

	第 4 年	第 5 年
长期负债	+	
短期负债	+	
应付账款	+	
应交税费	+	
一年内到期的长期负债	+	
总负债	=	
<u>权益：</u>		
股东资本	+	
利润留存	+	
年度净利	+	
所有者权益	=	
负债加权益	=	

实训年第 6 年
要点记录：

现金预算表

	1	2	3	4
第1季度：				
期初库存现金				
支付上年应交税费				
市场营销投入（广告费）				
折现费用（应收账款贴现费用）				
第2季度：				
利息（短期贷款）				
支付到期短期贷款				
原料采购支付现金				
变更费用（转产费用）				
生产线投资				
第3季度：				
工人工资				
产品研发投资				
收到现金前的所有支出				
应收款到期				
支付管理费用				
第4季度：				
利息（长期贷款）				
支付到期长期贷款				
设备维护费用				
租金				
购买新建筑				
市场开拓投资				
ISO认证投资				
其他				
年底：				
库存现金余额				

实训年第 6 年现金收支明细表

下表供财务人员记录每期的现金收入和支出情况,便于进行现金流量的管理。

	1	2	3	4
新年度规划会议/制订新年度计划				
支付广告费(市场营销)				
支付上年应付税费				
季初现金盘点(请填余额)				
短期及贷款利息(高利贷)				
原料采购支付现金				
向其他企业购买/出售原材料				
向其他企业购买/出售成品				
变更费用(转产费用)				
生产线投资(一)/变卖生产线(十)				
工人工资				
应收款到期(十)/应收账贴现				
出售厂房				
产品研发投资				
支付行政管理费用				
更新(申请)长期贷款及支付利息				
支付生产线维护费				
支付厂房租金/购买新厂房				
计提生产线折旧				
市场开拓投资				
ISO认证投资				
其他现金收支情况登记				
现金收入总计				
现金支出总计				
净现金流量(NCF)				
期末现金对账(请填余额)				

第 6 年(实训年)订单

订单号						
市 场						
产 品						
数 量						
账 期						
订单销售额						
成 本						
毛 利						

任务清单

☐ 准备好新的一年(新年度会议/制订新计划)
☐ 准备好与客户见面/登记销售订单
☐ 支付应付税(根据上年度结果)
☐ 更新短期贷款/还本付息/申请短期贷款
☐ 更新应付款/归还应付款
☐ 原材料入库/更新原料订单
☐ 下原料订单
☐ 更新生产/完工入库
☐ 投资新生产线/变卖生产线/生产线转产
☐ 开始下一批生产
☐ 更新应收款/应收款收现
☐ 按订单交货
☐ 产品研发投资
☐ 支付行政管理费用
☐ 更新长期贷款/支付利息/申请长期贷款
☐ 支付设备维修费
☐ 支付租金(或购买建筑)
☐ 折旧
☐ 新市场开拓投资/ISO资格认证投资
☐ 关账

实训年第 6 年的财务报表
综合管理费用明细表（百万）

项　目	行政管理	市场营销	设备维护	厂房租金	变更费用	市场开拓	ISO 认证	产品研发	其　他	合　计
金额						□区域 □国内 □亚洲 □国际	□ISO9000 □ISO14000	P2(　) P3(　) P4(　)		

损益表

（百万）	第 5 年	第 6 年
销售收入		
直接成本	−	−
毛利	=	=
综合费用	−	−
折旧前利润	=	=
折旧	−	−
支付利息前利润	=	=
财务收入/支出	−	−
额外收入/支出	+/−	+/−
税前利润	=	=
所得税	−	−
净利润	=	=

资产负债表

（百万）	第 5 年	第 6 年
资产		
流动资产：		
现金		
应收款	+	+
在制品	+	+
成品	+	+
原料	+	+
总流动资产	=	=
固定资产：		
土地和建筑	+	+
机器和设备	+	+
在建工程	+	+
总固定资产	=	=
总资产	=	=
负债加权益		
负债：		
长期负债		
短期负债	+	+
应付账款	+	+
应交税费	+	+
一年内到期的长期负债	+	+
总负债	=	=
权益：		
股东资本		
利润留存	+	+
年度净利	+	+
所有者权益	=	=
负债加权益	=	=

附表 1-4　　　　　　　　　采购及材料付款计划

实验年

第 1 年	1 季				2 季				3 季				4 季			
原材料	R1	R2	R3	R4	R1	R2	R3	R4	R1	R2	R3	R4	R1	R2	R3	R4
订购数量																
采购入库																

第 2 年	1 季				2 季				3 季				4 季			
原材料	R1	R2	R3	R4	R1	R2	R3	R4	R1	R2	R3	R4	R1	R2	R3	R4
订购数量																
采购入库																

实训年

第 1 年	1 季				2 季				3 季				4 季			
原材料	R1	R2	R3	R4	R1	R2	R3	R4	R1	R2	R3	R4	R1	R2	R3	R4
订购数量																
采购入库																

第 2 年	1 季				2 季				3 季				4 季			
原材料	R1	R2	R3	R4	R1	R2	R3	R4	R1	R2	R3	R4	R1	R2	R3	R4
订购数量																
采购入库																

第 3 年	1 季				2 季				3 季				4 季			
原材料	R1	R2	R3	R4	R1	R2	R3	R4	R1	R2	R3	R4	R1	R2	R3	R4
订购数量																
采购入库																

第 4 年	1 季				2 季				3 季				4 季			
原材料	R1	R2	R3	R4	R1	R2	R3	R4	R1	R2	R3	R4	R1	R2	R3	R4
订购数量																
采购入库																

第 5 年	1 季				2 季				3 季				4 季			
原材料	R1	R2	R3	R4	R1	R2	R3	R4	R1	R2	R3	R4	R1	R2	R3	R4
订购数量																
采购入库																

第 6 年	1 季				2 季				3 季				4 季			
原材料	R1	R2	R3	R4	R1	R2	R3	R4	R1	R2	R3	R4	R1	R2	R3	R4
订购数量																
采购入库																

附表 1-5-1　　　　　　　　　　公司第 0 年生产及设备状态记录表

生产线编号		1	2	3	4	5	6	7	8	9	10
产出情况		产出(P　)	产出(P　)	产出(P　)	产出(P　)	产出(P　)	产出(P　)	产出(P　)	产出(P　)	产出(P　)	产出(P　)
1季度末	生产线	手/半/自/柔	手/半/自/柔	手/半/自/柔	手/半/自/柔	手/半/自/柔	手/半/自/柔	手/半/自/柔	手/半/自/柔	手/半/自/柔	手/半/自/柔
		在产:P / Q	在产:P / Q	在产:P / Q	在产:P / Q	在产:P / Q	在产:P / Q	在产:P / Q	在产:P / Q	在产:P / Q	在产:P / Q
		在建(Q)	在建(Q)	在建(Q)	在建(Q)	在建(Q)	在建(Q)	在建(Q)	在建(Q)	在建(Q)	在建(Q)
		转产(Q)	转产(Q)	转产(Q)	转产(Q)	转产(Q)	转产(Q)	转产(Q)	转产(Q)	转产(Q)	转产(Q)
产出情况		产出(P　)	产出(P　)	产出(P　)	产出(P　)	产出(P　)	产出(P　)	产出(P　)	产出(P　)	产出(P　)	产出(P　)
2季度末	生产线	手/半/自/柔	手/半/自/柔	手/半/自/柔	手/半/自/柔	手/半/自/柔	手/半/自/柔	手/半/自/柔	手/半/自/柔	手/半/自/柔	手/半/自/柔
		在产:P / Q	在产:P / Q	在产:P / Q	在产:P / Q	在产:P / Q	在产:P / Q	在产:P / Q	在产:P / Q	在产:P / Q	在产:P / Q
		在建(Q)	在建(Q)	在建(Q)	在建(Q)	在建(Q)	在建(Q)	在建(Q)	在建(Q)	在建(Q)	在建(Q)
		转产(Q)	转产(Q)	转产(Q)	转产(Q)	转产(Q)	转产(Q)	转产(Q)	转产(Q)	转产(Q)	转产(Q)
产出情况		产出(P　)	产出(P　)	产出(P　)	产出(P　)	产出(P　)	产出(P　)	产出(P　)	产出(P　)	产出(P　)	产出(P　)
3季度末	生产线	手/半/自/柔	手/半/自/柔	手/半/自/柔	手/半/自/柔	手/半/自/柔	手/半/自/柔	手/半/自/柔	手/半/自/柔	手/半/自/柔	手/半/自/柔
		在产:P / Q	在产:P / Q	在产:P / Q	在产:P / Q	在产:P / Q	在产:P / Q	在产:P / Q	在产:P / Q	在产:P / Q	在产:P / Q
		在建(Q)	在建(Q)	在建(Q)	在建(Q)	在建(Q)	在建(Q)	在建(Q)	在建(Q)	在建(Q)	在建(Q)
		转产(Q)	转产(Q)	转产(Q)	转产(Q)	转产(Q)	转产(Q)	转产(Q)	转产(Q)	转产(Q)	转产(Q)
产出情况		产出(P　)	产出(P　)	产出(P　)	产出(P　)	产出(P　)	产出(P　)	产出(P　)	产出(P　)	产出(P　)	产出(P　)
4季度末	生产线	手/半/自/柔	手/半/自/柔	手/半/自/柔	手/半/自/柔	手/半/自/柔	手/半/自/柔	手/半/自/柔	手/半/自/柔	手/半/自/柔	手/半/自/柔
		在产:P / Q	在产:P / Q	在产:P / Q	在产:P / Q	在产:P / Q	在产:P / Q	在产:P / Q	在产:P / Q	在产:P / Q	在产:P / Q
		在建(Q)	在建(Q)	在建(Q)	在建(Q)	在建(Q)	在建(Q)	在建(Q)	在建(Q)	在建(Q)	在建(Q)
		转产(Q)	转产(Q)	转产(Q)	转产(Q)	转产(Q)	转产(Q)	转产(Q)	转产(Q)	转产(Q)	转产(Q)
产能合计			P1(　)个		P2(　)个		P3(　)个			P4(　)个	

附表 1-5-2　_____公司实验第 __1__ 年生产及设备状态记录表

生产线编号		1	2	3	4	5	6	7	8	9	10
1季度末	产出情况	产出(P　)	产出(P　)	产出(P　)	产出(P　)	产出(P　)	产出(P　)	产出(P　)	产出(P　)	产出(P　)	产出(P　)
	生产线	手/半/自/柔	手/半/自/柔	手/半/自/柔	手/半/自/柔	手/半/自/柔	手/半/自/柔	手/半/自/柔	手/半/自/柔	手/半/自/柔	手/半/自/柔
		在产：P / Q	在产：P / Q	在产：P / Q	在产：P / Q	在产：P / Q	在产：P / Q	在产：P / Q	在产：P / Q	在产：P / Q	在产：P / Q
		在建（　Q）	在建（　Q）	在建（　Q）	在建（　Q）	在建（　Q）	在建（　Q）	在建（　Q）	在建（　Q）	在建（　Q）	在建（　Q）
		转产（　Q）	转产（　Q）	转产（　Q）	转产（　Q）	转产（　Q）	转产（　Q）	转产（　Q）	转产（　Q）	转产（　Q）	转产（　Q）
2季度末	产出情况	产出(P　)	产出(P　)	产出(P　)	产出(P　)	产出(P　)	产出(P　)	产出(P　)	产出(P　)	产出(P　)	产出(P　)
	生产线	手/半/自/柔	手/半/自/柔	手/半/自/柔	手/半/自/柔	手/半/自/柔	手/半/自/柔	手/半/自/柔	手/半/自/柔	手/半/自/柔	手/半/自/柔
		在产：P / Q	在产：P / Q	在产：P / Q	在产：P / Q	在产：P / Q	在产：P / Q	在产：P / Q	在产：P / Q	在产：P / Q	在产：P / Q
		在建（　Q）	在建（　Q）	在建（　Q）	在建（　Q）	在建（　Q）	在建（　Q）	在建（　Q）	在建（　Q）	在建（　Q）	在建（　Q）
		转产（　Q）	转产（　Q）	转产（　Q）	转产（　Q）	转产（　Q）	转产（　Q）	转产（　Q）	转产（　Q）	转产（　Q）	转产（　Q）
3季度末	产出情况	产出(P　)	产出(P　)	产出(P　)	产出(P　)	产出(P　)	产出(P　)	产出(P　)	产出(P　)	产出(P　)	产出(P　)
	生产线	手/半/自/柔	手/半/自/柔	手/半/自/柔	手/半/自/柔	手/半/自/柔	手/半/自/柔	手/半/自/柔	手/半/自/柔	手/半/自/柔	手/半/自/柔
		在产：P / Q	在产：P / Q	在产：P / Q	在产：P / Q	在产：P / Q	在产：P / Q	在产：P / Q	在产：P / Q	在产：P / Q	在产：P / Q
		在建（　Q）	在建（　Q）	在建（　Q）	在建（　Q）	在建（　Q）	在建（　Q）	在建（　Q）	在建（　Q）	在建（　Q）	在建（　Q）
		转产（　Q）	转产（　Q）	转产（　Q）	转产（　Q）	转产（　Q）	转产（　Q）	转产（　Q）	转产（　Q）	转产（　Q）	转产（　Q）
4季度末	产出情况	产出(P　)	产出(P　)	产出(P　)	产出(P　)	产出(P　)	产出(P　)	产出(P　)	产出(P　)	产出(P　)	产出(P　)
	生产线	手/半/自/柔	手/半/自/柔	手/半/自/柔	手/半/自/柔	手/半/自/柔	手/半/自/柔	手/半/自/柔	手/半/自/柔	手/半/自/柔	手/半/自/柔
		在产：P / Q	在产：P / Q	在产：P / Q	在产：P / Q	在产：P / Q	在产：P / Q	在产：P / Q	在产：P / Q	在产：P / Q	在产：P / Q
		在建（　Q）	在建（　Q）	在建（　Q）	在建（　Q）	在建（　Q）	在建（　Q）	在建（　Q）	在建（　Q）	在建（　Q）	在建（　Q）
		转产（　Q）	转产（　Q）	转产（　Q）	转产（　Q）	转产（　Q）	转产（　Q）	转产（　Q）	转产（　Q）	转产（　Q）	转产（　Q）
产能合计		P1(　)个			P2(　)个		P3(　)个			P4(　)个	

附表 1-5-3　　　　　　　　　　　　公司实验第 __2__ 年生产及设备状态记录表

生产线编号		1	2	3	4	5	6	7	8	9	10
产出情况		产出(P　)	产出(P　)	产出(P　)	产出(P　)	产出(P　)	产出(P　)	产出(P　)	产出(P　)	产出(P　)	产出(P　)
1季度末	生产线	手/半/自/柔	手/半/自/柔	手/半/自/柔	手/半/自/柔	手/半/自/柔	手/半/自/柔	手/半/自/柔	手/半/自/柔	手/半/自/柔	手/半/自/柔
		在产：P／Q	在产：P／Q	在产：P／Q	在产：P／Q	在产：P／Q	在产：P／Q	在产：P／Q	在产：P／Q	在产：P／Q	在产：P／Q
		在建(　Q)	在建(　Q)	在建(　Q)	在建(　Q)	在建(　Q)	在建(　Q)	在建(　Q)	在建(　Q)	在建(　Q)	在建(　Q)
		转产(　Q)	转产(　Q)	转产(　Q)	转产(　Q)	转产(　Q)	转产(　Q)	转产(　Q)	转产(　Q)	转产(　Q)	转产(　Q)
产出情况		产出(P　)	产出(P　)	产出(P　)	产出(P　)	产出(P　)	产出(P　)	产出(P　)	产出(P　)	产出(P　)	产出(P　)
2季度末	生产线	手/半/自/柔	手/半/自/柔	手/半/自/柔	手/半/自/柔	手/半/自/柔	手/半/自/柔	手/半/自/柔	手/半/自/柔	手/半/自/柔	手/半/自/柔
		在产：P／Q	在产：P／Q	在产：P／Q	在产：P／Q	在产：P／Q	在产：P／Q	在产：P／Q	在产：P／Q	在产：P／Q	在产：P／Q
		在建(　Q)	在建(　Q)	在建(　Q)	在建(　Q)	在建(　Q)	在建(　Q)	在建(　Q)	在建(　Q)	在建(　Q)	在建(　Q)
		转产(　Q)	转产(　Q)	转产(　Q)	转产(　Q)	转产(　Q)	转产(　Q)	转产(　Q)	转产(　Q)	转产(　Q)	转产(　Q)
产出情况		产出(P　)	产出(P　)	产出(P　)	产出(P　)	产出(P　)	产出(P　)	产出(P　)	产出(P　)	产出(P　)	产出(P　)
3季度末	生产线	手/半/自/柔	手/半/自/柔	手/半/自/柔	手/半/自/柔	手/半/自/柔	手/半/自/柔	手/半/自/柔	手/半/自/柔	手/半/自/柔	手/半/自/柔
		在产：P／Q	在产：P／Q	在产：P／Q	在产：P／Q	在产：P／Q	在产：P／Q	在产：P／Q	在产：P／Q	在产：P／Q	在产：P／Q
		在建(　Q)	在建(　Q)	在建(　Q)	在建(　Q)	在建(　Q)	在建(　Q)	在建(　Q)	在建(　Q)	在建(　Q)	在建(　Q)
		转产(　Q)	转产(　Q)	转产(　Q)	转产(　Q)	转产(　Q)	转产(　Q)	转产(　Q)	转产(　Q)	转产(　Q)	转产(　Q)
产出情况		产出(P　)	产出(P　)	产出(P　)	产出(P　)	产出(P　)	产出(P　)	产出(P　)	产出(P　)	产出(P　)	产出(P　)
4季度末	生产线	手/半/自/柔	手/半/自/柔	手/半/自/柔	手/半/自/柔	手/半/自/柔	手/半/自/柔	手/半/自/柔	手/半/自/柔	手/半/自/柔	手/半/自/柔
		在产：P／Q	在产：P／Q	在产：P／Q	在产：P／Q	在产：P／Q	在产：P／Q	在产：P／Q	在产：P／Q	在产：P／Q	在产：P／Q
		在建(　Q)	在建(　Q)	在建(　Q)	在建(　Q)	在建(　Q)	在建(　Q)	在建(　Q)	在建(　Q)	在建(　Q)	在建(　Q)
		转产(　Q)	转产(　Q)	转产(　Q)	转产(　Q)	转产(　Q)	转产(　Q)	转产(　Q)	转产(　Q)	转产(　Q)	转产(　Q)
产能合计		P1(　)个		P2(　)个		P3(　)个		P4(　)个			

附表 1-5-4　_____公司实训第 1 年生产及设备状态记录表

生产线编号		1	2	3	4	5	6	7	8	9	10
1季度末	产出情况	产出(P　)	产出(P　)	产出(P　)	产出(P　)	产出(P　)	产出(P　)	产出(P　)	产出(P　)	产出(P　)	产出(P　)
	生产线	手/半/自/柔	手/半/自/柔	手/半/自/柔	手/半/自/柔	手/半/自/柔	手/半/自/柔	手/半/自/柔	手/半/自/柔	手/半/自/柔	手/半/自/柔
		在产：P / Q	在产：P / Q	在产：P / Q	在产：P / Q	在产：P / Q	在产：P / Q	在产：P / Q	在产：P / Q	在产：P / Q	在产：P / Q
		在建（　Q）	在建（　Q）	在建（　Q）	在建（　Q）	在建（　Q）	在建（　Q）	在建（　Q）	在建（　Q）	在建（　Q）	在建（　Q）
		转产（　Q）	转产（　Q）	转产（　Q）	转产（　Q）	转产（　Q）	转产（　Q）	转产（　Q）	转产（　Q）	转产（　Q）	转产（　Q）
2季度末	产出情况	产出(P　)	产出(P　)	产出(P　)	产出(P　)	产出(P　)	产出(P　)	产出(P　)	产出(P　)	产出(P　)	产出(P　)
	生产线	手/半/自/柔	手/半/自/柔	手/半/自/柔	手/半/自/柔	手/半/自/柔	手/半/自/柔	手/半/自/柔	手/半/自/柔	手/半/自/柔	手/半/自/柔
		在产：P / Q	在产：P / Q	在产：P / Q	在产：P / Q	在产：P / Q	在产：P / Q	在产：P / Q	在产：P / Q	在产：P / Q	在产：P / Q
		在建（　Q）	在建（　Q）	在建（　Q）	在建（　Q）	在建（　Q）	在建（　Q）	在建（　Q）	在建（　Q）	在建（　Q）	在建（　Q）
		转产（　Q）	转产（　Q）	转产（　Q）	转产（　Q）	转产（　Q）	转产（　Q）	转产（　Q）	转产（　Q）	转产（　Q）	转产（　Q）
3季度末	产出情况	产出(P　)	产出(P　)	产出(P　)	产出(P　)	产出(P　)	产出(P　)	产出(P　)	产出(P　)	产出(P　)	产出(P　)
	生产线	手/半/自/柔	手/半/自/柔	手/半/自/柔	手/半/自/柔	手/半/自/柔	手/半/自/柔	手/半/自/柔	手/半/自/柔	手/半/自/柔	手/半/自/柔
		在产：P / Q	在产：P / Q	在产：P / Q	在产：P / Q	在产：P / Q	在产：P / Q	在产：P / Q	在产：P / Q	在产：P / Q	在产：P / Q
		在建（　Q）	在建（　Q）	在建（　Q）	在建（　Q）	在建（　Q）	在建（　Q）	在建（　Q）	在建（　Q）	在建（　Q）	在建（　Q）
		转产（　Q）	转产（　Q）	转产（　Q）	转产（　Q）	转产（　Q）	转产（　Q）	转产（　Q）	转产（　Q）	转产（　Q）	转产（　Q）
4季度末	产出情况	产出(P　)	产出(P　)	产出(P　)	产出(P　)	产出(P　)	产出(P　)	产出(P　)	产出(P　)	产出(P　)	产出(P　)
	生产线	手/半/自/柔	手/半/自/柔	手/半/自/柔	手/半/自/柔	手/半/自/柔	手/半/自/柔	手/半/自/柔	手/半/自/柔	手/半/自/柔	手/半/自/柔
		在产：P / Q	在产：P / Q	在产：P / Q	在产：P / Q	在产：P / Q	在产：P / Q	在产：P / Q	在产：P / Q	在产：P / Q	在产：P / Q
		在建（　Q）	在建（　Q）	在建（　Q）	在建（　Q）	在建（　Q）	在建（　Q）	在建（　Q）	在建（　Q）	在建（　Q）	在建（　Q）
		转产（　Q）	转产（　Q）	转产（　Q）	转产（　Q）	转产（　Q）	转产（　Q）	转产（　Q）	转产（　Q）	转产（　Q）	转产（　Q）
产能合计		P1(　)个	P2(　)个	P3(　)个	P4(　)个						

附表 1-5-5　　　　　　　　　公司实训第 __2__ 年生产及设备状态记录表

生产线编号		1	2	3	4	5	6	7	8	9	10
1季度末	产出情况	产出(P　) 手/半/自/柔	产出(P　) 手/半/自/柔	产出(P　) 手/半/自/柔	产出(P　) 手/半/自/柔	产出(P　) 手/半/自/柔	产出(P　) 手/半/自/柔	产出(P　) 手/半/自/柔	产出(P　) 手/半/自/柔	产出(P　) 手/半/自/柔	产出(P　) 手/半/自/柔
	生产线	在产：P / Q 在建(　Q) 转产(　Q)	在产：P / Q 在建(　Q) 转产(　Q)	在产：P / Q 在建(　Q) 转产(　Q)	在产：P / Q 在建(　Q) 转产(　Q)	在产：P / Q 在建(　Q) 转产(　Q)	在产：P / Q 在建(　Q) 转产(　Q)	在产：P / Q 在建(　Q) 转产(　Q)	在产：P / Q 在建(　Q) 转产(　Q)	在产：P / Q 在建(　Q) 转产(　Q)	在产：P / Q 在建(　Q) 转产(　Q)
2季度末	产出情况	产出(P　) 手/半/自/柔	产出(P　) 手/半/自/柔	产出(P　) 手/半/自/柔	产出(P　) 手/半/自/柔	产出(P　) 手/半/自/柔	产出(P　) 手/半/自/柔	产出(P　) 手/半/自/柔	产出(P　) 手/半/自/柔	产出(P　) 手/半/自/柔	产出(P　) 手/半/自/柔
	生产线	在产：P / Q 在建(　Q) 转产(　Q)	在产：P / Q 在建(　Q) 转产(　Q)	在产：P / Q 在建(　Q) 转产(　Q)	在产：P / Q 在建(　Q) 转产(　Q)	在产：P / Q 在建(　Q) 转产(　Q)	在产：P / Q 在建(　Q) 转产(　Q)	在产：P / Q 在建(　Q) 转产(　Q)	在产：P / Q 在建(　Q) 转产(　Q)	在产：P / Q 在建(　Q) 转产(　Q)	在产：P / Q 在建(　Q) 转产(　Q)
3季度末	产出情况	产出(P　) 手/半/自/柔	产出(P　) 手/半/自/柔	产出(P　) 手/半/自/柔	产出(P　) 手/半/自/柔	产出(P　) 手/半/自/柔	产出(P　) 手/半/自/柔	产出(P　) 手/半/自/柔	产出(P　) 手/半/自/柔	产出(P　) 手/半/自/柔	产出(P　) 手/半/自/柔
	生产线	在产：P / Q 在建(　Q) 转产(　Q)	在产：P / Q 在建(　Q) 转产(　Q)	在产：P / Q 在建(　Q) 转产(　Q)	在产：P / Q 在建(　Q) 转产(　Q)	在产：P / Q 在建(　Q) 转产(　Q)	在产：P / Q 在建(　Q) 转产(　Q)	在产：P / Q 在建(　Q) 转产(　Q)	在产：P / Q 在建(　Q) 转产(　Q)	在产：P / Q 在建(　Q) 转产(　Q)	在产：P / Q 在建(　Q) 转产(　Q)
4季度末	产出情况	产出(P　) 手/半/自/柔	产出(P　) 手/半/自/柔	产出(P　) 手/半/自/柔	产出(P　) 手/半/自/柔	产出(P　) 手/半/自/柔	产出(P　) 手/半/自/柔	产出(P　) 手/半/自/柔	产出(P　) 手/半/自/柔	产出(P　) 手/半/自/柔	产出(P　) 手/半/自/柔
	生产线	在产：P / Q 在建(　Q) 转产(　Q)	在产：P / Q 在建(　Q) 转产(　Q)	在产：P / Q 在建(　Q) 转产(　Q)	在产：P / Q 在建(　Q) 转产(　Q)	在产：P / Q 在建(　Q) 转产(　Q)	在产：P / Q 在建(　Q) 转产(　Q)	在产：P / Q 在建(　Q) 转产(　Q)	在产：P / Q 在建(　Q) 转产(　Q)	在产：P / Q 在建(　Q) 转产(　Q)	在产：P / Q 在建(　Q) 转产(　Q)
产能合计		P1(　)个		P2(　)个		P3(　)个		P4(　)个			

附表 1-5-6　　＿＿＿＿公司实训第 3 年生产及设备状态记录表

生产线编号		1	2	3	4	5	6	7	8	9	10
1季度末	产出情况	产出(P　)	产出(P　)	产出(P　)	产出(P　)	产出(P　)	产出(P　)	产出(P　)	产出(P　)	产出(P　)	产出(P　)
	生产线	手/半/自采	手/半/自采	手/半/自采	手/半/自采	手/半/自采	手/半/自采	手/半/自采	手/半/自采	手/半/自采	手/半/自采
		在产：P／Q	在产：P／Q	在产：P／Q	在产：P／Q	在产：P／Q	在产：P／Q	在产：P／Q	在产：P／Q	在产：P／Q	在产：P／Q
		在建（　Q）	在建（　Q）	在建（　Q）	在建（　Q）	在建（　Q）	在建（　Q）	在建（　Q）	在建（　Q）	在建（　Q）	在建（　Q）
		转产（　Q）	转产（　Q）	转产（　Q）	转产（　Q）	转产（　Q）	转产（　Q）	转产（　Q）	转产（　Q）	转产（　Q）	转产（　Q）
2季度末	产出情况	产出(P　)	产出(P　)	产出(P　)	产出(P　)	产出(P　)	产出(P　)	产出(P　)	产出(P　)	产出(P　)	产出(P　)
	生产线	手/半/自采	手/半/自采	手/半/自采	手/半/自采	手/半/自采	手/半/自采	手/半/自采	手/半/自采	手/半/自采	手/半/自采
		在产：P／Q	在产：P／Q	在产：P／Q	在产：P／Q	在产：P／Q	在产：P／Q	在产：P／Q	在产：P／Q	在产：P／Q	在产：P／Q
		在建（　Q）	在建（　Q）	在建（　Q）	在建（　Q）	在建（　Q）	在建（　Q）	在建（　Q）	在建（　Q）	在建（　Q）	在建（　Q）
		转产（　Q）	转产（　Q）	转产（　Q）	转产（　Q）	转产（　Q）	转产（　Q）	转产（　Q）	转产（　Q）	转产（　Q）	转产（　Q）
3季度末	产出情况	产出(P　)	产出(P　)	产出(P　)	产出(P　)	产出(P　)	产出(P　)	产出(P　)	产出(P　)	产出(P　)	产出(P　)
	生产线	手/半/自采	手/半/自采	手/半/自采	手/半/自采	手/半/自采	手/半/自采	手/半/自采	手/半/自采	手/半/自采	手/半/自采
		在产：P／Q	在产：P／Q	在产：P／Q	在产：P／Q	在产：P／Q	在产：P／Q	在产：P／Q	在产：P／Q	在产：P／Q	在产：P／Q
		在建（　Q）	在建（　Q）	在建（　Q）	在建（　Q）	在建（　Q）	在建（　Q）	在建（　Q）	在建（　Q）	在建（　Q）	在建（　Q）
		转产（　Q）	转产（　Q）	转产（　Q）	转产（　Q）	转产（　Q）	转产（　Q）	转产（　Q）	转产（　Q）	转产（　Q）	转产（　Q）
4季度末	产出情况	产出(P　)	产出(P　)	产出(P　)	产出(P　)	产出(P　)	产出(P　)	产出(P　)	产出(P　)	产出(P　)	产出(P　)
	生产线	手/半/自采	手/半/自采	手/半/自采	手/半/自采	手/半/自采	手/半/自采	手/半/自采	手/半/自采	手/半/自采	手/半/自采
		在产：P／Q	在产：P／Q	在产：P／Q	在产：P／Q	在产：P／Q	在产：P／Q	在产：P／Q	在产：P／Q	在产：P／Q	在产：P／Q
		在建（　Q）	在建（　Q）	在建（　Q）	在建（　Q）	在建（　Q）	在建（　Q）	在建（　Q）	在建（　Q）	在建（　Q）	在建（　Q）
		转产（　Q）	转产（　Q）	转产（　Q）	转产（　Q）	转产（　Q）	转产（　Q）	转产（　Q）	转产（　Q）	转产（　Q）	转产（　Q）
产能合计		P1(　)个		P2(　)个		P3(　)个		P4(　)个			

附表 1-5-7 公司实训第 __4__ 年生产及设备状态记录表

生产线编号		1	2	3	4	5	6	7	8	9	10
产出情况 1 季度末	生产线	产出(P) 手/半/自/柔 在产:P / Q 在建(Q) 转产(Q)	产出(P) 手/半/自/柔 在产:P / Q 在建(Q) 转产(Q)	产出(P) 手/半/自/柔 在产:P / Q 在建(Q) 转产(Q)	产出(P) 手/半/自/柔 在产:P / Q 在建(Q) 转产(Q)	产出(P) 手/半/自/柔 在产:P / Q 在建(Q) 转产(Q)	产出(P) 手/半/自/柔 在产:P / Q 在建(Q) 转产(Q)	产出(P) 手/半/自/柔 在产:P / Q 在建(Q) 转产(Q)	产出(P) 手/半/自/柔 在产:P / Q 在建(Q) 转产(Q)	产出(P) 手/半/自/柔 在产:P / Q 在建(Q) 转产(Q)	产出(P) 手/半/自/柔 在产:P / Q 在建(Q) 转产(Q)
产出情况 2 季度末	生产线	产出(P) 手/半/自/柔 在产:P / Q 在建(Q) 转产(Q)	产出(P) 手/半/自/柔 在产:P / Q 在建(Q) 转产(Q)	产出(P) 手/半/自/柔 在产:P / Q 在建(Q) 转产(Q)	产出(P) 手/半/自/柔 在产:P / Q 在建(Q) 转产(Q)	产出(P) 手/半/自/柔 在产:P / Q 在建(Q) 转产(Q)	产出(P) 手/半/自/柔 在产:P / Q 在建(Q) 转产(Q)	产出(P) 手/半/自/柔 在产:P / Q 在建(Q) 转产(Q)	产出(P) 手/半/自/柔 在产:P / Q 在建(Q) 转产(Q)	产出(P) 手/半/自/柔 在产:P / Q 在建(Q) 转产(Q)	产出(P) 手/半/自/柔 在产:P / Q 在建(Q) 转产(Q)
产出情况 3 季度末	生产线	产出(P) 手/半/自/柔 在产:P / Q 在建(Q) 转产(Q)	产出(P) 手/半/自/柔 在产:P / Q 在建(Q) 转产(Q)	产出(P) 手/半/自/柔 在产:P / Q 在建(Q) 转产(Q)	产出(P) 手/半/自/柔 在产:P / Q 在建(Q) 转产(Q)	产出(P) 手/半/自/柔 在产:P / Q 在建(Q) 转产(Q)	产出(P) 手/半/自/柔 在产:P / Q 在建(Q) 转产(Q)	产出(P) 手/半/自/柔 在产:P / Q 在建(Q) 转产(Q)	产出(P) 手/半/自/柔 在产:P / Q 在建(Q) 转产(Q)	产出(P) 手/半/自/柔 在产:P / Q 在建(Q) 转产(Q)	产出(P) 手/半/自/柔 在产:P / Q 在建(Q) 转产(Q)
产出情况 4 季度末	生产线	产出(P) 手/半/自/柔 在产:P / Q 在建(Q) 转产(Q)	产出(P) 手/半/自/柔 在产:P / Q 在建(Q) 转产(Q)	产出(P) 手/半/自/柔 在产:P / Q 在建(Q) 转产(Q)	产出(P) 手/半/自/柔 在产:P / Q 在建(Q) 转产(Q)	产出(P) 手/半/自/柔 在产:P / Q 在建(Q) 转产(Q)	产出(P) 手/半/自/柔 在产:P / Q 在建(Q) 转产(Q)	产出(P) 手/半/自/柔 在产:P / Q 在建(Q) 转产(Q)	产出(P) 手/半/自/柔 在产:P / Q 在建(Q) 转产(Q)	产出(P) 手/半/自/柔 在产:P / Q 在建(Q) 转产(Q)	产出(P) 手/半/自/柔 在产:P / Q 在建(Q) 转产(Q)
产能合计		P1( )个			P2( )个		P3( )个			P4( )个	

附表 1-5-8　　公司实训第 ___5___ 年生产及设备状态记录表

生产线编号		1	2	3	4	5	6	7	8	9	10
1 季度末	产出情况	产出(P　)	产出(P　)	产出(P　)	产出(P　)	产出(P　)	产出(P　)	产出(P　)	产出(P　)	产出(P　)	产出(P　)
	生产线	手/半/自/柔	手/半/自/柔	手/半/自/柔	手/半/自/柔	手/半/自/柔	手/半/自/柔	手/半/自/柔	手/半/自/柔	手/半/自/柔	手/半/自/柔
		在产：P　/　Q	在产：P　/　Q	在产：P　/　Q	在产：P　/　Q	在产：P　/　Q	在产：P　/　Q	在产：P　/　Q	在产：P　/　Q	在产：P　/　Q	在产：P　/　Q
		在建（　Q）	在建（　Q）	在建（　Q）	在建（　Q）	在建（　Q）	在建（　Q）	在建（　Q）	在建（　Q）	在建（　Q）	在建（　Q）
		转产（　Q）	转产（　Q）	转产（　Q）	转产（　Q）	转产（　Q）	转产（　Q）	转产（　Q）	转产（　Q）	转产（　Q）	转产（　Q）
2 季度末	产出情况	产出(P　)	产出(P　)	产出(P　)	产出(P　)	产出(P　)	产出(P　)	产出(P　)	产出(P　)	产出(P　)	产出(P　)
	生产线	手/半/自/柔	手/半/自/柔	手/半/自/柔	手/半/自/柔	手/半/自/柔	手/半/自/柔	手/半/自/柔	手/半/自/柔	手/半/自/柔	手/半/自/柔
		在产：P　/　Q	在产：P　/　Q	在产：P　/　Q	在产：P　/　Q	在产：P　/　Q	在产：P　/　Q	在产：P　/　Q	在产：P　/　Q	在产：P　/　Q	在产：P　/　Q
		在建（　Q）	在建（　Q）	在建（　Q）	在建（　Q）	在建（　Q）	在建（　Q）	在建（　Q）	在建（　Q）	在建（　Q）	在建（　Q）
		转产（　Q）	转产（　Q）	转产（　Q）	转产（　Q）	转产（　Q）	转产（　Q）	转产（　Q）	转产（　Q）	转产（　Q）	转产（　Q）
3 季度末	产出情况	产出(P　)	产出(P　)	产出(P　)	产出(P　)	产出(P　)	产出(P　)	产出(P　)	产出(P　)	产出(P　)	产出(P　)
	生产线	手/半/自/柔	手/半/自/柔	手/半/自/柔	手/半/自/柔	手/半/自/柔	手/半/自/柔	手/半/自/柔	手/半/自/柔	手/半/自/柔	手/半/自/柔
		在产：P　/　Q	在产：P　/　Q	在产：P　/　Q	在产：P　/　Q	在产：P　/　Q	在产：P　/　Q	在产：P　/　Q	在产：P　/　Q	在产：P　/　Q	在产：P　/　Q
		在建（　Q）	在建（　Q）	在建（　Q）	在建（　Q）	在建（　Q）	在建（　Q）	在建（　Q）	在建（　Q）	在建（　Q）	在建（　Q）
		转产（　Q）	转产（　Q）	转产（　Q）	转产（　Q）	转产（　Q）	转产（　Q）	转产（　Q）	转产（　Q）	转产（　Q）	转产（　Q）
4 季度末	产出情况	产出(P　)	产出(P　)	产出(P　)	产出(P　)	产出(P　)	产出(P　)	产出(P　)	产出(P　)	产出(P　)	产出(P　)
	生产线	手/半/自/柔	手/半/自/柔	手/半/自/柔	手/半/自/柔	手/半/自/柔	手/半/自/柔	手/半/自/柔	手/半/自/柔	手/半/自/柔	手/半/自/柔
		在产：P　/　Q	在产：P　/　Q	在产：P　/　Q	在产：P　/　Q	在产：P　/　Q	在产：P　/　Q	在产：P　/　Q	在产：P　/　Q	在产：P　/　Q	在产：P　/　Q
		在建（　Q）	在建（　Q）	在建（　Q）	在建（　Q）	在建（　Q）	在建（　Q）	在建（　Q）	在建（　Q）	在建（　Q）	在建（　Q）
		转产（　Q）	转产（　Q）	转产（　Q）	转产（　Q）	转产（　Q）	转产（　Q）	转产（　Q）	转产（　Q）	转产（　Q）	转产（　Q）
产能合计		P1(　)个		P2(　)个		P3(　)个		P4(　)个			

附表 1-5-9　　　　　　　　　公司实训第 __6__ 年生产及设备状态记录表

生产线编号		1	2	3	4	5	6	7	8	9	10
产出情况		产出(P　)	产出(P　)	产出(P　)	产出(P　)	产出(P　)	产出(P　)	产出(P　)	产出(P　)	产出(P　)	产出(P　)
1季度末	生产线	手/半/自/柔	手/半/自/柔	手/半/自/柔	手/半/自/柔	手/半/自/柔	手/半/自/柔	手/半/自/柔	手/半/自/柔	手/半/自/柔	手/半/自/柔
		在产：P／Q	在产：P／Q	在产：P／Q	在产：P／Q	在产：P／Q	在产：P／Q	在产：P／Q	在产：P／Q	在产：P／Q	在产：P／Q
		在建(Q)	在建(Q)	在建(Q)	在建(Q)	在建(Q)	在建(Q)	在建(Q)	在建(Q)	在建(Q)	在建(Q)
		转产(Q)	转产(Q)	转产(Q)	转产(Q)	转产(Q)	转产(Q)	转产(Q)	转产(Q)	转产(Q)	转产(Q)
产出情况		产出(P　)	产出(P　)	产出(P　)	产出(P　)	产出(P　)	产出(P　)	产出(P　)	产出(P　)	产出(P　)	产出(P　)
2季度末	生产线	手/半/自/柔	手/半/自/柔	手/半/自/柔	手/半/自/柔	手/半/自/柔	手/半/自/柔	手/半/自/柔	手/半/自/柔	手/半/自/柔	手/半/自/柔
		在产：P／Q	在产：P／Q	在产：P／Q	在产：P／Q	在产：P／Q	在产：P／Q	在产：P／Q	在产：P／Q	在产：P／Q	在产：P／Q
		在建(Q)	在建(Q)	在建(Q)	在建(Q)	在建(Q)	在建(Q)	在建(Q)	在建(Q)	在建(Q)	在建(Q)
		转产(Q)	转产(Q)	转产(Q)	转产(Q)	转产(Q)	转产(Q)	转产(Q)	转产(Q)	转产(Q)	转产(Q)
产出情况		产出(P　)	产出(P　)	产出(P　)	产出(P　)	产出(P　)	产出(P　)	产出(P　)	产出(P　)	产出(P　)	产出(P　)
3季度末	生产线	手/半/自/柔	手/半/自/柔	手/半/自/柔	手/半/自/柔	手/半/自/柔	手/半/自/柔	手/半/自/柔	手/半/自/柔	手/半/自/柔	手/半/自/柔
		在产：P／Q	在产：P／Q	在产：P／Q	在产：P／Q	在产：P／Q	在产：P／Q	在产：P／Q	在产：P／Q	在产：P／Q	在产：P／Q
		在建(Q)	在建(Q)	在建(Q)	在建(Q)	在建(Q)	在建(Q)	在建(Q)	在建(Q)	在建(Q)	在建(Q)
		转产(Q)	转产(Q)	转产(Q)	转产(Q)	转产(Q)	转产(Q)	转产(Q)	转产(Q)	转产(Q)	转产(Q)
产出情况		产出(P　)	产出(P　)	产出(P　)	产出(P　)	产出(P　)	产出(P　)	产出(P　)	产出(P　)	产出(P　)	产出(P　)
4季度末	生产线	手/半/自/柔	手/半/自/柔	手/半/自/柔	手/半/自/柔	手/半/自/柔	手/半/自/柔	手/半/自/柔	手/半/自/柔	手/半/自/柔	手/半/自/柔
		在产：P／Q	在产：P／Q	在产：P／Q	在产：P／Q	在产：P／Q	在产：P／Q	在产：P／Q	在产：P／Q	在产：P／Q	在产：P／Q
		在建(Q)	在建(Q)	在建(Q)	在建(Q)	在建(Q)	在建(Q)	在建(Q)	在建(Q)	在建(Q)	在建(Q)
		转产(Q)	转产(Q)	转产(Q)	转产(Q)	转产(Q)	转产(Q)	转产(Q)	转产(Q)	转产(Q)	转产(Q)
产能合计			P1(　)个		P2(　)个		P3(　)个			P4(　)个	

附表 1-6　公司贷款申请表

贷款类		实验第 1 年				实验第 2 年				实训第 1 年				实训第 2 年				实训第 3 年				实训第 4 年				实训第 5 年				实训第 6 年			
		1	2	3	4	1	2	3	4	1	2	3	4	1	2	3	4	1	2	3	4	1	2	3	4	1	2	3	4	1	2	3	4
短期贷款	借																																	
	还																																	
高利贷	借																																	
	还																																	
短期贷款余额																																		
监督员签字																																		
长期贷款	借																																	
	还																																	
长期贷款余额																																		
上年权益																																		
监督员签字																																		

附表 1-7　各组的应收账款登记表

公司	款　类		实验第 1 年				实验第 2 年				实训第 1 年				实训第 2 年			
			1	2	3	4	1	2	3	4	1	2	3	4	1	2	3	4
	应收账期	1																
		2																
		3																
		4																
	到　款																	
	贴　现																	
	贴现费用																	

公司	款　类		实验第 3 年				实验第 4 年				实训第 5 年				实训第 6 年			
			1	2	3	4	1	2	3	4	1	2	3	4	1	2	3	4
	应收账期	1																
		2																
		3																
		4																
	到　款																	
	贴　现																	
	贴现费用																	

附表 1-8　　　　　　　　手工沙盘各年经营成果展示表

公司	第零年	第 1 年	第 2 年	第 3 年	第 4 年	第 5 年	第 6 年	总分
A1	66 2							
B2	66 2							
C3	66 2							
D4	66 2							
E5	66 2							
F6	66 2							
本地								
区域								
国内								
亚洲								
国际								

(备注：第零年一列表格中的"2"表示当年的净利润；"66"表示当年的所有者权益。)

附录二　电子沙盘实训推演过程记录表

用友 ERP 电子沙盘 6 组市场预测图

这是由一家权威的市场调研机构对未来六年里各个市场的需求进行的预测,这一预测有着很高的可信度。但根据这一预测进行企业的经营运作,其后果将由各企业自行承担。

"新创业者"电子沙盘实际选单从第 2 年开始,市场预测表中第 1 年需求量及价格数据仅仅起占位作用,实际有效预测数据从第 2 年开始。

1. 本地市场预测分析

本地市场将会持续发展,对低端产品的需求可能下滑,伴随着需求的减少,低端产品的价格很有可能走低。后几年,随着高端产品的成熟,市场对 P3、P4 产品的需求将会逐渐增大。由于客户对质量意识的不断提高,后几年可能对产品的 ISO9000 认证和 ISO14000 认证有更多的需求。电子沙盘 6 组本地市场预测图如附图 2-1 所示。

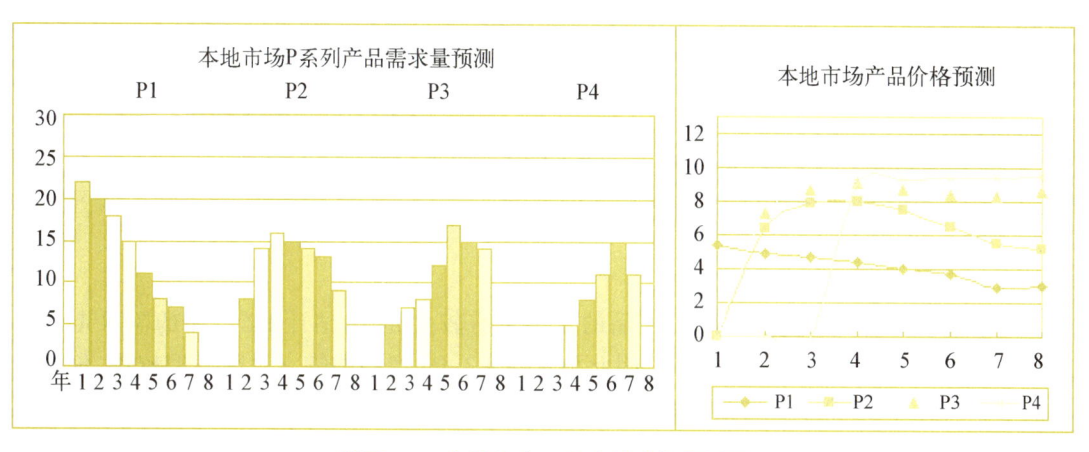

附图 2-1　电子沙盘 6 组本地市场预测图

2. 区域市场预测分析

区域市场的客户相对稳定,对 P 系列产品需求的变化很有可能比较平稳。因紧邻本地市场,所以产品需求量的走势可能与本地市场相似,价格趋势也大致一样。该市场容量有限,对高端产品的需求也可能相对较小,但客户会对产品的 ISO9000 认证和 ISO14000 认证有较高的要求。电子沙盘 6 组区域市场预测如附图 2-2 所示。

3. 国内市场预测分析

因 P1 产品带有较浓的地域色彩,估计国内市场对 P1 产品不会有持久的需求。但 P2 产品因更适合国内市场,估计需求一直比较平稳。随着对 P 系列产品的逐渐认同,估计对 P3 产品的需求会较快发展。但对 P4 产品的需求就不一定像 P3 产品那样旺盛了。当然,对于高价值的产品来说,客户一定会更注重产品的质量认证。电子沙盘 6 组国内市场预测图如附图 2-3 所示。

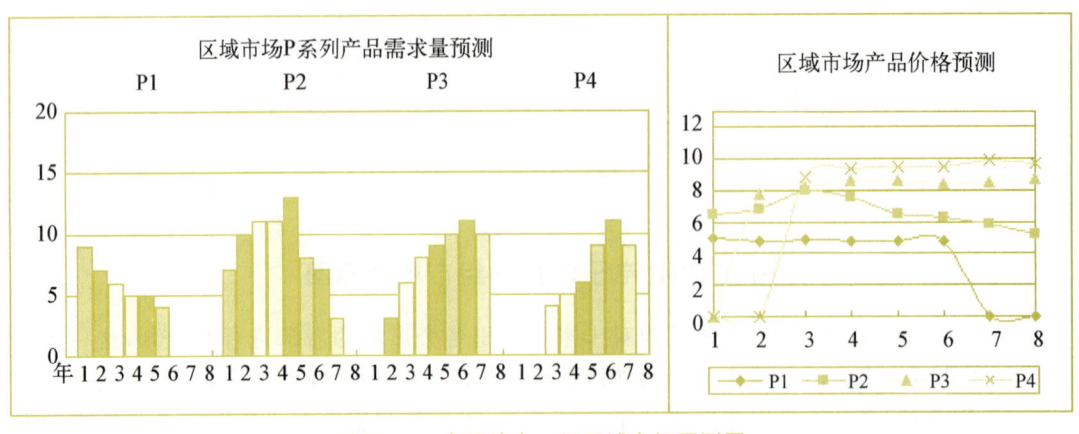

附图 2-2　电子沙盘 6 组区域市场预测图

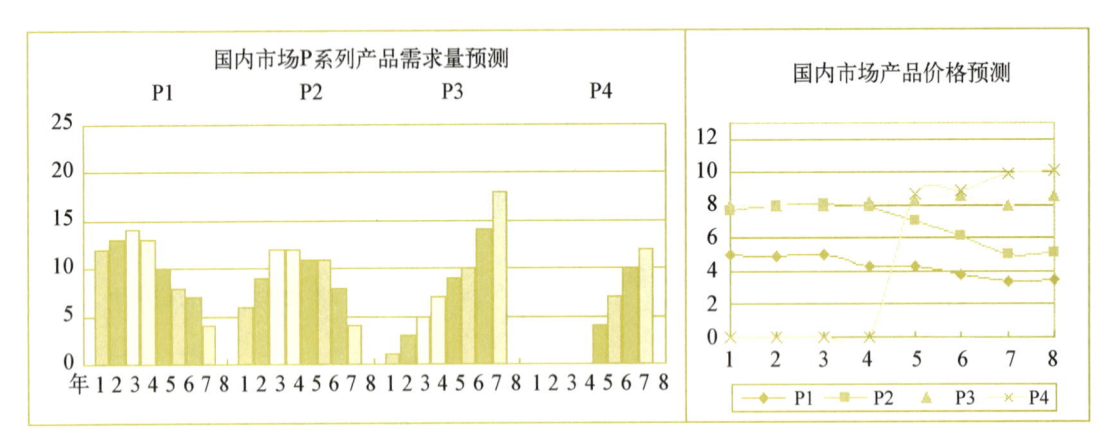

附图 2-3　电子沙盘 6 组国内市场预测图

4. 亚洲市场预测分析

这个市场一向波动较大，对 P1 产品的需求可有较大起伏，估计 P2 产品的需求走势与 P1 相似。但该市场对新产品很敏感，因此估计对 P3、P4 产品的需求量会发展较快，价格也可能不菲。另外，这个市场的消费者很看重产品的质量，没有 ISO9000 认证和 ISO14000 认证的产品可能很难销售。电子沙盘 6 组亚洲市场预测图如附图 2-4 所示。

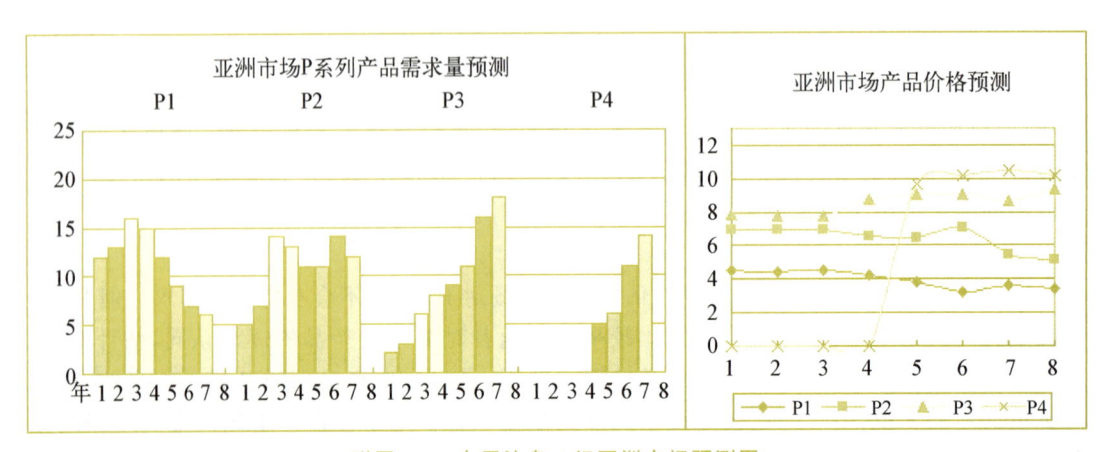

附图 2-4　电子沙盘 6 组亚洲市场预测图

5. 国际市场预测分析

P 系列产品进入国际市场可能需要一个较长的时期。有迹象表明，人们对 P1 产品已经有所认同，但还需要一段时间才能被市场接受。同样，对 P2、P3 和 P4 产品也会很谨慎地接受。需求发展较慢。当然，国际市场的客户也会关注具有 ISO 认证的产品。电子沙盘 6 组国际市场预测图如附图 2-5 所示。

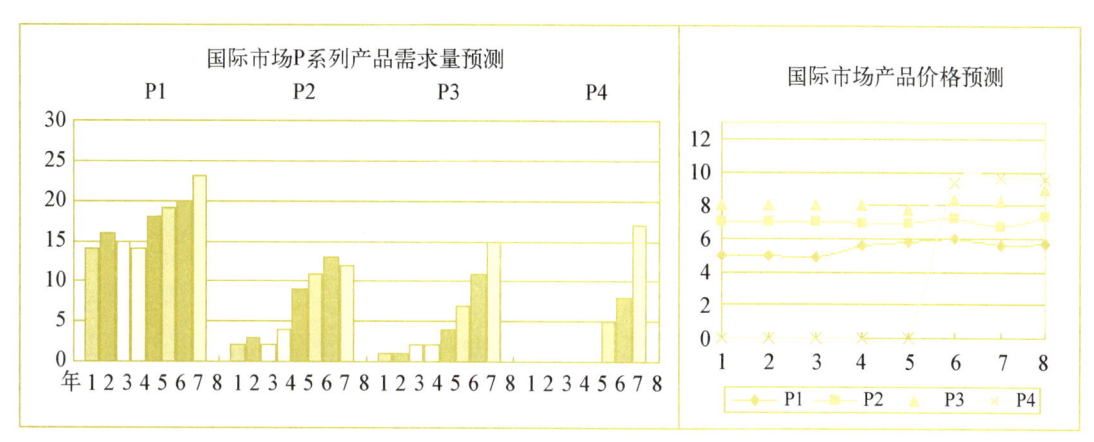

附图 2-5　电子沙盘 6 组国际市场预测图

用友 ERP 电子沙盘 8 组市场预测图

这是由一家权威的市场调研机构对未来六年里各个市场的需求进行的预测，应该说这一预测有着很高的可信度。但根据这一预测进行企业的经营运作，其后果将由各企业自行承担。

"新创业者"电子沙盘实际选单从第 2 年开始，市场预测表中第 1 年需求量及价格数据仅仅起占位作用，实际有效预测数据从第 2 年开始。

1. 本地市场预测分析

本地市场将会持续发展，对低端产品的需求可能下滑，伴随着需求的减少，低端产品的价格很有可能走低。后几年，随着高端产品的成熟，市场对 P3、P4 产品的需求将会逐渐增大。由于客户质量意识的不断提高，后几年可能对产品的 ISO9000 认证和 ISO14000 认证有更多的需求。电子沙盘 8 组本地市场预测如附图 2-6 所示。

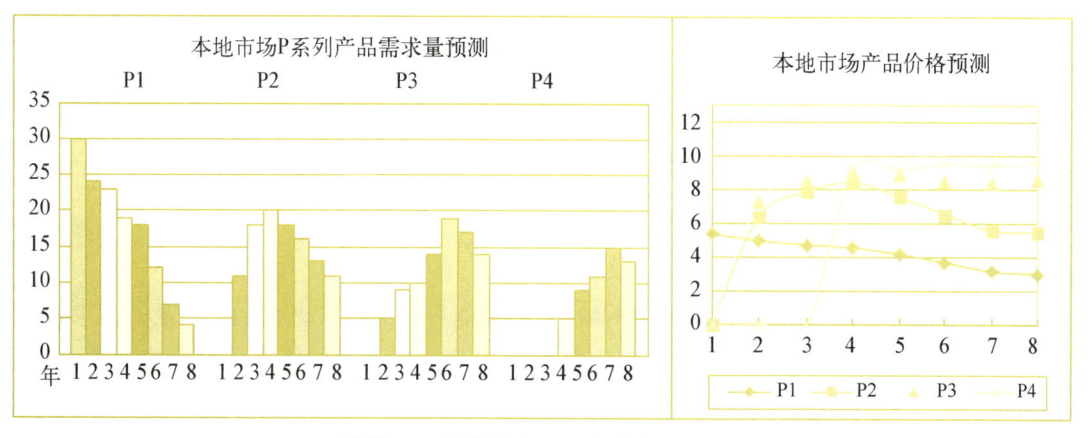

附图 2-6　电子沙盘 8 组本地市场预测图

2. 区域市场预测分析

区域市场的客户相对稳定,对 P 系列产品需求的变化很有可能比较平稳。因紧邻本地市场,所以产品需求量的走势可能与本地市场相似,价格趋势也大致一样。该市场容量有限,对高端产品的需求也可能相对较小,但客户会对产品的 ISO9000 认证和 ISO14000 认证有较高的要求。电子沙盘 8 组区域市场预测图如附图 2-7 所示。

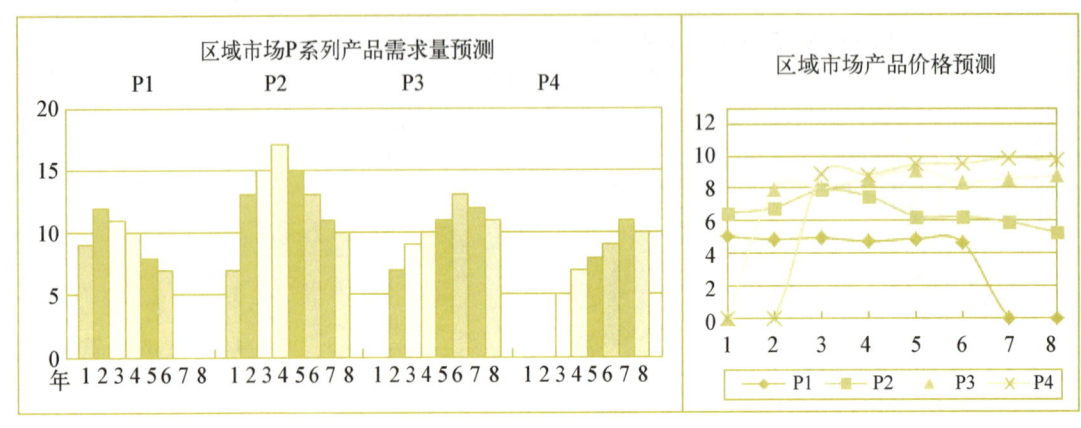

附图 2-7　电子沙盘 8 组区域市场预测图

3. 国内市场预测分析

P1 产品带有较浓的地域色彩,估计国内市场对 P1 产品不会有持久的需求。但 P2 产品更适合国内市场,估计需求一直比较平稳。随着对 P 系列产品的逐渐认同,对 P3 产品的需求估计会发展较快。对 P4 产品的需求就不一定像 P3 产品那样旺盛了。当然,对高价值的产品来说,客户一定会更注重产品的质量认证。电子沙盘 8 组国内市场预测如附图 2-8 所示。

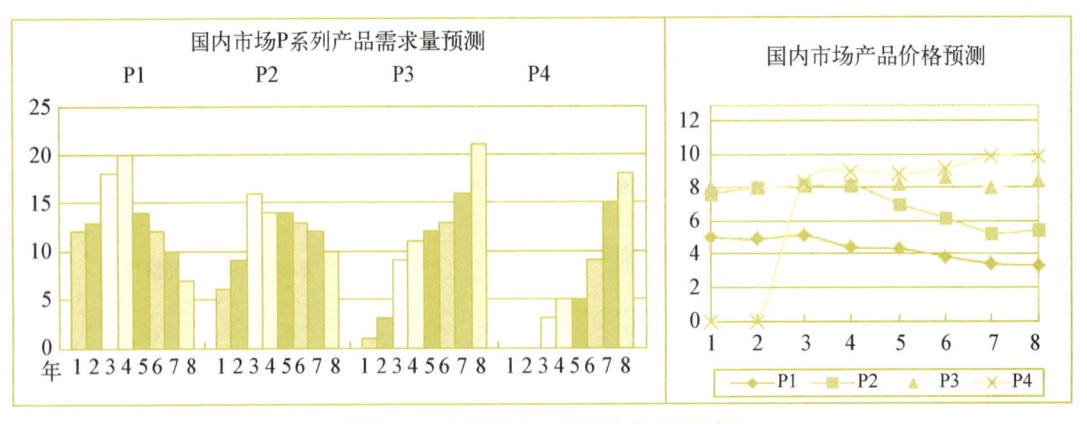

附图 2-8　电子沙盘 8 组国内市场预测图

4. 亚洲市场预测分析

这个市场的波动一向较大,对 P1 产品的需求可能有较大起伏,估计 P2 产品的需求走势与 P1 相似。但该市场对新产品很敏感,因此估计对 P3、P4 产品的需求量会较快发展,价格也可能不菲。另外,这个市场的消费者很看重产品的质量,所以没有 ISO9000 认证和 ISO14000 认证的产品可能很难销售。电子沙盘 8 组亚洲市场预测如附图 2-9 所示。

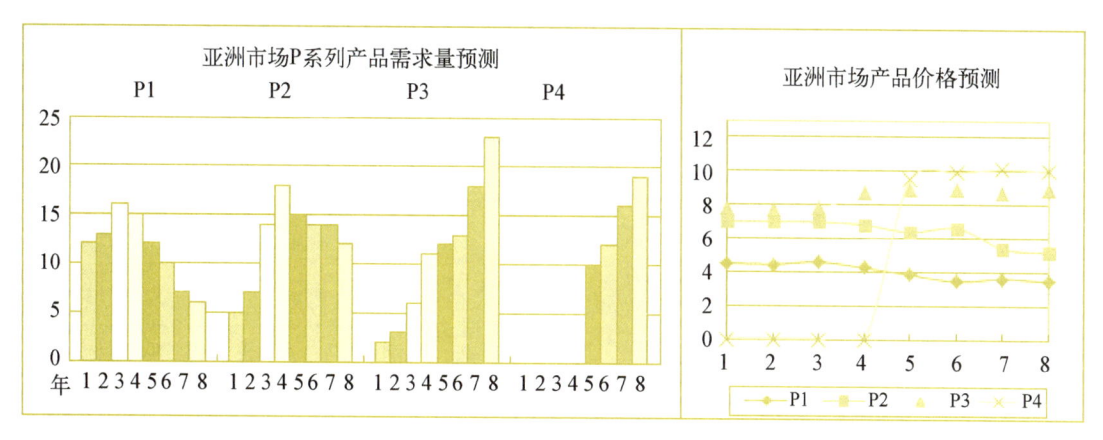

附图 2-9 电子沙盘 8 组亚洲市场预测图

5. 国际市场预测分析

P 系列产品进入国际市场可能需要一个较长的时期。有迹象表明,人们对 P1 产品已经有所认同,但该产品还需要一段时间才能被市场接受。对 P2、P3 和 P4 产品,人们也会很谨慎地接受,需求发展较慢。当然,国际市场的客户也会关注具有 ISO 认证的产品。电子沙盘 8 组国际市场预测图如附图 2-10 所示。

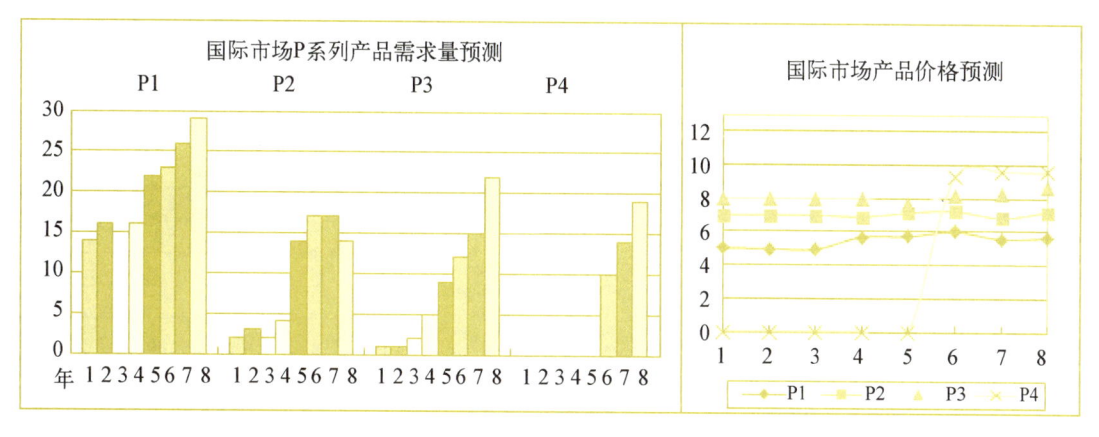

附图 2-10 电子沙盘 8 组国际市场预测图

用友 ERP 电子沙盘 10 组市场预测图

这是由一家权威的市场调研机构对未来六年里各个市场的需求进行的预测。这一预测有着很高的可信度。但根据这一预测进行企业的经营运作,其后果将由各企业自行承担。

"新创业者"电子沙盘实际选单从第 2 年开始,市场预测表中第 1 年需求量及价格数据仅仅起占位作用,实际有效预测数据从第 2 年开始。

1. 本地市场预测分析

本地市场将会持续发展,对低端产品的需求可能要下滑,伴随着需求的减少,低端产品的价格很有可能走低。后几年,随着高端产品的成熟,市场对 P3、P4 产品的需求将会逐渐增大。由于客户质量意识的不断提高,后几年可能对产品的 ISO9000 认证和 ISO14000 认证有更多的需求。电子沙盘 10 组本地市场预测图如附图 2-11 所示。

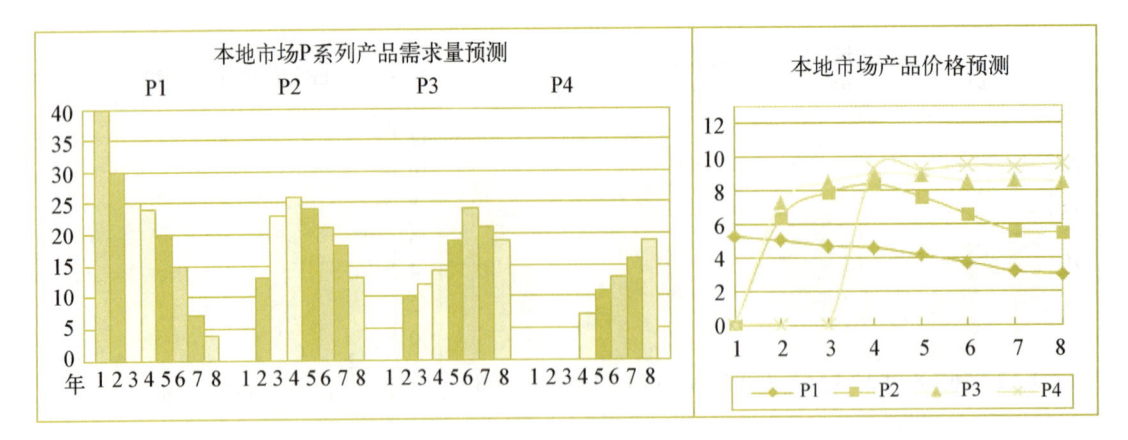

附图 2-11　电子沙盘 10 组本地市场预测图

2. 区域市场预测分析

区域市场的客户相对稳定,P 系列产品需求的变化很有可能比较平稳。因紧邻本地市场,产品需求量的走势可能与本地市场相似,价格趋势也应大致一样。该市场容量有限,对高端产品的需求也可能相对较小,但客户会对产品的 ISO9000 认证和 ISO14000 认证有较高的要求。电子沙盘 10 组区域市场预测图如附图 2-12 所示。

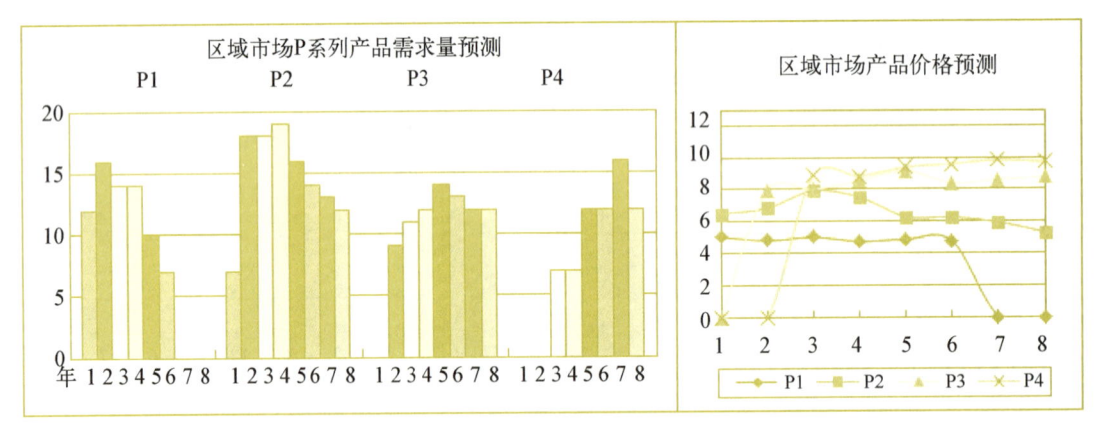

附图 2-12　电子沙盘 10 组区域市场预测图

3. 国内市场预测分析

P1 产品带有较浓的地域色彩,估计国内市场对 P1 产品不会有持久的需求。P2 产品更适合国内市场,估计需求一直比较平稳。随着对 P 系列产品的逐渐认同,估计对 P3 产品的需求会发展较快。对 P4 产品的需求就不一定像 P3 产品那样旺盛了。当然,对高价值的产品来说,客户一定会更注重产品的质量认证。电子沙盘 10 组国内市场预测图如附图 2-13 所示。

4. 亚洲市场预测分析

这个市场一向波动较大,对 P1 产品的需求可能起伏较大,估计 P2 产品的需求走势与 P1 相似。但该市场对新产品很敏感,估计对 P3、P4 产品的需求量会较快发展,价格也可能不菲。另外,这个市场的消费者很看重产品的质量,没有 ISO9000 认证和 ISO14000 认证的产品可能很难销售。电子沙盘 10 组亚洲市场预测图如附图 2-14 所示。

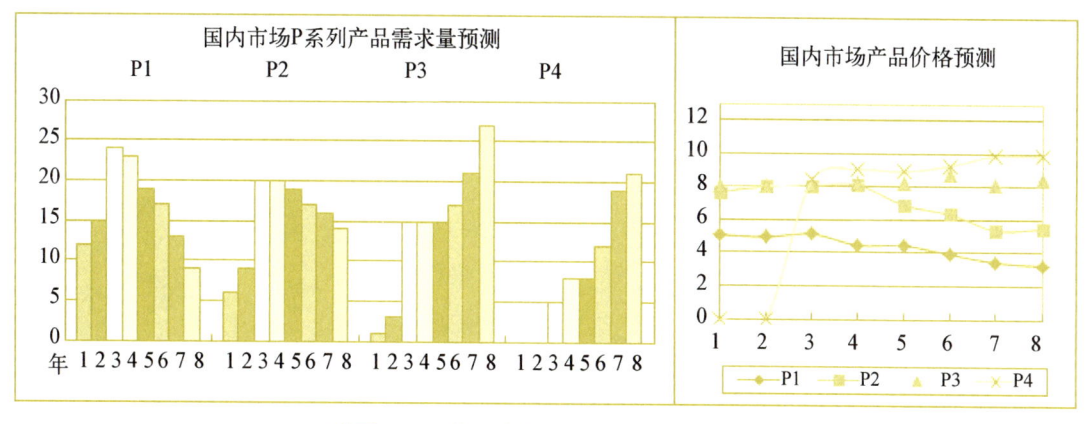

附图 2-13　电子沙盘 10 组国内市场预测图

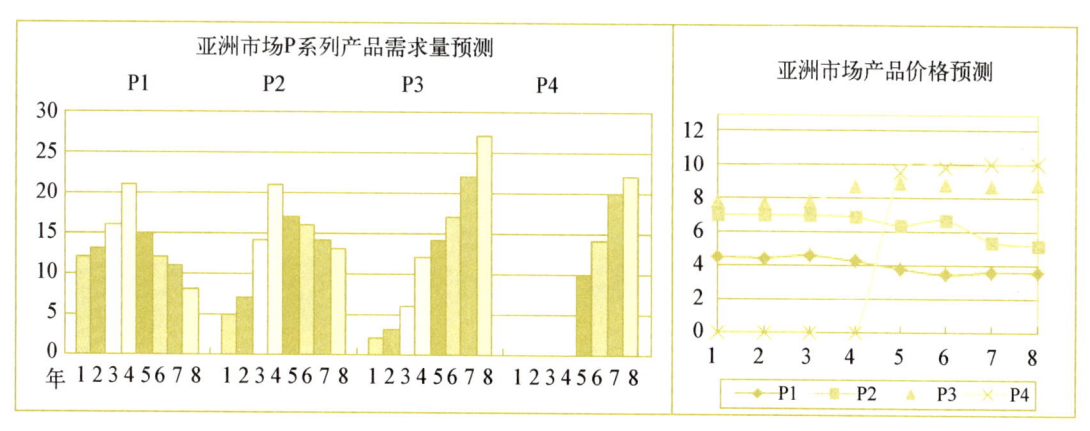

附图 2-14　电子沙盘 10 组亚洲市场预测图

5. 国际市场预测分析

P 系列产品进入国际市场可能需要一个较长的时期。有迹象表明，人们对 P1 产品已经有所认同，但该产品还需要一段时间才能被市场接受。对 P2、P3 和 P4 产品也会很谨慎地接受。需求发展较慢。当然，国际市场的客户也会关注具有 ISO 认证的产品。电子沙盘 10 组国际市场预测图如附图 2-15 所示。

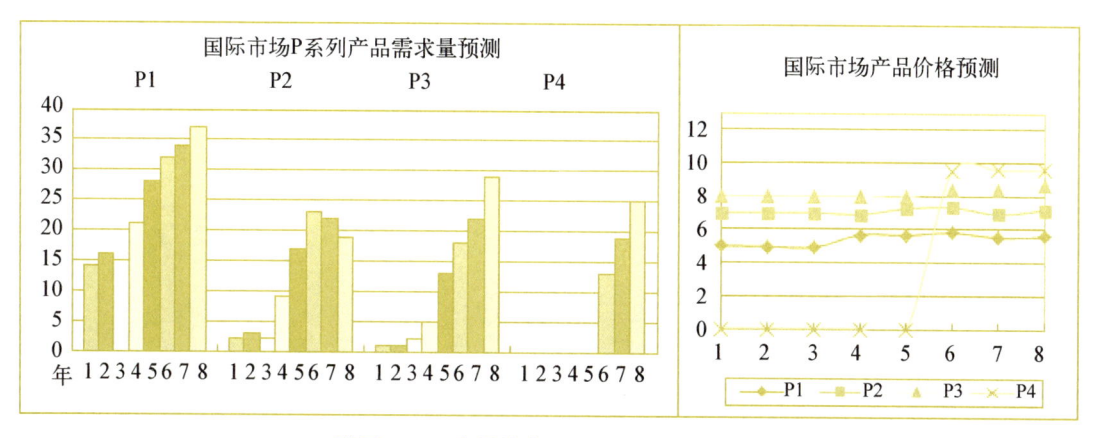

附图 2-15　电子沙盘 10 组国际市场预测图

相关实训表格包括以下内容。

附表 2-1　　　　　　　　电子沙盘实训使用手册

实验年第 1 年开始　现金预算表

时间（季）	1	2	3	4
期初库存现金				
应收款贴现收入				
市场营销投入				
支付上年应交税				
长期贷款本息收支				
支付到期长期贷款				
短期贷款本息收支				
支付到期短期贷款				
原料采购支付现金				
厂房租买开支				
生产线（投资、转、卖）				
工人工资（下一批生产）				
应收款到期				
产品研发投资				
厂房处置（出售、买转租、租转买、退租）				
支付管理费用				
设备维护费用				
市场开拓投资				
ISO 认证投资				
违约罚款				
厂房贴现				
其他				
库存现金余额				

要点记录

第 1 季度：

第 2 季度：

第 3 季度：

第 4 季度：

年底小结：

用户_____　　　　　　　实验年第 _1_ 年经营

操作顺序	企业经营流程 每执行完一项操作，CEO请在相应的方格内打钩。			
	手工操作流程	系 统 操 作	手 工 记 录	
年初	新年度规划会议			
	广告投放	输入广告费确认		
	参加订货会选订单/登记订单	选单		
	支付应付税(25%)	系统自动		
	支付长期贷款利息	系统自动		
	更新长期贷款/长期贷款还款	系统自动		
	申请长期贷款	输入贷款数额并确认		
1	季初盘点(请填余额)	产品下线,生产线完工(自动)		
2	更新短期贷款/短期贷款还本付息	系统自动		
3	申请短期贷款	输入贷款数额并确认		
4	原材料入库/更新原料订单	需要确认金额		
5	下原料订单	输入并确认		
6	购买/租用——厂房	选择并确认,自动扣现金		
7	更新生产/完工入库	系统自动		
8	新建/在建/转产/变卖——生产线	选择并确认		
9	紧急采购(随时进行)	随时进行输入并确认		
10	开始下一批生产	选择并确认		
11	更新应收款/应收款收现	需要输入到期金额		
12	按订单交货	选择交货订单确认		
13	产品研发投资	选择并确认		
14	厂房——出售(买转租)/退租/租转买	选择确认,自动转应收款		
15	新市场开拓/ISO资格投资	仅第四季允许操作		
16	支付管理费/更新厂房租金	系统自动		
17	出售库存	输入并确认(随时进行)		
18	厂房贴现	随时进行		
19	应收款贴现	输入并确认(随时进行)		
20	季末收入合计			
21	季末支出合计			
22	季末数额对账[(1)+(20)-(21)]			
年末	缴纳违约订单罚款(25%)	系统自动		
	支付设备维护费	系统自动		
	计提折旧	系统自动	( )	
	新市场/ISO资格换证	系统自动		
	结账			

实验年第 1 年　　　用户名：

综合费用表

项　　目	金　　额
管理费	
广告费	
设备维护费	
损　失	
转产费	
厂房租金	
新市场开拓	
ISO 资格认证	
产品研发	
信息费	
合　计	

利润表

项　　目	金　　额
销售收入	
直接成本	
毛　利	
综合费用	
折旧前利润	
折　旧	
支付利息前利润	
财务费用	
税前利润	
所得税	
年度净利润	

资产负债表

项　　目	金　　额	项　　目	金　　额
现　金		长期负债	
应收款		短期负债	
在制品		应交所得税	
产成品		—	—
原材料		—	—
流动资产合计		**负债合计**	
厂　房		股东资本	
生产线		利润留存	
在建工程		年度净利	
固定资产合计		**所有者权益合计**	
资产总计		**负债和所有者权益总计**	

注：库存折价拍价，生产线变卖，紧急采购，订单违约记入损失；每年经营结束请将此表交到裁判处核对。

实验年第 2 年开始　现金预算表

时间（季）	1	2	3	4
期初库存现金				
应收款贴现收入				
市场营销投入				
支付上年应交税				
长期贷款本息收支				
支付到期长期贷款				
短期贷款本息收支				
支付到期短期贷款				
原料采购支付现金				
厂房租买开支				
生产线（投资、转、卖）				
工人工资（下一批生产）				
应收款到期				
产品研发投资				
厂房处置（出售、买转租、租转买、退租）				
支付管理费用				
设备维护费用				
市场开拓投资				
ISO 认证投资				
违约罚款				
厂房贴现				
其他				
库存现金余额				

要点记录

第 1 季度：

第 2 季度：

第 3 季度：

第 4 季度：

年底小结：

用户_____　　　　实验年第 _2_ 年经营

操作顺序	企业经营流程 每执行完一项操作，CEO请在相应的方格内打钩。			
	手工操作流程	系统操作	手 工 记 录	
年初	新年度规划会议			
	广告投放	输入广告费确认		
	参加订货会选订单/登记订单	选单		
	支付应付税(25%)	系统自动		
	支付长期贷款利息	系统自动		
	更新长期贷款/长期贷款还款	系统自动		
	申请长期贷款	输入贷款数额并确认		
1	季初盘点(请填余额)	产品下线,生产线完工(自动)		
2	更新短期贷款/短期贷款还本付息	系统自动		
3	申请短期贷款	输入贷款数额并确认		
4	原材料入库/更新原料订单	需要确认金额		
5	下原料订单	输入并确认		
6	购买/租用——厂房	选择并确认,自动扣现金		
7	更新生产/完工入库	系统自动		
8	新建/在建/转产/变卖——生产线	选择并确认		
9	紧急采购(随时进行)	随时进行输入并确认		
10	开始下一批生产	选择并确认		
11	更新应收款/应收款收现	需要输入到期金额		
12	按订单交货	选择交货订单确认		
13	产品研发投资	选择并确认		
14	厂房——出售(买转租)/退租/租转买	选择确认,自动转应收款		
15	新市场开拓/ISO资格投资	仅第四季允许操作		
16	支付管理费/更新厂房租金	系统自动		
17	出售库存	输入并确认(随时进行)		
18	厂房贴现	随时进行		
19	应收款贴现	输入并确认(随时进行)		
20	季末收入合计			
21	季末支出合计			
22	季末数额对账[(1)+(20)-(21)]			
年末	缴纳违约订单罚款(25%)	系统自动		
	支付设备维护费	系统自动		
	计提折旧	系统自动		( )
	新市场/ISO资格换证	系统自动		
	结账			

实验年第 2 年

用户名：

综合费用表

项 目	金 额
管理费	
广告费	
设备维护费	
损 失	
转产费	
厂房租金	
新市场开拓	
ISO 资格认证	
产品研发	
信息费	
合 计	

利 润 表

项 目	金 额
销售收入	
直接成本	
毛 利	
综合费用	
折旧前利润	
折 旧	
支付利息前利润	
财务费用	
税前利润	
所得税	
年度净利润	

资产负债表

项 目	金 额	项 目	金 额
现 金		长期负债	
应收款		短期负债	
在制品		应交所得税	
产成品		—	—
原材料		—	—
流动资产合计		负债合计	
厂 房		股东资本	
生产线		利润留存	
在建工程		年度净利	
固定资产合计		所有者权益合计	
资产总计		负债和所有者权益总计	

注：库存折价拍价，生产线变卖，紧急采购，订单违约记入损失；每年经营结束请将此表交到裁判处核对。

实训年第 1 年开始　现金预算表

时间(季)	1	2	3	4
期初库存现金				
应收款贴现收入				
市场营销投入				
支付上年应交税				
长期贷款本息收支				
支付到期长期贷款				
短期贷款本息收支				
支付到期短期贷款				
原料采购支付现金				
厂房租买开支				
生产线(投资、转、卖)				
工人工资(下一批生产)				
应收款到期				
产品研发投资				
厂房处置(出售、买转租、租转买、退租)				
支付管理费用				
设备维护费用				
市场开拓投资				
ISO 认证投资				
违约罚款				
厂房贴现				
其他				
库存现金余额				

要点记录

第 1 季度：

第 2 季度：

第 3 季度：

第 4 季度：

年底小结：

用户_____   实训年第 _1_ 年经营

每执行完一项操作,CEO请在相应的方格内打钩。

操作顺序	企业经营流程 手工操作流程	系统操作	手工记录
年初	新年度规划会议		
	广告投放	输入广告费确认	
	参加订货会选订单/登记订单	选单	
	支付应付税(25%)	系统自动	
	支付长期贷款利息	系统自动	
	更新长期贷款/长期贷款还款	系统自动	
	申请长期贷款	输入贷款数额并确认	
1	季初盘点(请填余额)	产品下线,生产线完工(自动)	
2	更新短期贷款/短期贷款还本付息	系统自动	
3	申请短期贷款	输入贷款数额并确认	
4	原材料入库/更新原料订单	需要确认金额	
5	下原料订单	输入并确认	
6	购买/租用——厂房	选择并确认,自动扣现金	
7	更新生产/完工入库	系统自动	
8	新建/在建/转产/变卖——生产线	选择并确认	
9	紧急采购(随时进行)	随时进行输入并确认	
10	开始下一批生产	选择并确认	
11	更新应收款/应收款收现	需要输入到期金额	
12	按订单交货	选择交货订单确认	
13	产品研发投资	选择并确认	
14	厂房——出售(买转租)/退租/租转买	选择确认,自动转应收款	
15	新市场开拓/ISO资格投资	仅第四季允许操作	
16	支付管理费/更新厂房租金	系统自动	
17	出售库存	输入并确认(随时进行)	
18	厂房贴现	随时进行	
19	应收款贴现	输入并确认(随时进行)	
20	季末收入合计		
21	季末支出合计		
22	季末数额对账[(1)+(20)−(21)]		
年末	缴纳违约订单罚款(25%)	系统自动	
	支付设备维护费	系统自动	
	计提折旧	系统自动	( )
	新市场/ISO资格换证	系统自动	
	结账		

实训年第 1 年　　　　　　**用户名：**

综合费用表

项　　目	金　　额
管理费	
广告费	
设备维护费	
损　失	
转产费	
厂房租金	
新市场开拓	
ISO 资格认证	
产品研发	
信息费	
合　　计	

利润表

项　　目	金　　额
销售收入	
直接成本	
毛　利	
综合费用	
折旧前利润	
折　旧	
支付利息前利润	
财务费用	
税前利润	
所得税	
年度净利润	

资产负债表

项　　目	金　　额	项　　目	金　　额
现　金		长期负债	
应收款		短期负债	
在制品		应交所得税	
产成品		—	—
原材料		—	—
流动资产合计		**负债合计**	
厂　房		股东资本	
生产线		利润留存	
在建工程		年度净利	
固定资产合计		**所有者权益合计**	
资产总计		**负债和所有者权益总计**	

注：库存折价拍价, 生产线变卖, 紧急采购, 订单违约记入损失；每年经营结束请将此表交到裁判处核对。

实训年第 2 年开始　现金预算表

时间（季）	1	2	3	4
期初库存现金				
应收款贴现收入				
市场营销投入				
支付上年应交税				
长期贷款本息收支				
支付到期长期贷款				
短期贷款本息收支				
支付到期短期贷款				
原料采购支付现金				
厂房租买开支				
生产线（投资、转、卖）				
工人工资（下一批生产）				
应收款到期				
产品研发投资				
厂房处置（出售、买转租、租转买、退租）				
支付管理费用				
设备维护费用				
市场开拓投资				
ISO 认证投资				
违约罚款				
厂房贴现				
其他				
库存现金余额				

要点记录

第 1 季度：

第 2 季度：

第 3 季度：

第 4 季度：

年底小结：

用户_____ 实训年第 _2_ 年经营

每执行完一项操作，CEO 请在相应的方格内打钩。

操作顺序	企业经营流程 手工操作流程	系统操作	手工记录
年初	新年度规划会议		
	广告投放	输入广告费确认	
	参加订货会选订单/登记订单	选单	
	支付应付税(25%)	系统自动	
	支付长期贷款利息	系统自动	
	更新长期贷款/长期贷款还款	系统自动	
	申请长期贷款	输入贷款数额并确认	
1	季初盘点(请填余额)	产品下线,生产线完工(自动)	
2	更新短期贷款/短期贷款还本付息	系统自动	
3	申请短期贷款	输入贷款数额并确认	
4	原材料入库/更新原料订单	需要确认金额	
5	下原料订单	输入并确认	
6	购买/租用——厂房	选择并确认,自动扣现金	
7	更新生产/完工入库	系统自动	
8	新建/在建/转产/变卖——生产线	选择并确认	
9	紧急采购(随时进行)	随时进行输入并确认	
10	开始下一批生产	选择并确认	
11	更新应收款/应收款收现	需要输入到期金额	
12	按订单交货	选择交货订单确认	
13	产品研发投资	选择并确认	
14	厂房——出售(买转租)/退租/租转买	选择确认,自动转应收款	
15	新市场开拓/ISO 资格投资	仅第四季允许操作	
16	支付管理费/更新厂房租金	系统自动	
17	出售库存	输入并确认(随时进行)	
18	厂房贴现	随时进行	
19	应收款贴现	输入并确认(随时进行)	
20	季末收入合计		
21	季末支出合计		
22	季末数额对账[(1)+(20)−(21)]		
年末	缴纳违约订单罚款(25%)	系统自动	
	支付设备维护费	系统自动	
	计提折旧	系统自动	( )
	新市场/ISO 资格换证	系统自动	
	结账		

实训年第 2 年　　　　　　　　　用户名：

综合费用表

项　目	金　额
管理费	
广告费	
设备维护费	
损　失	
转产费	
厂房租金	
新市场开拓	
ISO 资格认证	
产品研发	
信息费	
合　计	

利润表

项　目	金　额
销售收入	
直接成本	
毛　利	
综合费用	
折旧前利润	
折　旧	
支付利息前利润	
财务费用	
税前利润	
所得税	
年度净利润	

资产负债表

项　目	金　额	项　目	金　额
现　金		长期负债	
应收款		短期负债	
在制品		应交所得税	
产成品		—	—
原材料		—	—
流动资产合计		负债合计	
厂　房		股东资本	
生产线		利润留存	
在建工程		年度净利	
固定资产合计		所有者权益合计	
资产总计		负债和所有者权益总计	

注：库存折价拍价，生产线变卖，紧急采购，订单违约记入损失；每年经营结束请将此表交到裁判处核对。

实训年第 3 年开始　现金预算表

时间(季)	1	2	3	4
期初库存现金				
应收款贴现收入				
市场营销投入				
支付上年应交税				
长期贷款本息收支				
支付到期长期贷款				
短期贷款本息收支				
支付到期短期贷款				
原料采购支付现金				
厂房租买开支				
生产线(投资、转、卖)				
工人工资(下一批生产)				
应收款到期				
产品研发投资				
厂房处置(出售、买转租、租转买、退租)				
支付管理费用				
设备维护费用				
市场开拓投资				
ISO 认证投资				
违约罚款				
厂房贴现				
其他				
库存现金余额				

要点记录

第 1 季度：

第 2 季度：

第 3 季度：

第 4 季度：

年底小结：

用户_____　　　　　　　　　实训年第 _3_ 年经营

操作顺序	企业经营流程		每执行完一项操作,CEO请在相应的方格内打钩。		
	手工操作流程	系统操作	手 工 记 录		
年初	新年度规划会议				
	广告投放	输入广告费确认			
	参加订货会选订单/登记订单	选单			
	支付应付税(25%)	系统自动			
	支付长期贷款利息	系统自动			
	更新长期贷款/长期贷款还款	系统自动			
	申请长期贷款	输入贷款数额并确认			
1	季初盘点(请填余额)	产品下线,生产线完工(自动)			
2	更新短期贷款/短期贷款还本付息	系统自动			
3	申请短期贷款	输入贷款数额并确认			
4	原材料入库/更新原料订单	需要确认金额			
5	下原料订单	输入并确认			
6	购买/租用——厂房	选择并确认,自动扣现金			
7	更新生产/完工入库	系统自动			
8	新建/在建/转产/变卖——生产线	选择并确认			
9	紧急采购(随时进行)	随时进行输入并确认			
10	开始下一批生产	选择并确认			
11	更新应收款/应收款收现	需要输入到期金额			
12	按订单交货	选择交货订单确认			
13	产品研发投资	选择并确认			
14	厂房——出售(买转租)/退租/租转买	选择确认,自动转应收款			
15	新市场开拓/ISO资格投资	仅第四季允许操作			
16	支付管理费/更新厂房租金	系统自动			
17	出售库存	输入并确认(随时进行)			
18	厂房贴现	随时进行			
19	应收款贴现	输入并确认(随时进行)			
20	季末收入合计				
21	季末支出合计				
22	季末数额对账[(1)+(20)−(21)]				
年末	缴纳违约订单罚款(25%)	系统自动			
	支付设备维护费	系统自动			
	计提折旧	系统自动			( )
	新市场/ISO资格换证	系统自动			
	结账				

实训年第 3 年　　　　　　　　　　**用户名：**

综　合　费　用　表

项　　　目	金　　额
管理费	
广告费	
设备维护费	
损　失	
转产费	
厂房租金	
新市场开拓	
ISO 资格认证	
产品研发	
信息费	
合　　计	

利　润　表

项　　　目	金　　额
销售收入	
直接成本	
毛　利	
综合费用	
折旧前利润	
折　旧	
支付利息前利润	
财务费用	
税前利润	
所得税	
年度净利润	

资　产　负　债　表

项　　　目	金　　额	项　　　目	金　　额
现　金		长期负债	
应收款		短期负债	
在制品		应交所得税	
产成品		—	—
原材料		—	—
流动资产合计		**负债合计**	
厂　房		股东资本	
生产线		利润留存	
在建工程		年度净利	
固定资产合计		**所有者权益合计**	
资产总计		**负债和所有者权益总计**	

注：库存折价拍价，生产线变卖，紧急采购，订单违约记入损失；每年经营结束请将此表交到裁判处核对。

实训年第 4 年开始　现金预算表

时间（季）	1	2	3	4
期初库存现金				
应收款贴现收入				
市场营销投入				
支付上年应交税				
长期贷款本息收支				
支付到期长期贷款				
短期贷款本息收支				
支付到期短期贷款				
原料采购支付现金				
厂房租买开支				
生产线（投资、转、卖）				
工人工资（下一批生产）				
应收款到期				
产品研发投资				
厂房处置（出售、买转租、租转买、退租）				
支付管理费用				
设备维护费用				
市场开拓投资				
ISO 认证投资				
违约罚款				
厂房贴现				
其他				
库存现金余额				

要点记录

第 1 季度：

第 2 季度：

第 3 季度：

第 4 季度：

年底小结：

用户_____　　　　　　　实训年第 __4__ 年经营

操作顺序	企业经营流程		每执行完一项操作，CEO请在相应的方格内打钩。			
	手工操作流程	系 统 操 作	手 工 记 录			
年初	新年度规划会议					
	广告投放	输入广告费确认				
	参加订货会选订单/登记订单	选单				
	支付应付税(25%)	系统自动				
	支付长期贷款利息	系统自动				
	更新长期贷款/长期贷款还款	系统自动				
	申请长期贷款	输入贷款数额并确认				
1	季初盘点(请填余额)	产品下线,生产线完工(自动)				
2	更新短期贷款/短期贷款还本付息	系统自动				
3	申请短期贷款	输入贷款数额并确认				
4	原材料入库/更新原料订单	需要确认金额				
5	下原料订单	输入并确认				
6	购买/租用——厂房	选择并确认,自动扣现金				
7	更新生产/完工入库	系统自动				
8	新建/在建/转产/变卖——生产线	选择并确认				
9	紧急采购(随时进行)	随时进行输入并确认				
10	开始下一批生产	选择并确认				
11	更新应收款/应收款收现	需要输入到期金额				
12	按订单交货	选择交货订单确认				
13	产品研发投资	选择并确认				
14	厂房——出售(买转租)/退租/租转买	选择确认,自动转应收款				
15	新市场开拓/ISO资格投资	仅第四季允许操作				
16	支付管理费/更新厂房租金	系统自动				
17	出售库存	输入并确认(随时进行)				
18	厂房贴现	随时进行				
19	应收款贴现	输入并确认(随时进行)				
20	季末收入合计					
21	季末支出合计					
22	季末数额对账[(1)+(20)-(21)]					
年末	缴纳违约订单罚款(25%)	系统自动				
	支付设备维护费	系统自动				
	计提折旧	系统自动				( )
	新市场/ISO资格换证	系统自动				
	结账					

实训年第 4 年　　　　　　　　　**用户名：**

综合费用表

项　　目	金　　额
管理费	
广告费	
设备维护费	
损　失	
转产费	
厂房租金	
新市场开拓	
ISO 资格认证	
产品研发	
信息费	
合　　计	

利润表

项　　目	金　　额
销售收入	
直接成本	
毛　利	
综合费用	
折旧前利润	
折　旧	
支付利息前利润	
财务费用	
税前利润	
所得税	
年度净利润	

资产负债表

项　　目	金　　额	项　　目	金　　额
现　金		长期负债	
应收款		短期负债	
在制品		应交所得税	
产成品		—	—
原材料		—	—
流动资产合计		**负债合计**	
厂　房		股东资本	
生产线		利润留存	
在建工程		年度净利	
固定资产合计		**所有者权益合计**	
资产总计		**负债和所有者权益总计**	

注：库存折价拍价、生产线变卖、紧急采购、订单违约记入损失；每年经营结束请将此表交到裁判处核对。

实训年第 5 年开始　现金预算表

时间（季）	1	2	3	4
期初库存现金				
应收款贴现收入				
市场营销投入				
支付上年应交税				
长期贷款本息收支				
支付到期长期贷款				
短期贷款本息收支				
支付到期短期贷款				
原料采购支付现金				
厂房租买开支				
生产线（投资、转、卖）				
工人工资（下一批生产）				
应收款到期				
产品研发投资				
厂房处置（出售、买转租、租转买、退租）				
支付管理费用				
设备维护费用				
市场开拓投资				
ISO 认证投资				
违约罚款				
厂房贴现				
其他				
库存现金余额				

要点记录

第 1 季度：

第 2 季度：

第 3 季度：

第 4 季度：

年底小结：

用户_____ 　　　　　实训年第 _5_ 年经营

操作顺序	企业经营流程 手工操作流程	系统操作	手工记录
年初	新年度规划会议		
	广告投放	输入广告费确认	
	参加订货会选订单/登记订单	选单	
	支付应付税(25%)	系统自动	
	支付长期贷款利息	系统自动	
	更新长期贷款/长期贷款还款	系统自动	
	申请长期贷款	输入贷款数额并确认	
1	季初盘点(请填余额)	产品下线,生产线完工(自动)	
2	更新短期贷款/短期贷款还本付息	系统自动	
3	申请短期贷款	输入贷款数额并确认	
4	原材料入库/更新原料订单	需要确认金额	
5	下原料订单	输入并确认	
6	购买/租用——厂房	选择并确认,自动扣现金	
7	更新生产/完工入库	系统自动	
8	新建/在建/转产/变卖——生产线	选择并确认	
9	紧急采购(随时进行)	随时进行输入并确认	
10	开始下一批生产	选择并确认	
11	更新应收款/应收款收现	需要输入到期金额	
12	按订单交货	选择交货订单确认	
13	产品研发投资	选择并确认	
14	厂房——出售(买转租)/退租/租转买	选择确认,自动转应收款	
15	新市场开拓/ISO资格投资	仅第四季允许操作	
16	支付管理费/更新厂房租金	系统自动	
17	出售库存	输入并确认(随时进行)	
18	厂房贴现	随时进行	
19	应收款贴现	输入并确认(随时进行)	
20	季末收入合计		
21	季末支出合计		
22	季末数额对账[(1)+(20)−(21)]		
年末	缴纳违约订单罚款(25%)	系统自动	
	支付设备维护费	系统自动	
	计提折旧	系统自动	( )
	新市场/ISO资格换证	系统自动	
	结账		

实训年第 5 年　　　　　　　　　　　　**用户名：**

综 合 费 用 表

项　　目	金　　额
管理费	
广告费	
设备维护费	
损　失	
转产费	
厂房租金	
新市场开拓	
ISO 资格认证	
产品研发	
信息费	
合　　计	

利 润 表

项　　目	金　　额
销售收入	
直接成本	
毛　利	
综合费用	
折旧前利润	
折　旧	
支付利息前利润	
财务费用	
税前利润	
所得税	
年度净利润	

资 产 负 债 表

项　　目	金　　额	项　　目	金　　额
现　金		长期负债	
应收款		短期负债	
在制品		应交所得税	
产成品		—	—
原材料		—	—
流动资产合计		**负债合计**	
厂　房		股东资本	
生产线		利润留存	
在建工程		年度净利	
固定资产合计		**所有者权益合计**	
资产总计		**负债和所有者权益总计**	

注：库存折价拍卖、生产线变卖、紧急采购、订单违约记入损失；每年经营结束请将此表交到裁判处核对。

实训年第6年开始　现金预算表

时间(季)	1	2	3	4
期初库存现金				
应收款贴现收入				
市场营销投入				
支付上年应交税				
长期贷款本息收支				
支付到期长期贷款				
短期贷款本息收支				
支付到期短期贷款				
原料采购支付现金				
厂房租买开支				
生产线(投资、转、卖)				
工人工资(下一批生产)				
应收款到期				
产品研发投资				
厂房处置(出售、买转租、租转买、退租)				
支付管理费用				
设备维护费用				
市场开拓投资				
ISO认证投资				
违约罚款				
厂房贴现				
其他				
库存现金余额				

要点记录

第1季度：

第2季度：

第3季度：

第4季度：

年底小结：

用户_____　　　　　　实训年第 _6_ 年经营

操作顺序	企业经营流程		每执行完一项操作，CEO请在相应的方格内打钩。
	手工操作流程	系统操作	手工记录
年初	新年度规划会议		
	广告投放	输入广告费确认	
	参加订货会选订单/登记订单	选单	
	支付应付税(25%)	系统自动	
	支付长期贷款利息	系统自动	
	更新长期贷款/长期贷款还款	系统自动	
	申请长期贷款	输入贷款数额并确认	
1	季初盘点(请填余额)	产品下线,生产线完工(自动)	
2	更新短期贷款/短期贷款还本付息	系统自动	
3	申请短期贷款	输入贷款数额并确认	
4	原材料入库/更新原料订单	需要确认金额	
5	下原料订单	输入并确认	
6	购买/租用——厂房	选择并确认,自动扣现金	
7	更新生产/完工入库	系统自动	
8	新建/在建/转产/变卖——生产线	选择并确认	
9	紧急采购(随时进行)	随时进行输入并确认	
10	开始下一批生产	选择并确认	
11	更新应收款/应收款收现	需要输入到期金额	
12	按订单交货	选择交货订单确认	
13	产品研发投资	选择并确认	
14	厂房——出售(买转租)/退租/租转买	选择确认,自动转应收款	
15	新市场开拓/ISO资格投资	仅第四季允许操作	
16	支付管理费/更新厂房租金	系统自动	
17	出售库存	输入并确认(随时进行)	
18	厂房贴现	随时进行	
19	应收款贴现	输入并确认(随时进行)	
20	季末收入合计		
21	季末支出合计		
22	季末数额对账[(1)+(20)-(21)]		
年末	缴纳违约订单罚款(25%)	系统自动	
	支付设备维护费	系统自动	
	计提折旧	系统自动	( )
	新市场/ISO资格换证	系统自动	
	结账		

实训年第 6 年　　　　　　　用户名：

<table>
<tr><td colspan="2" align="center">综 合 费 用 表</td><td colspan="2" align="center">利 润 表</td></tr>
<tr><td>项　　目</td><td>金　　额</td><td>项　　目</td><td>金　　额</td></tr>
<tr><td>管理费</td><td></td><td>销售收入</td><td></td></tr>
<tr><td>广告费</td><td></td><td>直接成本</td><td></td></tr>
<tr><td>设备维护费</td><td></td><td>毛　利</td><td></td></tr>
<tr><td>损　失</td><td></td><td>综合费用</td><td></td></tr>
<tr><td>转产费</td><td></td><td>折旧前利润</td><td></td></tr>
<tr><td>厂房租金</td><td></td><td>折　旧</td><td></td></tr>
<tr><td>新市场开拓</td><td></td><td>支付利息前利润</td><td></td></tr>
<tr><td>ISO 资格认证</td><td></td><td>财务费用</td><td></td></tr>
<tr><td>产品研发</td><td></td><td>税前利润</td><td></td></tr>
<tr><td>信息费</td><td></td><td>所得税</td><td></td></tr>
<tr><td>合　计</td><td></td><td>年度净利润</td><td></td></tr>
</table>

资 产 负 债 表

项　　目	金　　额	项　　目	金　　额
现　金		长期负债	
应收款		短期负债	
在制品		应交所得税	
产成品		—	—
原材料		—	—
流动资产合计		负债合计	
厂　房		股东资本	
生产线		利润留存	
在建工程		年度净利	
固定资产合计		所有者权益合计	
资产总计		负债和所有者权益总计	

注：库存折价拍价，生产线变卖，紧急采购，订单违约记入损失；每年经营结束请将此表交到裁判处核对。

附表 2-2　　　　　　　　　电子沙盘各年经营成果展示表

公司	第零年	第1年	第2年	第3年	第4年	第5年	第6年	总分
A1	60 / 0							
B2	60 / 0							
C3	60 / 0							
D4	60 / 0							
E5	60 / 0							
F6	60 / 0							
本地								
区域								
国内								
亚洲								
国际								

（备注：第零年一列表格中的"0"表示当年的净利润；"60"表示当年的所有者权益。）

主要参考文献

[1] 崔杰,吕永霞,崔婕.ERP企业模拟经营沙盘实训教程[M].2版.北京：清华大学出版社,2022.
[2] 姚海鑫.财务管理学[M].3版.北京：清华大学出版社,2019.
[3] 申小刚.企业产品贡献分析[J].经济师.2004(5).
[4] 沈克颖,丁锋.企业模拟经营实训教程[M].南京：东南大学出版社,2023.
[5] 樊晓琪.ERP沙盘实训教程及比赛全攻略[M].上海：立信会计出版社,2009.
[6] 刘平.用友ERP企业经营沙盘模拟实训手册[M].6版.大连：东北财经大学出版社,2020.
[7] 王新玲.ERP沙盘模拟实训教程[M].2版.北京：清华大学出版社,2022.
[8] 何晓岚.ERP沙盘模拟指导教程(实物＋电子＋人机对抗)[M].3版.北京：清华大学出版社,2023.

郑重声明

高等教育出版社依法对本书享有专有出版权。任何未经许可的复制、销售行为均违反《中华人民共和国著作权法》，其行为人将承担相应的民事责任和行政责任；构成犯罪的，将被依法追究刑事责任。为了维护市场秩序，保护读者的合法权益，避免读者误用盗版书造成不良后果，我社将配合行政执法部门和司法机关对违法犯罪的单位和个人进行严厉打击。社会各界人士如发现上述侵权行为，希望及时举报，本社将奖励举报有功人员。

反盗版举报电话　（010）58581999　58582371
反盗版举报邮箱　dd@hep.com.cn
通信地址　北京市西城区德外大街4号　高等教育出版社法律事务部
邮政编码　100120

教学资源服务指南

仅限教师索取

感谢您使用本书。为方便教学,我社为教师提供资源下载、样书申请等服务,如贵校已选用本书,您只要关注微信公众号"高职财经教学研究",或加入下列教师交流QQ群即可免费获得相关服务。

"高职财经教学研究"公众号

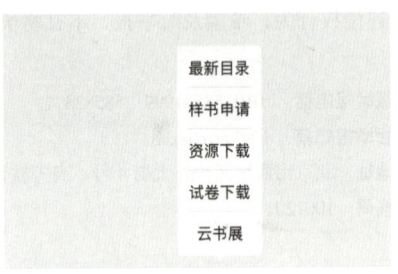

最新目录 / 样书申请 / 资源下载 / 试卷下载 / 云书展

师资培训　教学服务　教材样章

资源下载: 点击"**教学服务**"—"**资源下载**",或直接在浏览器中输入网址(http://101.35.126.6/),注册登录后可搜索相应的资源并下载。(建议用电脑浏览器操作)
样书申请: 点击"**教学服务**"—"**样书申请**",填写相关信息即可申请样书。
试卷下载: 点击"**教学服务**"—"**试卷下载**",填写相关信息即可下载试卷。
样章下载: 点击"**教材样章**",即可下载在供教材的前言、目录和样章。
师资培训: 点击"**师资培训**",获取最新会议信息、直播回放和往期师资培训视频。

🎯 联系方式

会计QQ3群:473802328　　会计QQ2群:370279388　　会计QQ1群:554729666

(以上3个会计QQ群,加入任何一个即可获取教学服务,请勿重复加入)

联系电话:(021)56961310　　电子邮箱:3076198581@qq.com

🎯 在线试题库及组卷系统

我们研发有10余门课程试题库:"基础会计""财务会计""成本计算与管理""财务管理""管理会计""税务会计""税法""审计基础与实务"等,平均每个题库近3000题,知识点全覆盖,题型丰富,可自动组卷与批改。如贵校选用了高教社沪版相关课程教材,我们可免费提供给教师每个题库生成的各6套试卷及答案(Word格式难中易三档,索取方式见上述"试卷下载"),教师也可与我们联系咨询更多试题库详情。